中国水利统计年鉴 2018

中华人民共和国水利部　编

中国水利水电出版社
www.waterpub.com.cn
·北京·

图书在版编目（CIP）数据

中国水利统计年鉴. 2018 / 中华人民共和国水利部编. -- 北京 : 中国水利水电出版社, 2018.10
ISBN 978-7-5170-6980-5

Ⅰ. ①中… Ⅱ. ①中… Ⅲ. ①水利建设－统计资料－中国－2018－年鉴 Ⅳ. ①F426.9-54

中国版本图书馆CIP数据核字(2018)第232335号

责任编辑　王　丽　李金玲　王新欣

书　　名	**中国水利统计年鉴 2018** ZHONGGUO SHUILI TONGJI NIANJIAN 2018
作　　者	中华人民共和国水利部　编
出版发行	中国水利水电出版社 （北京市海淀区玉渊潭南路 1 号 D 座　100038） 网址：www.waterpub.com.cn E-mail：sales@waterpub.com.cn 电话：（010）68367658（营销中心）
经　　售	北京科水图书销售中心（零售） 电话：（010）88383994、63202643、68545874 全国各地新华书店和相关出版物销售网点
排　　版	中国水利水电出版社微机排版中心
印　　刷	北京印匠彩色印刷有限公司
规　　格	210mm×297mm　16 开本　13.75 印张　595 千字
版　　次	2018 年 10 月第 1 版　2018 年 10 月第 1 次印刷
印　　数	0001—1000 册
定　　价	**139.00** 元

凡购买我社图书，如有缺页、倒页、脱页的，本社营销中心负责调换

《中国水利统计年鉴 2018》

编委会和编写人员名单

《China Water Statistical Yearbook 2018》

Editorial Board and Editorial Staff

Editorial Board

Editorial Staff

编 者 说 明

一、《中国水利统计年鉴 2018》系统收录了 2017 年全国和各省、自治区、直辖市的水资源、水环境、水利建设投资、水利工程设施、水电等方面的统计数据，以及中华人民共和国成立以来的全国主要水利统计数据，是一部全面反映中华人民共和国水利发展情况的资料性年刊。

二、本年鉴正文内容分为 9 个篇章，即：江河湖泊及水资源、江河治理、农业灌溉、供用水、水土保持、水利建设投资、农村水电、水文站网、从业人员情况。为方便读者使用，各篇章前均设有简要说明，概述本篇章的主要内容、数据来源、统计范围、统计方法以及历史变动情况。篇末附有主要统计指标解释。

三、本年鉴的全国性统计数据，如未作特殊说明均不包括香港特别行政区、澳门特别行政区和台湾省数据。2012 年水库数量、水闸数量、机电井数量、堤防长度、灌溉面积、灌区、水土保持治理面积等主要指标数据已与 2011 年第一次全国水利普查数据衔接，2013 年节水灌溉面积数据已与 2011 年第一次全国水利普查数据衔接。

四、本年鉴在编辑上采用了以下方法。

（1）部分统计资料从 1949 年至 2017 年均被记录，但一些年份指标数据由于历史记录不详没有收录。

（2）分省统计资料均按当年各省级行政区域范围收集，行政区域范围变化后没有调整统计资料。例如：四川省的资料，在重庆市划出前，包括在内。

（3）部分统计资料按流域或水资源一级分区分组。

（4）历史数据基本保持原貌，未作改动。

（5）部分指标未单列新疆生产建设兵团数据，其数据含在“新疆”的数据中。

五、所使用的计量单位，大部分采用国际统一法定标准计量单位，小部分沿用水利统计惯用单位。

六、部分数据合计数量由于数字位数取舍而产生的计算误差，均未作调整。

七、凡带有续表的资料，有关注释均列在第一张表的下方。

八、符号使用说明：各表中的“空格”表示该项统计指标数据不足本表最小单位数、数据不详或无该项数据；“#”表示其中主要项；“*”或数字标示（如①等）表示本表下有注解。

EDITOR'S NOTES

A. *China Water Statistical Yearbook 2018*, as an annual reference book that introduces water resources development of the People's Republic of China, has systematically collected a wide range of statistical data of water resources, water environment, water investments in fixed assets, water projects and infrastructures, hydropower development etc. of the whole country and of each province, autonomous region and municipality directly under the administration of Central Government in 2017. In addition, the Yearbook provides main statistical data of water sector since the founding of the People's Republic of China in 1949.

B. The content of the Yearbook include nine chapters:

1. Rivers, lakes and water resources
2. River regulation
3. Agricultural irrigation
4. Water supply and water use
5. Soil and water conservation
6. Investments in water development
7. Rural hydropower development
8. Hydrological network
9. Employees

To help readers clearly understand the statistical data, a brief introduction is placed before each chapter, to make a briefing on main contents, data sources, statistical scope and method, and historical changes. Moreover, explanation of main statistical indices is given at the end of each chapter.

C. In the Yearbook, if no special explanation, the national statistics excludes those of Hong Kong Special Administrative Region, Macao Special Administrative Region and Taiwan Province. The data of 2012, the number of reservoir and the sluice and gate, the length of embank, irrigated area, irrigation district, electro-mechanical wells, controlled area of soil erosion were revised according to the data of First National Census for Water. The data of 2013 of the water-saving irrigated area was revised according to the data of First National Census for Water.

D. Following methods are adopted when statistical data are produced and the Yearbook is edited:

1. Some statistical data from 1949 to 2017 are recorded, however some yearly data are excluded because the historical record is incomplete.

2. Statistical data of each year is collected on the basis of scope of administrative region of each province, and no adjustment is made after the changes of division of administrative region. For example, the data of Chongqing is covered by Sichuan Province before Chongqing changed to the Municipality.

3. Some statistical data are grouped based on river basins or Grade-I water resources regions.

4. Historical data are kept unchanged.

5. Statistical data of Xinjiang cover that of the Xinjiang Production and Construction Corps.

E. Metric System is commonly applied for most of the data in the Yearbook as the unit of measurements, but in a few circumstances, units that widely used locally are adopted.

F. No automatic adjustment is made for calculation error of some total figures herein as a result of the dropping of a certain digit.

G. Where statistical data has continued table, the relevant annotations is listed at the bottom of the first table continued.

H. Notes on symbol-use: the space in tables of the Yearbook means that index data are less than the required minimum, or not quite clear or not available; # represents the main item; * or ① means that there are annotations at the bottom of the table.

目　录

CONTENTS

编者说明

EDITOR'S NOTES

1　江河湖泊及水资源
Rivers, Lakes and Water Resources

简要说明

Brief Introduction

2 江河治理
River Regulation

3 农业灌溉
Agricultural Irrigation

4 供用水
Water Supply and Water Use

5 水土保持
Soil and Water Conservation

6 水利建设投资
Investments in Water Development

7 农村水电
Rural Hydropower Development

8 水文站网
Hydrological Network

9 从业人员情况
Employees

1　江河湖泊及水资源

Rivers，Lakes and Water Resources

简要说明

江河湖泊及水资源统计资料包括主要江河、湖泊、自然资源与水资源的状况，降水量、水资源量、水旱灾害及水质等。

1. 自然状况包括国土、气候等资料，国土和气候资料来源于《中国统计年鉴2011》和《中国统计年鉴2012》。

2. 降水量资料，按照水资源一级分区和地区整理。

3. 水资源量资料汇总了1997年以来的数据，按水资源一级分区和地区整理。

4. 主要河流、内陆水域、湖泊资料，按照主要河流水系整理。

5. 河流水质、湖泊水质资料按水资源一级分区整理。

6. 主要江河年径流量为50年平均值。

Brief Introduction

Statistical data of rivers, lakes and water resources provides information on main rivers and lakes, conditions of natural resources and water resources, precipitation, volume of water resources, flood or drought disasters, water quality, etc.

1. Condition of natural resources covers data of land, climate, which is sourced from *China Statistical Yearbook 2011* and *China Statistical Yearbook 2012*.

2. Data of precipitation is sorted according to regions and Grade-Ⅰ water resources regions.

3. Data of volume of water resources, collected since 1997, is classified according to regions and Grade-Ⅰ water resources regions.

4. Data of main rivers, inland water bodies and lakes is classified according to main watersheds.

5. Data of water quality in rivers and water quality in lakes is classified according to Grade-Ⅰ water resources regions.

6. Mean annual runoff of the main rivers is accumulated data of past 50 years.

1-1 河流数量与长度

Number and Length of Rivers

地区	Region	流域面积 50km² 及以上河流数量 Drainage Area up to 50km² and above		流域面积 100km² 及以上河流数量 Drainage Area up to 100km² and above		流域面积 1000km² 及以上河流数量 Drainage Area up to 1000km² and above		流域面积 10000km² 及以上河流数量 Drainage Area up to 10000km² and above	
		数量/条 Number/unit	长度/千米 Length/km	数量/条 Number/unit	长度/千米 Length/km	数量/条 Number/unit	长度/千米 Length/km	数量/条 Number/unit	长度/千米 Length/km
合计	**Total**	**46796**	**1514592**	**24117**	**1120608**	**2617**	**391448**	**362**	**136721**
北京	Beijing	127	3731	71	2845	11	1035	2	417
天津	Tianjin	192	3913	40	1714	3	265	1	102
河北	Hebei	1386	40947	550	26719	49	6573	10	2575
山西	Shanxi	902	29337	451	21219	53	7606	7	3000
内蒙古	Inner Mongolia	4087	144785	2408	113572	296	42621	40	14735
辽宁	Liaoning	845	28459	459	21587	48	7585	10	2869
吉林	Jilin	912	32765	497	25386	64	9963	18	5102
黑龙江	Heilongjiang	2881	92176	1303	65482	119	23959	21	10294
上海	Shanghai	133	2694	19	758	2	83	2	83
江苏	Jiangsu	1495	31197	714	19552	15	1649	4	672
浙江	Zhejiang	865	22474	490	16375	26	3927	3	975
安徽	Anhui	901	29401	481	21980	66	7937	8	1641
福建	Fujian	740	24629	389	18051	41	5697	5	1719
江西	Jiangxi	967	34382	490	25219	51	8199	8	2474
山东	Shandong	1049	32496	553	23662	39	4896	4	1120
河南	Henan	1030	36965	560	27910	64	10161	11	3347
湖北	Hubei	1232	40010	623	28949	61	9182	10	3232
湖南	Hunan	1301	46011	660	33589	66	10441	9	3957
广东	Guangdong	1211	36559	614	25851	60	7668	6	1635
广西	Guangxi	1350	47687	678	35182	80	13011	7	4062
海南	Hainan	197	6260	95	4397	8	1199		
重庆	Chongqing	510	16877	274	12727	42	4869	7	1441
四川	Sichuan	2816	95422	1396	70465	150	26948	20	10649
贵州	Guizhou	1059	33829	547	25386	71	10261	10	3176
云南	Yunnan	2095	66856	1002	48359	118	20245	17	7388
西藏	Tibet	6418	177347	3361	131612	331	43073	28	12042
陕西	Shaanxi	1097	38469	601	29342	72	10443	12	4134
甘肃	Gansu	1590	55773	841	41932	132	17434	21	6587
青海	Qinghai	3518	114060	1791	81966	200	28073	27	9888
宁夏	Ningxia	406	10120	165	6482	22	2226	5	926
新疆	Xinjiang	3484	138961	1994	112338	257	44219	29	16479

注 1. 由于同一河流流经不同省（自治区、直辖市）时重复统计，故31个省（自治区、直辖市）河流合计数大于同标准河流的总数、河流长度合计数大于同标准河流长度的总数。

2. 本表数据来源于2011年第一次全国水利普查成果。

Note 1. The total number of rivers in 31 provinces (autonomous regions and municipalities) in this bulletin is larger than that of the actual rivers because of repetitive calculation of same river flowing across different provinces (autonomous regions and municipalities), and the total length of rivers is also larger than that of the actual rivers.

2. Figures in this table are from the First National Census for Water (2011).

1-2 七大江河基本情况
General Conditions of Seven Major Rivers

河名 River	流域面积/平方千米 Drainage Area /km^2	年径流量/亿立方米 Annual Runoff /10^8m^3	多年平均[①] Mean Average[①]						
			径流量/亿立方米 Mean Annual Runoff /10^8m^3	人口/亿人 Population /10^8 persons	耕地/千公顷 Cultivated Land /10^3ha	人均占有年径流量/立方米每人 Annual Runoff per Capita /(m^3/person)	耕地亩均占有年径流量/立方米 Annual Runoff per mu of Farmland /m^3	粮食总产量/万吨 Total Yield of Grain Production /10^4t	播种面积平均亩产/千克 Average Yield per mu of Cultivated Land /kg
长　江 Yangtze River	1808500	9513	9280	3.79	23467	2449	2636	14334.42	279
黄　河 Yellow River	752443	661	628	0.92	12133	683	345	2757.98	160
松花江 Songhua River	557180	762	733	0.51	10467	1437	467	2920.97	224
辽　河 Liaohe River	228960	148	126	0.34	4400	371	191	1770.64	308
珠　江 Pearl River	453690	3338	3360	0.82	4667	1098	4800	2195.53	236
海　河 Haihe River	263631	228	288	1.10	11333	262	169	3731.24	221
淮　河 Huaihe River	269283	622	611	1.42	12333	430	330	6122.13	247

① 指50年平均值。多年平均数据来源于《四十年水利建设成就——水利统计资料（1949—1988）》。

① It refers to the average over the past 50 years. The data of mean average are from *Achievements of Water Construction in 40 Years—Water Statistics (1949-1988)*.

1-3 主要江河年径流量

Annual Runoff of Major Rivers

水系 Water System	河名 River	集水面积 /平方千米 Catchment Area /km²	河长 /千米 Length of River /km	多年平均[①] Mean Average[①] 年径流量 /亿立方米 Annual Runoff /10^8m^3	年径流深 /毫米 Depth of Annual Runoff /mm	年均流量 /立方米每秒 Mean Annual Runoff /(m^3/s)
黑龙江 Heilong River	松花江 Songhua River	557180	2308	733	134	2320
	嫩江 Nenjiang River	282748	1369	225	80	713
	第二松花江 Second Songhua River	78723	799	165	210	517
	牡丹江 Mudan River	37023	726	84	228	267
辽河 Liaohe River	辽河 Liaohe River	228960	1390	126	55	400
	浑河 Hunhe River	11481	415	29	248	90
	太子河 Taizi River	13883	413	36	264	114
辽宁沿海 Coastal Rivers of Liaoning Province	大凌河 Daling River	23549	397	21	89	66
海滦河 Hai-Luan Rivers	滦河 Luanhe River	44750	877	48	109	152
	海河 Haihe River	263631	1090	228	87	723
	潮白河 Chaobai River	19559	467	19	109	61
	永定河 Yongding River	50830	681	20	45	65
	大清河 Daqing River	39244	483	44	113	140
	子牙河 Ziya River	46300	751	44	95	139
	漳卫南运河 Zhangweinan Canal	37200	959	42	128	133
黄河 Yellow River	黄河 Yellow River	752443	5464	628	84	1990
	洮河 Taohe River	25527	673	53	2080	168
	湟水 Huangshui River	32863	374	50	153	159
	无定河 Wuding River	30261	491	15	48	46
	汾河 Fenhe River	39471	694	27	67	84

① 根据河口控制站1956—1979年资料推算。

① It is calculated based on the data of control stations in river mouthes from 1956 to 1979.

1-3　续表　continued

水　系 Water System	河　名 River	集水面积 /平方千米 Catchment Area /km^2	河长 /千米 Length of River /km	多年平均[①] Mean Average[①] 年径流量 /亿立方米 Annual Runoff /10^8m^3	年径流深 /毫米 Depth of Annual Runoff /mm	年均流量 /立方米每秒 Mean Annual Runoff /(m^3/s)
黄河　Yellow River	渭河　Weihe River	134766	818	104	77	330
	伊洛河　Yiluo River	18881	447	35	184	110
	沁河　Qinhe River	13532	485	18	136	58
淮河　Huaihe River	淮河　Huaihe River	269283	1000	611	231	1940
	淮河水系　Huaihe River Water System	188497	1000	443	235	1400
	颍河　Yinghe River	39890	557	59	149	188
	史河　Shihe River	6850	211	35	511	111
	淠河　Pihe River	6450	248	39	601	123
	沂河　Yihe River	10315	220	34	331	108
	沭河　Shuhe River	6161	206	19	300	59
长江　Yangtze River	长江　Yangtze River	1808500	6300	9280	513	29460
	金沙江　Jinsha River	473242	2920	1520	321	4820
	雅砻江　Yalong River	128444	1190	586	456	1860
	岷江　Minjiang River	135868	711	921	678	2918
	嘉陵江　Jialing River	157928	1120	696	441	2210
	乌江　Wujiang River	87241	1020	530	608	1680
	湘江　Xiangjiang River	94660	856	759	802	2405
	资水　Zishui River	81422	653	239	849	759
	沅江　Yuanjiang River	89164	1033	667	748	2114
	澧水　Lishui River	18496	388	165	892	523
	汉江　Hanjiang River	159000	1565	557	350	1761
	赣江　Ganjiang River	80948	744	664	820	2105
	抚河　Fuhe River	15811	276	147	930	465

1-3 续表 continued

水 系 Water System	河 名 River	集水面积 /平方千米 Catchment Area /km^2	河长 /千米 Length of River /km	多年平均① Mean Average① 年径流量 /亿立方米 Annual Runoff /10^{8}m^3	年径流深 /毫米 Depth of Annual Runoff /mm	年均流量 /立方米每秒 Mean Annual Runoff /(m^3/s)
珠江 Pearl River	柳江 Liujiang River	58270	775	527	904	1670
	北江 Beijiang River	46710	468	510	1092	1620
	东江 Dongjiang River	27010	520	257	950	815
韩江 Hanjiang River	韩江 Hanjiang River	30100	470	261	867	828
海南岛诸河 Rivers in Hainan Island	南渡河 Nandu River	7176	311	70	977	222
浙闽诸河 Rivers in Zhejiang and Fujian	钱塘江 Qiantang River	12156	428	364	874	1160
	瓯江 Oujiang River	17859	388	189	1058	599
	闽江 Minjiang River	60992	541	586	961	1870
河西内陆河 Inland Rivers of Hexi Corridor Region	昌马河 Changma River	13405	320	10	74	32
	黑河 Heihe River	10009	303	16	155	49
新疆内陆河 Inland Rivers of Xinjiang	乌伦古河 Wulungu River	32040	821	11	33	34
青海内陆河 Inland Rivers of Qinghai	格尔木河 Golmud River	18648	227	8	40	24

1-4 河流流域面积
Drainage Area of Rivers

流域名称	River	流域面积 /平方千米 Drainage Area /km²	占外流河、内陆河流域面积合计 /% Percentage to Total /%
合计	**Total**	**9506678**	**100.00**
外流河	**Out-flowing Rivers**	**6150927**	**64.70**
黑龙江及绥芬河	Heilong River and Suifen River	934802	9.83
辽河、鸭绿江及沿海诸河	Liaohe River, Yalu River and Coastal Rivers	314146	3.30
海滦河	Hai-Luan Rivers	320041	3.37
黄河	Yellow River	752773	7.92
淮河及山东沿海诸河	Huaihe River and Coastal Rivers in Shandong	330009	3.47
长江	Yangtze River	1782715	18.75
浙闽台诸河	Rivers in Zhejiang, Fujian and Taiwan	244574	2.57
珠江及沿海诸河	Pearl River and Coastal Rivers	578974	6.09
元江及澜沧江	Yuanjiang River and Lancang River	240389	2.53
怒江及滇西诸河	Nujiang River and Rivers in West Yunnan	157392	1.66
雅鲁藏布江及藏南诸河	Yarlung Zangbo River and Rivers in South Tibet	387550	4.08
藏西诸河	Rivers in West Tibet	58783	0.62
额尔齐斯河	Irtysh River	48779	0.51
内陆河	**Inland Rivers**	**3355751**	**35.30**
内蒙古内陆河	Inland Rivers in Inner Mongolia	311378	3.28
河西内陆河	Inland Rivers in Hexi Corridor Region	469843	4.94
准噶尔内陆河	Inland Rivers in Junggar Basin	323621	3.40
中亚细亚内陆河	Inland Rivers in Central Asia	77757	0.82
塔里木内陆河	Inland Rivers in Tarim Basin	1079643	11.36
青海内陆河	Inland Rivers in Qinghai	321161	3.38
羌塘内陆河	Inland Rivers in Qiangtang	730077	7.68
松花江、黄河、藏南闭流区	Closed-Drainage Area of Songhua River, Yellow River and Rivers in Southern Tibet	42271	0.44

注 本表数据为 2002—2005 年进行的第二次水资源评价数据。

Note Figures in this table are from the second water resources evaluation between 2002 and 2005.

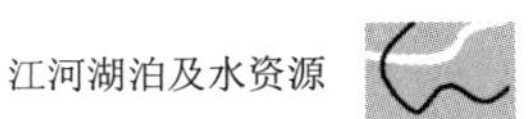

1-5 全国主要湖泊

Key Lakes in China

湖名 Lake	主要所在地 Main Location	湖泊面积/平方千米 Area/km^2	湖水贮量/亿立方米 Storage/10^8m^3
青海湖 Qinghai Lake	青海 Qinghai	4200	742
鄱阳湖 Poyang Lake	江西 Jiangxi	3960	259
洞庭湖 Dongting Lake	湖南 Hunan	2740	178
太湖 Taihu Lake	江苏 Jiangsu	2338	44
呼伦湖 Hulun Lake	内蒙古 Inner Mongolia	2000	111
纳木错 Namtso Lake	西藏 Tibet	1961	768
洪泽湖 Hongze Lake	江苏 Jiangsu	1851	24
色林错 Selincuo Lake	西藏 Tibet	1628	492
南四湖 Nansi Lake	山东 Shandong	1225	19
扎日南木错 Zharinanmucuo Lake	西藏 Tibet	996	60
博斯腾湖 Bosten Lake	新疆 Xinjiang	960	77
当惹雍错 Dangreyongcuo Lake	西藏 Tibet	835	209
巢湖 Chaohu Lake	安徽 Anhui	753	18
布伦托海 Buluntuohai Lake	新疆 Xinjiang	730	59
高邮湖 Gaoyou Lake	江苏 Jiangsu	650	9
羊卓雍错 Yangzhuoyongcuo Lake	西藏 Tibet	638	146
鄂陵湖 Eling Lake	青海 Qinghai	610	108
哈拉湖 Hala Lake	青海 Qinghai	538	161
阿牙克库木湖 Ayakekumu Lake	新疆 Xinjiang	570	55
扎陵湖 Gyaring Lake	青海 Qinghai	526	47
艾比湖 Aibi Lake	新疆 Xinjiang	522	9
昂拉仁错 Anglarencuo Lake	西藏 Tibet	513	102
塔若错 Taruocuo Lake	西藏 Tibet	487	97
格仁错 Gerencuo Lake	西藏 Tibet	476	71
赛里木湖 Sayram Lake	新疆 Xinjiang	454	210
松花湖 Songhua Lake	吉林 Jilin	425	108
班公错 Bangongcuo Lake	西藏 Tibet	412	74
玛旁雍错 Manasarovar Lake	西藏 Tibet	412	202
洪湖 Honghu Lake	湖北 Hubei	402	8
阿次克湖 Acike Lake	新疆 Xinjiang	345	34
滇池 Dianchi Lake	云南 Yunnan	298	12
拉昂错 Laangcuo Lake	西藏 Tibet	268	40
梁子湖 Liangzi Lake	湖北 Hubei	256	7
洱海 Erhai Lake	云南 Yunnan	253	26
龙感湖 Longgan Lake	安徽 Anhui	243	4
骆马湖 Luoma Lake	江苏 Jiangsu	235	3
达里诺尔 Dalinuoer Lake	内蒙古 Inner Mongolia	210	22
抚仙湖 Fuxian Lake	云南 Yunnan	211	19
泊湖 Pohu Lake	安徽 Anhui	209	3
石臼湖 Shijiu Lake	江苏 Jiangsu	208	4
月亮泡 Yueliangpao Lake	吉林 Jilin	206	5
岱海 Daihai Lake	内蒙古 Inner Mongolia	140	13
波特港湖 Botegang Lake	新疆 Xinjiang	160	13
镜泊湖 Jingpo Lake	黑龙江 Heilongjiang	95	16

注　本表数据来源于《四十年水利建设成就——水利统计资料（1949—1988）》。

Note　Figures in this table are from *Achievements of Water Construction in 40 Years—Water Statistics (1949–1988)*.

1-5　续表 continued

湖　　名 Lake	所 在 流 域 River Basin		水　　型 Lake Type
	内陆湖区 Inland Lake Region	外流湖区 Out-flowing Lake Region	
青海湖 Qinghai Lake	柴达木区 Qaidam		咸水湖 Saltwater Lake
鄱阳湖 Poyang Lake		长江流域 Yangtze River Basin	淡水湖 Freshwater Lake
洞庭湖 Dongting Lake		长江流域 Yangtze River Basin	淡水湖 Freshwater Lake
太湖 Taihu Lake		长江流域 Yangtze River Basin	淡水湖 Freshwater Lake
呼伦湖 Hulun Lake	内蒙古区 Inner Mongolia		咸水湖 Saltwater Lake
纳木错 Namtso Lake	藏北区 North Tibet		咸水湖 Saltwater Lake
洪泽湖 Hongze Lake		淮河流域 Huaihe River Basin	淡水湖 Freshwater Lake
色林错 Selincuo Lake	藏北区 North Tibet		咸水湖 Saltwater Lake
南四湖 Nansi Lake		淮河流域 Huaihe River Basin	淡水湖 Freshwater Lake
扎日南木错 Zharinanmucuo Lake	藏北区 North Tibet		咸水湖 Saltwater Lake
博斯腾湖 Bosten Lake	甘新区 Gansu-Xinjiang Region		咸水湖 Saltwater Lake
当惹雍错 Dangreyongcuo Lake	藏北区 North Tibet		咸水湖 Saltwater Lake
巢湖 Chaohu Lake		长江流域 Yangtze River Basin	淡水湖 Freshwater Lake
布伦托海 Buluntuohai Lake	甘新区 Gansu-Xinjiang Region		咸水湖 Saltwater Lake
高邮湖 Gaoyou Lake		淮河流域 Huaihe River Basin	淡水湖 Freshwater Lake
羊卓雍错 Yangzhuoyongcuo Lake	藏北区 North Tibet		咸水湖 Saltwater Lake
鄂陵湖 Eling Lake		黄河流域 Yellow River Basin	淡水湖 Freshwater Lake
哈拉湖 Hala Lake	柴达木区 Qaidam		咸水湖 Saltwater Lake
阿牙克库木湖 Ayakekumu Lake	藏北区 North Tibet		咸水湖 Saltwater Lake
扎陵湖 Gyaring Lake		黄河流域 Yellow River Basin	淡水湖 Freshwater Lake
艾比湖 Aibi Lake	甘新区 Gansu-Xinjiang Region		咸水湖 Saltwater Lake
昂拉仁错 Anglarencuo Lake	藏北区 North Tibet		咸水湖 Saltwater Lake
塔若错 Taruocuo Lake	藏北区 North Tibet		咸水湖 Saltwater Lake
格仁错 Gerencuo Lake	藏北区 North Tibet		淡水湖 Freshwater Lake
赛里木湖 Sayram Lake	甘新区 Gansu-Xinjiang Region		咸水湖 Saltwater Lake
松花湖 Songhua Lake		黑龙江流域 Heilong River Basin	淡水湖 Freshwater Lake
班公错 Bangongcuo Lake	藏北区 North Tibet		东淡西咸 Freshwater in the East and Saltwater in the West
玛旁雍错 Manasarovar Lake	藏南区 South Tibet		淡水湖 Freshwater Lake
洪湖 Honghu Lake		长江流域 Yangtze River Basin	淡水湖 Freshwater Lake
阿次克湖 Acike Lake	藏北区 North Tibet		咸水湖 Saltwater Lake
滇池 Dianchi Lake		长江流域 Yangtze River Basin	淡水湖 Freshwater Lake
拉昂错 Laangcuo Lake	藏南区 South Tibet		淡水湖 Freshwater Lake
梁子湖 Liangzi Lake		长江流域 Yangtze River Basin	淡水湖 Freshwater Lake
洱海 Erhai Lake		西南诸河 Southwest Region	淡水湖 Freshwater Lake
龙感湖 Longgan Lake		长江流域 Yangtze River Basin	淡水湖 Freshwater Lake
骆马湖 Luoma Lake		淮河流域 Huaihe River Basin	淡水湖 Freshwater Lake
达里诺尔 Dalinuoer Lake	内蒙古区 Inner Mongolia		咸水湖 Saltwater Lake
抚仙湖 Fuxian Lake		珠江流域 Pearl River Basin	淡水湖 Freshwater Lake
泊湖 Pohu Lake		长江流域 Yangtze River Basin	淡水湖 Freshwater Lake
石臼湖 Shijiu Lake		长江流域 Yangtze River Basin	淡水湖 Freshwater Lake
月亮泡 Yueliangpao Lake		黑龙江流域 Heilong River Basin	淡水湖 Freshwater Lake
岱海 Daihai Lake	内蒙古区 Inner Mongolia		咸水湖 Saltwater Lake
波特港湖 Botegang Lake	甘新区 Gansu-Xinjiang Region		淡水湖 Freshwater Lake
镜泊湖 Jingpo Lake		黑龙江流域 Heilong River Basin	淡水湖 Freshwater Lake

1-6 各地区湖泊个数和面积①

Number and Area of Lakes by Region①

地区	Region	湖泊数量/个 Number of Lakes /unit	淡水湖 Freshwater Lake	咸水湖 Saltwater Lake	盐湖 Salt Lake	其他 Others	湖泊面积/平方千米 Lake Area /km^2	淡水湖 Freshwater Lake	咸水湖 Saltwater Lake	盐湖 Salt Lake	其他 Others
合 计	**Total**	**2865**②	**1594**	**945**	**166**	**160**	**78007.1**	**35149.9**	**39205.0**	**2003.7**	**1648.6**
北 京	Beijing	1	1				1.3	1.3			
天 津	Tianjin	1	1				5.1	5.1			
河 北	Hebei	23	6	13	4		364.8	268.5	90.7	5.6	
山 西	Shanxi	6	4	2			80.7	18.8	61.9		
内蒙古	Inner Mongolia	428	86	268	73	1	3915.8	571.6	3101.4	240.0	2.8
辽 宁	Liaoning	2	2				44.7	44.7			
吉 林	Jilin	152	27	39	67	19	1055.2	165.6	486.4	338.9	64.3
黑龙江	Heilongjiang	253	241	12			3036.9	2890.8	146.1		
上 海	Shanghai	14	14				68.1	68.1			
江 苏	Jiangsu	99	99				5887.3	5887.3			
浙 江	Zhejiang	57	57				99.2	99.2			
安 徽	Anhui	128	128				3505.0	3505.0			
福 建	Fujian	1	1				1.5	1.5			
江 西	Jiangxi	86	86				3802.2	3802.2			
山 东	Shandong	8	7	1			1051.7	1047.7	4.0		
河 南	Henan	6	6				17.2	17.2			
湖 北	Hubei	224	224				2569.2	2569.2			
湖 南	Hunan	156	156				3370.7	3370.7			
广 东	Guangdong	7	6	1			18.7	17.5	1.2		
广 西	Guangxi	1	1				1.1	1.1			
海 南	Hainan										
重 庆	Chongqing										
四 川	Sichuan	29	29				114.5	114.5			
贵 州	Guizhou	1	1				22.9	22.9			
云 南	Yunnan	29	29				1115.9	1115.9			
西 藏	Tibet	808	251	434	14	109	28868.0	4341.5	22338.3	1234.7	953.5
陕 西	Shaanxi	5		5			41.1		41.1		
甘 肃	Gansu	7	3	3	1		100.6	22.0	13.6	65.0	
青 海	Qinghai	242	104	125	8	5	12826.5	2516.0	10193.8	103.7	13.0
宁 夏	Ningxia	15	11	4			101.3	57.1	44.3		
新 疆	Xinjiang	116	44	44	2	26	5919.8	2606.8	2682.2	15.8	615.1

① 面积大于或等于 $1km^2$。

② 有 40 个跨省湖泊在分省数据中有重复统计。

③ 本表数据来源于 2011 年第一次全国水利普查。

① The lake area is larger or equal to 1 km^2.

② In the data by regions, 40 trans-provincial lakes are calculated twice.

③ Figures in this table are from the First National Census for Water (2011).

1-7 2017年各地区降水量与2016年和常年值比较

Comparison of Precipitation of 2017 with 2016 and Normal Year by Region

地区	Region	降水量 /毫米 Precipitation /mm	与2016年比较增减 /% Increase or Decrease Comparing to 2016 /%	与常年值比较增减 /% Increase or Decrease Comparing to Normal Year /%
合　计	**Total**	**664.8**	**-8.3**	**3.5**
北　京	Beijing	592.0	-10.2	-1.1
天　津	Tianjin	496.6	-20.2	-13.6
河　北	Hebei	478.8	-19.6	-9.9
山　西	Shanxi	579.5	-5.8	13.9
内蒙古	Inner Mongolia	208.2	-26.4	-26.2
辽　宁	Liaoning	543.6	-28.0	-19.8
吉　林	Jilin	595.9	-18.5	-2.2
黑龙江	Heilongjiang	526.6	-6.6	-1.2
上　海	Shanghai	1195.5	-23.7	9.7
江　苏	Jiangsu	1006.8	-28.6	1.2
浙　江	Zhejiang	1556.2	-20.4	-2.9
安　徽	Anhui	1255.0	-22.2	7.0
福　建	Fujian	1513.0	-39.6	-9.8
江　西	Jiangxi	1658.9	-16.9	1.3
山　东	Shandong	635.8	-3.4	-6.4
河　南	Henan	827.8	5.2	7.3
湖　北	Hubei	1309.5	-8.0	11.0
湖　南	Hunan	1499.4	-10.2	3.4
广　东	Guangdong	1739.2	-26.2	-1.8
广　西	Guangxi	1805.7	10.7	17.5
海　南	Hainan	2062.2	-11.9	17.9
重　庆	Chongqing	1275.3	3.1	7.7
四　川	Sichuan	941.4	2.2	-3.8
贵　州	Guizhou	1175.3	-3.2	-0.3
云　南	Yunnan	1351.5	4.3	5.7
西　藏	Tibet	631.7	3.3	10.5
陕　西	Shaanxi	801.2	28.0	22.1
甘　肃	Gansu	317.7	9.2	5.5
青　海	Qinghai	338.9	11.2	16.7
宁　夏	Ningxia	331.6	10.2	14.9
新　疆	Xinjiang	192.4	-16.2	24.3

1-8 2017年各水资源一级区降水量与2016年和常年值比较

Comparison of Precipitation of 2017 with 2016 and Normal Year in Grade-Ⅰ Water Resources Sub-region

水资源 一级区	Grade-Ⅰ Water Resources Sub-region	降水量 /毫米 Precipitation /mm	与2016年比较增减 /% Increase or Decrease Comparing to 2016 /%	与常年值比较增减 /% Increase or Decrease Comparing to Normal Year /%
全　国	**Total**	**664.8**	**-8.3**	**3.5**
松花江区	Songhua River	451.0	-13.8	-10.6
辽河区	Liaohe River	459.8	-23.7	-15.6
海河区	Haihe River	500.3	-18.5	-6.6
黄河区	Yellow River	488.8	1.3	9.6
淮河区	Huaihe River	874.7	-2.1	4.3
长江区	Yangtze River	1121.8	-6.9	3.2
其中：太湖流域	Among Which: Taihu Lake	1244.1	-33.1	5.7
东南诸河区	Rivers in Southeast	1546.6	-31.2	-6.8
珠江区	Pearl River	1679.5	-7.8	8.5
西南诸河区	Rivers in Southwest	1163.7	3.5	6.9
西北诸河区	Rivers in Northwest	183.3	-11.2	13.7

1-9　2017 年主要城市降水量
Monthly Precipitation of Major Cities in 2017

单位：毫米　　unit: mm

城　市	City	1 月 Jan.	2 月 Feb.	3 月 Mar.	4 月 Apr.	5 月 May	6 月 June	7 月 July	8 月 Aug.	9 月 Sept.	10 月 Oct.	11 月 Nov.	12 月 Dec.	全年 Total of the Year
北京	Beijing	0.2	5.4	12.5		31.2	119.5	97.4	233.9	2.8	73.3			576.2
天津	Tianjin	1.3	5.5	16.1	0.3	17.5	49.1	159.6	160.4	1.2	101.9			512.9
石家庄	Shijiazhuang	1.1	6.5	10.7	31.3	25.6	45.6	118.6	164.7	1.3	152.8		0.3	558.5
太原	Taiyuan	2.0	10.1	4.8	25.0	14.8	41.6	142.5	125.8	1.2	151.9		1.5	521.2
呼和浩特	Hohhot	1.3	14.2	23.5	3.8	29.3	74.9	61.4	74.3	20.9	21.7			325.3
沈阳	Shenyang	7.3	18.8	0.2	10.7	37.1	64.8	109.8	127.8	57.5	23.5	6.2	0.1	463.8
大连	Dalian	9.9	3.1		21.8	24.5	18.4	36.2	315.7	4.1	81.4	5.5	1.1	521.7
长春	Changchun	8.9	15.9	5.2	5.9	51.6	88.7	231.8	259.0	16.7	1.6	5.4	3.6	694.3
哈尔滨	Harbin	4.4	5.3	4.2	2.9	51.8	92.2	50.2	215.2	37.0	5.2	7.1	5.3	480.8
上海	Shanghai	62.9	20.6	75.7	93.3	72.8	158.3	37.6	319.5	351.5	96.9	79.5	20.2	1388.8
南京	Nanjing	59.3	38.8	55.1	117.9	83.9	309.1	99.6	217.1	176.4	81.0	7.4	9.5	1255.1
杭州	Hangzhou	71.7	27.2	189.0	142.9	87.8	307.2	77.5	95.3	168.3	89.2	139.1	46.8	1442.0
合肥	Hefei	60.9	40.6	68.4	64.2	123.6	54.0	63.5	243.2	111.6	97.5	10.8	13.6	951.9
福州	Fuzhou	32.5	55.8	180.3	197.7	61.1	477.6	136.3	205.0	45.8	14.2	64.3	7.4	1478.0
南昌	Nanchang	26.3	42.5	324.1	156.7	69.3	514.4	120.2	206.7	55.1	66.0	85.9	31.6	1698.8
济南	Ji'nan	6.3	5.3	35.3	29.6	63.0	93.6	176.8	155.1	5.6	42.7	0.3	1.9	615.5
青岛	Qingdao	44.6	11.1	9.7	12.6	35.6	40.7	228.7	204.4	82.5	58.8	0.4		729.1
郑州	Zhengzhou	17.7	8.5	15.7	26.0	54.5	46.7	79.4	196.0	76.0	76.8	0.6	0.9	598.8
武汉	Wuhan	48.2	66.4	108.8	222.4	85.4	148.6	52.3	168.7	107.4	72.9	17.5	3.7	1107.3
长沙	Changsha	46.4	61.2	239.8	105.2	121.4	526.5	246.5	152.9	65.4	31.2	61.0	25.7	1684.2
广州	Guangzhou	13.4	26.4	174.1	117.7	421.4	405.8	312.0	244.8	269.4	44.3	36.7	1.4	2067.4
南宁	Nanning	72.5	7.5	164.9	8.2	300.8	101.3	290.0	256.1	81.5	149.6	63.3	53.0	1548.7
桂林	Guilin	49.9	57.4	218.8	134.3	244.9	667.9	369.8	335.8	15.9	6.0	49.0	33.3	2183.0
海口	Haikou	31.0	34.4	35.0	92.1	289.2	163.1	415.8	313.2	95.0	330.9	196.5	13.2	2009.4
重庆（沙坪坝）	Chongqing (Shapingba)	14.6	28.3	86.8	103.0	141.6	144.0	126.9	207.5	177.9	177.5	27.6	9.8	1245.5
成都（温江）	Chengdu (Wenjiang)	4.3	20.5	33.9	57.9	33.7	72.1	383.3	249.0	38.6	61.5	10.7	1.4	966.9
贵阳	Guiyang	22.0	24.8	50.6	74.6	107.3	507.1	123.2	114.5	70.5	41.5	17.6	12.2	1165.9
昆明	Kunming	20.9	1.9	66.9	55.9	40.1	144.0	340.3	156.2	214.3	137.1	8.8		1186.4
拉萨	Lhasa			2.5	2.9	16.8	176.9	152.3	162.8	27.7	8.7			550.6
西安（泾河）	Xi'an (Jinghe)	3.6	11.1	50.6	55.9	63.6	72.2	82.5	64.6	98.6	140.0	6.4		649.1
兰州（皋兰）	Lanzhou (Gaolan)		6.5	5.0	11.7	34.9	63.4	35.6	87.2	16.3	42.4			303.0
西宁	Xining		2.4	9.9	29.0	87.0	40.6	50.1	120.8	90.4	33.0		0.8	464.0
银川	Yinchuan		8.0	14.0	4.9	5.4	65.9	46.5	23.5	7.2	35.5		0.4	211.3
乌鲁木齐	Urumqi	4.7	32.4	7.6	62.2	38.6	40.7	3.7	22.0	8.0	20.0	40.0	29.8	309.7

注　本表数据来源于《中国统计年鉴 2018》。

Source: *China Statistical Yearbook 2018.*

1-10 各流域片年平均降水量、径流量

Mean Annual Precipitation and Runoff by River Basin

各流域片	River Basin	计算面积/平方千米 Calculated Area /km^2	多年平均[①] Mean Average[①] 年降水量/毫米 Annual Precipitation /mm	年径流深/毫米 Annual Runoff /mm	年降水总量/亿立方米 Annual Precipitation /10^8m^3	年径流量/亿立方米 Annual Runoff /10^8m^3
合计	**Total**	**9545322**	**648**	**284**	**61889**	**27115**
一、黑龙江流域片	Ⅰ. Heilong River Basin	903418	496	129	4476	1166
1. 嫩江	1. Nenjiang River	267817	450	94	1205	251
2. 第二松花江	2. Second Songhua River	78723	666	210	524	165
3. 松花江干流	3. Mainstream of Songhua River	210640	573	164	1206	346
松花江流域	Songhua River Basin	557180	527	137	2935	762
二、辽河流域片	Ⅱ. Liaohe River Basin	345027	551	141	1901	487
4. 辽河流域	4. Liaohe River Basin	228960	473	65	1082	148
5. 辽宁沿海诸河	5. Coastal Rivers of Liaoning Province	60740	639	207	388	126
三、海滦河流域片	Ⅲ. Hai-Luan Rivers Basin	318161	560	91	1781	288
6. 滦河(含冀东沿海诸河)	6. Luanhe River (Including Coastal Rivers in the East of Hebei Province)	54530	565	110	308	60
7. 海河北系	7. North System of Haihe River	83119	507	80	421	67
8. 海河南系	8. South System of Haihe River	148669	580	98	862	145
9. 徒骇马颊河	9. Tuhaimajia River	31843	597	52	190	17
海河流域	Haihe River Basin	263631	559	87	1473	228
四、黄河流域片	Ⅳ. Yellow River Basin	794712	464	83	3691	661
10. 湟水	10. Huangshui River	32863	502	153	165	50
11. 洮河	11. Taohe River	25527	603	208	154	53
12. 兰州以上干流区间	12. Mainstream above Lanzhou	164161	473	149	777	244
13. 兰州—河口镇	13. Lanzhou-Hekou Town	163415	271	9	443	14
黄河上游	Upper Reaches of Yellow River	385966	399	94	1539	362
14. 河口镇—龙门	14. Hekou Town-Longmen	111595	460	54	513	60
15. 汾河	15. Fenhe River	39471	530	67	209	27
16. 泾河	16. Jinghe River	45421	539	46	245	21
17. 洛河	17. Luohe River	26905	550	37	148	10
18. 渭河	18. Weihe River	62440	629	117	393	73
19. 龙门—三门峡干流区间	19. Mainstream of Longmen-Sanmenxia	16623	573	73	95	12

注 本表数据来源于《中国水资源评价》。

Source: *China Water Resources Evaluation Report*.

① 指 1956—1979 年数据平均。

① It refers to the average in 1956-1979.

1-10 续表 continued

各 流 域 片	River Basin	计算面积 /平方千米 Calculated Area /km²	多年平均① Mean Average①			
			年降水量 /毫米 Annual Precipitation /mm	年径流深 /毫米 Annual Runoff /mm	年降水总量 /亿立方米 Annual Precipitation /10^8m^3	年径流量 /亿立方米 Annual Runoff /10^8m^3
20. 伊洛河	20. Yiluo River	18881	694	184	131	35
21. 沁河	21. Qinhe River	13532	642	136	87	18
22. 三门峡—花园口干流区间	22. Mainstream of Sanmenxia-Huayuankou	9202	648	133	60	12
黄河中游	Middle Reaches of Yellow River	344070	547	78	1881	267
23. 黄河下游	23. Lower Reaches of Yellow River	22407	674	130	151	29
黄河流域	Yellow River Basin	752443	475	88	3571	658
24. 鄂尔多斯内流区	24. Ordos Endorheic River Region	42269	284	8	120	3
五、淮河流域片	Ⅴ. Huaihe River Basin	329211	860	225	2830	741
25. 淮河上中游	25. Upper and Middle Reaches of Huaihe River	160837	889	234	1430	376
26. 淮河下游	26. Lower Reaches of Huaihe River	30337	1015	258	308	78
27. 沂沭泗河	27. Yi-Shu-Si Rivers	78109	836	215	653	168
淮河流域	Huaihe River Basin	269283	889	231	2390	622
28. 山东沿海诸河	28. Coastal Rivers of Shandong Province	59928	733	199	439	119
六、长江流域片	Ⅵ. Yangtze River Basin	1808500	1071	526	19360	9513
29. 金沙江	29. Jinsha River	490650	706	313	3466	1535
30. 岷沱江	30. Min-Tuo Rivers	164766	1083	627	1785	1033
31. 嘉陵江	31. Jialing River	158776	965	443	1532	704
32. 乌江	32. Wujiang River	86976	1164	620	1012	539
33. 长江上游干流区间	33. Mainstream of Upper Reaches of Yangtze River	100504	1169	653	1175	656
长江上游	Upper Reaches of Yangtze River	1001672	896	446	8570	4467
34. 洞庭湖水系	34. Water System of Dongting Lake	262344	1414	767	3709	2012
35. 汉江	35. Hanjiang River	155204	900	361	1396	560
36. 鄱阳湖水系	36. Water System of Poyang Lake	162274	1598	853	2593	1384
37. 长江中游干流区间	37. Mainstream of Middle Reaches of Yangtze River	57069	1243	550	1207	534
长江中游	Middle Reaches of Yangtze River	676891	1316	663	8905	4490
38. 太湖水系	38. Water System of Taihu Lake	37464	1105	366	414	137
39. 长江下游干流区间	39. Mainstream of Lower Reaches of Yangtze River	92473	1158	453	1071	419
长江下游	Lower Reaches of Yangtze River	129937	1143	428	1485	556
七、珠江流域片	Ⅶ. Pearl River Basin	580641	1544	807	8967	4685
40. 南北盘江	40. South and North Panjiang River	82480	1122	467	925	385
41. 红水河与柳黔江	41. Hongshui River and Liuqian River	115525	1480	782	1710	903
42. 北江	42. Beijiang River	44725	1757	1096	786	490

1-10 续表 continued

各流域片	River Basin	计算面积/平方千米 Calculated Area /km²	多年平均[①] Mean Average[①] 年降水量/毫米 Annual Precipitation /mm	年径流深/毫米 Annual Runoff /mm	年降水总量/亿立方米 Annual Precipitation /10^8m^3	年径流量/亿立方米 Annual Runoff /10^8m^3
43. 东江	43. Dongjiang River	28191	1788	993	504	280
44. 珠江三角洲	44. Pearl River Delta	31443	1791	996	563	313
珠江流域	Pearl River Basin	444304	1469	751	6528	3338
45. 韩江	45. Hanjiang River	32457	1630	881	529	286
46. 粤东沿海诸河	46. Coastal Rivers of East Guangdong	13653	2058	1260	281	172
47. 桂南粤西沿海诸河	47. Coastal Rivers of South Guangxi and West Guangdong	56093	1836	1032	1030	579
48. 海南岛和南海诸岛	48. Hainan Island and South China Sea Islands	34134	1755	908	599	310
八、浙闽诸河片	Ⅷ. Rivers in Zhejiang and Fujian	239803	1758	1066	4216	2557
49. 钱塘江(含浦阳江)	49. Qiantang River (Including Puyang River)	42156	1587	875	669	369
50. 浙东诸河	50. Rivers in East Zhejiang	18592	1442	715	268	133
51. 浙南诸河	51. Rivers in South Zhejiang	32775	1718	1062	563	348
52. 闽江	52. Minjiang River	60992	1710	961	1043	586
53. 闽东沿海诸河	53. Coastal Rivers of East Fujian	15394	1747	1156	269	178
54. 闽南诸河	54. Rivers in South Fujian	33913	1563	902	530	306
九、西南诸河片	Ⅸ. Rivers in Southwest	851406	1098	688	9346	5853
55. 藏南诸河	55. Rivers in South Tibet	155778	1689	1253	2631	1952
56. 藏西诸河	56. Rivers in West Tibet	57340	129	35	74	20
十、内陆诸河片	Ⅹ. Inland Rivers	3321713	154	32	5113	1064
57. 内蒙古内陆河	57. Inland Rivers in Inner Mongolia	308067	254	4	783	12
58. 河西内陆河	58. Inland Rivers in Hexi Corridor Region Basin	488708	123	14	599	69
59. 准噶尔内陆河	59. Inland Rivers in Junggar	316530	168	40	532	125
60. 中亚细亚内陆河	60. Inland Rivers in Central Asia	93130	468	207	436	193
61. 青海内陆河	61. Inland Rivers in Qinghai	319286	138	23	441	72
62. 羌塘内陆河	62. Inland Rivers in Qiangtang	721182	170	34	1226	246

1-11 历年水资源量

Water Resources by Year

年份 Year	水资源总量 /亿立方米 Total Available Water Resources /10^8m^3	地表水资源量 /亿立方米 Surface Water Resources /10^8m^3	地下水资源量 /亿立方米 Groundwater Resources /10^8m^3	地表水与地下水资源重复量 /亿立方米 Duplicated Amount of Surface Water and Groundwater /10^8m^3	降水总量 /亿立方米 Total Precipitation /10^8m^3	人均水资源量 /立方米每人 Per Capita Water Resources /(m^3/person)
1998	34017	32726	9400	8109	67631	2723
1999	28196	27204	8387	7395	59702	2219
2000	27701	26562	8502	7363	60092	2194
2001	26868	25933	8390	7456	58122	2112
2002	28261	27243	8697	7679	62610	2207
2003	27460	26251	8299	7090	60416	2131
2004	24130	23126	7436	6433	56876	1856
2005	28053	26982	8091	7020	61010	2152
2006	25330	24358	7643	6671	57840	1932
2007	25255	24242	7617	6604	57763	1916
2008	27434	26377	8122	7065	62000	2071
2009	24180	23125	7267	6212	55966	1812
2010	30906	29798	8417	7308	65850	2310
2011	23257	22214	7215	6171	55133	1726
2012	29529	28373	8296	7141	65150	2186
2013	27958	26840	8081	6963	62674	2060
2014	27267	26264	7745	6742		1999
2015	27963	26901	7797	6735	62569	2039
2016	32466	31274	8855	7662	68672	2355
2017	28761	27746	8310	7295	62936	2086

1-12 多年平均水资源量（按地区分）

Mean Annual Water Resources (by Region)

地区	Region	平均年水资源总量 /亿立方米 Mean Annual Total Available Water Resources /10^8m^3	平均年地表水资源量 /亿立方米 Mean Annual Surface Water Resources /10^8m^3	平均年地下水资源量 /亿立方米 Mean Annual Groundwater Resources /10^8m^3	平均年地表水与地下水资源重复量 /亿立方米 Duplicated Amount of Surface Water and Groundwater /10^8m^3	平均年产水模数 /万立方米每平方千米 Mean Annual Water Generation Model /($10^4m^3/km^2$)
全　国	**Total**	**27460.3**	**26478.2**	**8149.0**	**7166.9**	**29.5**
北　京	Beijing	40.8	25.3	26.2	10.7	24.3
天　津	Tianjin	14.6	10.8	5.8	2.0	12.9
河　北	Hebei	236.9	167.0	145.8	75.9	12.6
山　西	Shanxi	143.5	115.0	94.6	66.1	9.2
内蒙古	Inner Mongolia	506.7	371.0	248.3	112.6	4.4
辽　宁	Liaoning	363.2	325.0	105.5	67.3	25.0
吉　林	Jilin	390.0	345.0	110.1	65.1	20.7
黑龙江	Heilongjiang	775.8	647.0	269.3	140.5	16.6
上　海	Shanghai	26.9	18.6	12.0	3.7	43.5
江　苏	Jiangsu	325.4	249.0	115.3	38.9	31.9
浙　江	Zhejiang	897.1	885.0	213.3	201.2	88.1
安　徽	Anhui	676.8	617.0	166.6	106.8	48.5
福　建	Fujian	1168.7	1168.0	306.4	305.7	96.3
江　西	Jiangxi	1422.4	1416.0	322.6	316.2	85.1
山　东	Shandong	335.0	264.0	154.2	83.2	21.9
河　南	Henan	407.7	311.0	198.9	102.2	24.4
湖　北	Hubei	981.2	946.0	291.3	256.1	52.8
湖　南	Hunan	1626.6	1620.0	374.8	368.2	76.8
广　东	Guangdong	2134.1	2111.0	545.9	522.8	100.7
广　西	Guangxi	1880.0	1880.0	397.7	397.7	79.1
四　川	Sichuan	3133.8	3131.0	801.6	798.8	55.2
贵　州	Guizhou	1035.0	1035.0	258.9	258.9	58.8
云　南	Yunnan	2221.0	2221.0	738.0	738.0	57.9
西　藏	Tibet	4482.0	4482.0	1094.3	1094.3	37.3
陕　西	Shaanxi	441.9	420.0	165.1	143.2	21.5
甘　肃	Gansu	274.3	273.0	132.7	131.4	6.9
青　海	Qinghai	626.2	623.0	258.1	254.9	8.7
宁　夏	Ningxia	9.9	8.5	16.2	14.8	1.9
新　疆	Xinjiang	882.8	793.0	579.5	489.7	5.4

注　本表数据来源于《中国水资源评价》。

Source: *China Water Resources Evaluation Report*.

1-13　2017年水资源量（按地区分）

Water Resources in 2017(by Region)

地区	Region	水资源总量/亿立方米 Total Available Water Resources /10^8m^3	地表水资源量/亿立方米 Surface Water Resources /10^8m^3	地下水资源量/亿立方米 Groundwater Resources /10^8m^3	地表水与地下水资源重复量/亿立方米 Duplicated Amount of Surface Water and Groundwater /10^8m^3	降水总量/毫米 Total Precipitation /mm	人均水资源量/立方米每人 Per Capita Water Resources /(m^3/person)
全　国	**Total**	**28761.2**	**27746.3**	**8309.6**	**7294.7**	**664.8**	**2086**
北　京	Beijing	29.8	12.0	20.4	2.7	592.0	137
天　津	Tianjin	13.0	8.8	5.5	1.3	496.6	84
河　北	Hebei	138.3	60.0	116.3	38.0	478.8	186
山　西	Shanxi	130.2	87.8	104.1	61.7	579.5	355
内蒙古	Inner Mongolia	309.9	194.1	207.3	91.4	208.2	1232
辽　宁	Liaoning	186.3	161.0	86.6	61.2	543.6	425
吉　林	Jilin	394.4	339.8	133.3	78.8	595.9	1438
黑龙江	Heilongjiang	742.5	626.5	273.2	157.2	526.6	1951
上　海	Shanghai	34.0	27.8	9.2	3.0	1195.5	141
江　苏	Jiangsu	392.9	295.4	114.5	17.1	1006.8	492
浙　江	Zhejiang	895.3	881.9	204.3	190.9	1556.2	1609
安　徽	Anhui	784.9	717.8	201.0	133.9	1255.0	1272
福　建	Fujian	1055.6	1054.2	287.5	286.1	1513.0	2737
江　西	Jiangxi	1655.1	1637.2	379.5	361.5	1658.9	3615
山　东	Shandong	225.6	139.1	151.1	64.7	635.8	228
河　南	Henan	423.1	311.2	206.5	94.7	827.8	445
湖　北	Hubei	1248.8	1219.3	319.0	289.5	1309.5	2128
湖　南	Hunan	1912.4	1905.7	436.8	430.2	1499.4	2811
广　东	Guangdong	1786.6	1777.0	440.7	431.1	1739.2	1635
广　西	Guangxi	2388.0	2386.0	446.6	444.7	1805.7	4958
海　南	Hainan	383.9	380.5	96.8	93.4	2062.2	4200
重　庆	Chongqing	656.1	656.1	116.1	116.1	1275.3	2164
四　川	Sichuan	2467.1	2466.0	607.5	606.4	941.4	2997
贵　州	Guizhou	1051.5	1051.5	260.8	260.8	1175.3	2968
云　南	Yunnan	2202.6	2202.6	762.0	762.0	1351.5	4631
西　藏	Tibet	4749.9	4749.9	1086.0	1086.0	631.7	145036
陕　西	Shaanxi	449.1	422.6	141.6	115.0	801.2	1181
甘　肃	Gansu	238.9	231.8	133.4	126.2	317.7	917
青　海	Qinghai	785.7	764.3	355.7	334.2	338.9	13306
宁　夏	Ningxia	10.8	8.7	19.3	17.2	331.6	160
新　疆	Xinjiang	1018.6	969.5	587.0	537.9	192.4	4282

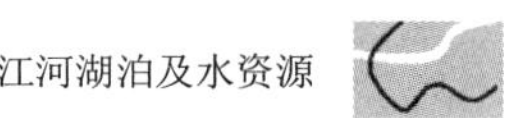

1-14　2017 年水资源量（按水资源分区分）
Water Resources in 2017 (by Water Resources Sub-region)

水资源一级区	Grade-I Water Resources Sub-region	水资源总量/亿立方米 Total Available Water Resources /10^8m^3	地表水资源量/亿立方米 Surface Water Resources /10^8m^3	地下水资源量/亿立方米 Groundwater Resources /10^8m^3	地表水与地下水资源重复量/亿立方米 Duplicated Amount of Surface Water and Groundwater /10^8m^3	降水总量/毫米 Total Precipitation /mm
全　国	**Total**	**28761.2**	**27746.3**	**8309.6**	**7294.7**	**664.8**
松花江区	Songhua River	1267.5	1086.0	462.2	280.7	451.0
辽河区	Liaohe River	293.1	220.4	164.8	92.0	459.8
海河区	Haihe River	272.2	128.3	223.3	79.5	500.3
黄河区	Yellow River	659.3	552.9	376.7	270.4	488.8
淮河区	Huaihe River	958.6	699.8	419.2	160.5	874.7
长江区	Yangtze River	10614.7	10488.7	2606.4	2480.3	1121.8
其中：太湖流域	Among Which: Taihu Lake	206.9	183.7	44.4	21.3	1244.1
东南诸河区	Rivers in Southeast	1808.5	1799.3	450.7	441.5	1546.6
珠江区	Pearl River	5265.5	5250.5	1158.2	1143.2	1679.5
西南诸河区	Rivers in Southwest	6025.9	6025.9	1497.6	1497.6	1163.7
西北诸河区	Rivers in Northwest	1596.0	1494.5	950.5	849.0	183.3

1-15 2017 年河流水质状况（按水资源分区分）
Water Quality of Rivers of 2017 (by Water Resources Sub-region)

水资源一级区	Grade-I Water Resources Sub-region	评价河长/千米 Assessed River Length /km	分类河长占评价河长百分比/% Percentage of Classed River Length to the Total Assessed/%					
			Ⅰ类 Class-Ⅰ	Ⅱ类 Class-Ⅱ	Ⅲ类 Class-Ⅲ	Ⅳ类 Class-Ⅳ	Ⅴ类 Class-Ⅴ	劣Ⅴ类 Inferior to Class-Ⅴ
全　国	**Total**	**244511.8**	**7.8**	**49.6**	**21.1**	**9.5**	**3.7**	**8.3**
松花江区	Songhua River	16780.4	0.4	15.5	50.9	21.0	3.6	8.6
辽河区	Liaohe River	6067.2	1.2	34.2	28.3	13.8	11.2	11.3
海河区	Haihe River	15324.6	1.9	20.7	16.3	9.7	12.1	39.3
黄河区	Yellow River	22891.9	9.6	44.3	16.0	7.3	3.7	19.1
淮河区	Huaihe River	24080.6	0.4	16.0	38.8	24.9	8.1	11.8
长江区	Yangtze River	70896.6	7.8	55.1	21.0	8.8	3.1	4.2
其中：太湖流域	Among Which: Taihu Lake	6340.9		8.3	24.8	43.5	14.7	8.7
东南诸河区	Rivers in Southeast	13642.8	7.5	62.5	21.3	6.5	1.3	0.9
珠江区	Pearl River	30475.4	5.0	66.2	15.2	6.7	1.9	5.0
西南诸河区	Rivers in Southwest	21085.5	9.4	77.4	9.8	1.8	0.9	0.7
西北诸河区	Rivers in Northwest	23266.8	27.2	66.4	5.1	0.7	0.1	0.5

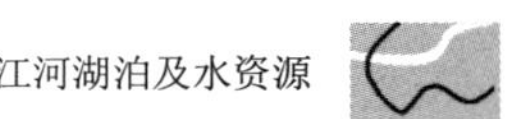

1-16 2017 年全国重点湖泊水质及富营养化状况

Water Quality and Eutrophication Condition of Lakes in 2017

湖泊名称 Lake	所属行政区 Region	水质类别 Water Quality	营养状况 Eutrophication Condition
太湖（含五里湖） Taihu Lake (Including Wuli Lake)	江苏 Jiangsu	V Class-V	中度富营养 Middleeutropher
白洋淀 Baiyangdian Lake	河北 Hebei	V Class-V	轻度富营养 Lighteutropher
洪泽湖 Hongze Lake	江苏 Jiangsu	Ⅳ Class-Ⅳ	轻度富营养 Lighteutropher
查干湖 Chagan Lake	吉林 Jilin	劣V Inferior to Class-V	中度富营养 Middleeutropher
骆马湖 Luoma Lake	江苏 Jiangsu	Ⅳ Class-Ⅳ	轻度富营养 Lighteutropher
高邮湖 Gaoyou Lake	江苏 Jiangsu	Ⅳ Class-Ⅳ	轻度富营养 Lighteutropher
巢湖 Chaohu Lake	安徽 Anhui	V Class-V	中度富营养 Middleeutropher
鄱阳湖 Poyang Lake	江西 Jiangxi	Ⅳ Class-Ⅳ	中营养 Mesotropher
南四湖 Nansihu Lakes	山东、江苏 Shandong，Jiangsu	Ⅲ Class-Ⅲ	轻度富营养 Lighteutropher
邵伯湖 Shaobo Lake	江苏 Jiangsu	Ⅳ Class-Ⅳ	轻度富营养 Lighteutropher
洪湖 Honghu Lake	湖北 Hubei	Ⅳ Class-Ⅳ	轻度富营养 Lighteutropher
长湖 Changhu Lake	湖北 Hubei	Ⅳ Class-Ⅳ	轻度富营养 Lighteutropher
梁子湖 Liangzi Lake	湖北 Hubei	Ⅳ Class-Ⅳ	轻度富营养 Lighteutropher
龙感湖 Longgan Lake	湖北、安徽 Hubei，Anhui	V Class-V	轻度富营养 Lighteutropher
洞庭湖 Dongting Lake	湖南 Hunan	Ⅳ Class-Ⅳ	轻度富营养 Lighteutropher
宝应湖 Baoying Lake	江苏 Jiangsu	Ⅳ Class-Ⅳ	轻度富营养 Lighteutropher
滆湖 Gehu Lake	江苏 Jiangsu	V Class-V	中度富营养 Middleeutropher
石臼湖 Shijiu Lake	江苏、安徽 Jiangsu，Anhui	Ⅳ Class-Ⅳ	轻度富营养 Lighteutropher
大官湖黄湖 Daguanhuhuanghu Lake	安徽 Anhui	Ⅳ Class-Ⅳ	轻度富营养 Lighteutropher
菜子湖 Caizi Lake	安徽 Anhui	Ⅳ Class-Ⅳ	轻度富营养 Lighteutropher
南漪湖 Nanyi Lake	安徽 Anhui	Ⅳ Class-Ⅳ	轻度富营养 Lighteutropher

1-16 续表 continued

湖泊名称 Lake	所属行政区 Region	水质类别 Water Quality	营养状况 Eutrophication Condition
滇池 Dianchi Lake	云南 Yunnan	V Class-V	轻度富营养 Lighteutropher
抚仙湖 Fuxian Lake	云南 Yunnan	I Class- I	中营养 Mesotropher
城西湖 Chengxi Lake	安徽 Anhui	IV Class-IV	轻度富营养 Lighteutropher
城东湖 Chengdong Lake	安徽 Anhui	IV Class-IV	中营养 Mesotropher
女山湖 Nushan Lake	安徽 Anhui	IV Class-IV	轻度富营养 Lighteutropher
洱海 Erhai Lake	云南 Yunnan	III Class-III	中营养 Mesotropher
纳木错 Namtso Lake	西藏 Tibet	劣V Inferior to Class-V	中营养 Mesotropher
普莫雍错 Pumoyongcuo Lake	西藏 Tibet	III Class-III	中营养 Mesotropher
羊卓雍错 Yangzhuoyongcuo Lake	西藏 Tibet	劣V Inferior to Class-V	中营养 Mesotropher
青海湖 Qinghai Lake	青海 Qinghai	II Class-II	中营养 Mesotropher
瓦埠湖 Wabu Lake	安徽 Anhui	IV Class-IV	轻度富营养 Lighteutropher
乌伦古湖 Wulungu Lake	新疆 Xinjiang	劣V Inferior to Class-V	中营养 Mesotropher
赛里木湖 Sailimu Lake	新疆 Xinjiang	III Class-III	中营养 Mesotropher
博斯腾湖 Bosten Lake	新疆 Xinjiang	IV Class-IV	中营养 Mesotropher
泊湖 Pohu Lake	安徽 Anhui	III Class-III	轻度富营养 Lighteutropher
东平湖 Dongping Lake	山东 Shandong	V Class-V	轻度富营养 Lighteutropher
斧头湖 Futou Lake	湖北 Hubei	III Class-III	中营养 Mesotropher
班公错 Bangongcuo Lake	西藏 Tibet	劣V Inferior to Class-V	中营养 Mesotropher
佩枯错 Peikucuo Lake	西藏 Tibet	II Class-II	中营养 Mesotropher
克鲁克湖 Keluke Lake	青海 Qinghai	V Class-V	轻度富营养 Lighteutropher

主要统计指标解释

地表水资源量　河流、湖泊以及冰川等地表水体中可以逐年更新的动态水量，即天然河川径流量。

地下水资源量　地下饱和含水层逐年更新的动态水量，即降水和地表水入渗对地下水的补给量。

水资源总量　当地降水形成的地表和地下产水总量，即地表径流量与降水入渗补给量之和。

降水量　从天空降落到地面的液态或固态（经融化后）水，未经蒸发、渗透、流失而在地面上积聚的深度。其统计计算方法为：月降水量是将全月各日的降水量累加而得；年降水量是将12个月的月降水量累加而得。

径流量　在一定时段内通过河流某一过水断面的水量。计算公式为：径流量=降水量－蒸发量。

内陆水域面积　江、河、湖泊、坑塘、塘堰、水库等各种流水或蓄水的水面占地面积。

流域面积　每条河流都有自己的干流和支流，干支流共同组成这条河流的水系。每条河流都有自己的集水区域，这个集水区域就称为该河流的流域，流域面积是该流域区域的总面积。

水质等级　水质等级根据《地表水环境质量标准》（GB 3838—2002）确定。依据地表水水域环境功能和保护目标，按功能高低依次划分为五类：

Ⅰ类：主要适用于源头水、国家自然保护区；

Ⅱ类：主要适用于集中式生活饮用水地表水源地一级保护区、珍稀水生生物栖息地、鱼虾类产场、仔稚幼鱼的索饵场等；

Ⅲ类：主要适用于集中式生活饮用水地表水源地二级保护区、鱼虾类越冬场、洄游通道、水产养殖区等渔业水域及游泳区；

Ⅳ类：主要适用于一般工业用水区及人体非直接接触的娱乐用水区；

Ⅴ类：主要适用于农业用水区及一般景观要求水域。

Explanatory Notes of Main Statistical Indicators

Surface water resources Dynamic quantity of water that is renewable year by year in surface water bodies such as rivers, lakes or glaciers; it also means the quantity of natural river runoff.

Groundwater resources Quantity of recharge of precipitation and surface water to the saturated rock and clay, including infiltration recharge of precipitation and surface water bodies of river courses, lakes, reservoirs, canal system and irrigation field.

Total Available water resources Total available surface and underground water that is formed by local precipitation, i.e. the sum of surface runoff and underground water infiltrated by precipitation recharge.

Precipitation Accumulative depth of water in liquid or solid (after melting) states from the sky to the ground without evaporation, infiltration and running off. Its calculation methods are as follows: monthly precipitation shall be the total sum of everyday rainfall in a month; annual precipitation shall be the total sum of rainfalls of twelve months.

Amount of runoff Water quantity runs through a water carrying section of a river during a fixed period of time. The calculation formula: runoff = precipitation – evaporation.

Inland water area Total land area occupied by running or stored water, including river, lake, pond, weir or reservoir etc.

Drainage area Each river has its own mainstream and tributaries that jointly form the water system of this river. Each river has its own water catchment area, and this catchment is called the river basin of this river. The area of a river basin is the total area of its catchments.

Classification of water quality Classification of water quality is based on ***Environmental quality standards for surface water*** (GB 3838—2002). Water quality is classified into five levels in sequence from high to low in line with environment functions and aims of protection of the surface water bodies.

Class-I water can be used as source of drinking water and national nature reserve.

Class-II water can be used as gradeⅠ surface water source for centralized domestic drinking water supply, habitat of rare and endemic aquatic life, spawning ground for fish and shrimp, and feeding ground of juvenile and young fish.

Class-III water can be used as gradeⅡ surface water source for centralized domestic drinking water supply, wintering or migratory passage of fish and shrimp, water bodies used for fishery such as aquiculture and swimming.

Class-IV water can be used for industries and recreation without direct contact with human bodies.

Class-V water can be used for irrigation and landscape watering.

2 江河治理

River Regulation

简要说明

江河治理统计资料主要包括水库数量、水库总库容、堤防长度与等级划分、水闸数量与类型、除涝面积以及除涝标准。

江河治理资料按水资源一级分区和地区分组。水库、堤防、水闸、除涝等历史数据汇总 1974 年至今的数据。

1. 水库统计范围为已建成水库，包括水利、电力、城建等部门建设的水库。因 2007 年湖南省对小型水库数量进行调减，因此对 2000—2006 年水库数量与库容进行相应调减。

2. 堤防统计范围为已建成或基本建成的河堤、湖堤、海堤、江堤、分洪区和行洪区围堤等各种堤防，生产堤、渠堤、排涝堤不做统计。本年鉴堤防长度为五级及以上堤防长度。

3. 水闸统计范围为江河、湖泊上的防洪、分洪、节制、挡潮、排涝、引水灌溉等各种类型水闸，水库枢纽等建筑物上的水闸不包括在内。水闸流量不够 10 立方米每秒，不做统计。2012 年始，水闸数量统计口径为水闸流量达到 5 立方米每秒。

4. 洪灾、旱灾及防治状况历史资料汇总 1949 年以来的数据，按地区整理。

5. 2012 年，水库、堤防、水闸相关指标已与 2011 年水利普查数据进行了衔接。

Brief Introduction

Statistical data of rivers regulation mainly includes number of reservoirs, total storage capacity, embankment length and grade division, number and types of sluices and gates, drainage area and standard.

The data of river regulation is divided into groups in accordance with regions and basins. Historical data of reservoirs, embankments, water gates, waterlogging prevention areas is collected from 1974 until present.

1. The statistical data of reservoirs also covers reservoirs built by department of electricity or urban construction despite of water department. Due to the reduction for the number of small reservoirs of Hunan Province in 2007, the number of reservoirs and storage capacity in 2000-2006 were reduced accordingly.

2. The statistical scope of embankment covers various types such as river embankment and levee, lake embankment, sea dyke, embankment for flood retention and discharge basins, excluding embankment for production, canal and drainage purposes. The data of the length of embankment and dyke is about from Grade-Ⅰ to Grade-Ⅴ.

3. The statistical scope of sluice and gate covers various types of sluices and gates on rivers or lakes, such as those for flood control and flood diversion, control gate and tidal gate, and gate for drainage and irrigation. The gates built on the reservoirs are not included. The gates with a flow lower than 10 m^3/s are not included. Since 2012, only the gates with a flow higher than 5 m^3/s are included.

4. Historical data of flood and drought disasters, and summary of prevention and control status are collected from 1949 until present and classified according to regions.

5. The data of reservoir, embankment and sluice and gate in 2012 is integrated with the First National Census for Water in 2011.

2-1 主 要 指 标
Key Indicators

指标名称 Item	单位	unit	2009	2010	2011	2012	2013	2014	2015	2016	2017
水库 Reservoir	座	unit	87151	87873	88605	97543	97721	97735	97988	98460	98795
总库容 Total Storage	亿立方米	10^8m^3	7064	7162	7201	8255	8298	8394	8581	8967	9035
大型 Large Reservoir	座	unit	544	552	567	683	687	697	707	720	732
总库容 Total Storage	亿立方米	10^8m^3	5506	5594	5602	6493	6529	6617	6812	7166	7210
中型 Medium Reservoir	座	unit	3259	3269	3346	3758	3774	3799	3844	3890	3934
总库容 Total Storage	亿立方米	10^8m^3	921	930	954	1064	1070	1075	1068	1096	1117
小型 Small Reservoir	座	unit	83348	84052	84692	93102	93260	93239	93437	93850	94129
总库容 Total Storage	亿立方米	10^8m^3	636	638	645	698	700	702	701	705	709
堤防 Embankment and Dyke	千米	km	291420	294104	299911	271661	276823	284425	291417	299322	306200
保护耕地面积 Protected Cultivated Area	千公顷	10^3ha	46547	46831	42625	42597	42573	42794	40844	41087	40946
保护人口 Protected Population	万人	10^4persons	58978	59853	57216	56566	57138	58584	58608	59468	60557
水闸 Water Gate	座	unit	42523	43300	44306	97256	98192	98686	103964	105283	103878
大型 Large Gate	座	unit	565	567	599	862	870	875	888	892	892
中型 Medium Gate	座	unit	4661	4692	4767	6308	6336	6360	6401	6473	6504
小型 Small Gate	座	unit	37297	38041	38942	90086	90986	91451	96675	97918	96482
除涝面积 Drainage Area	千公顷	10^3ha	21584	21692	21722	21857	21943	22369	22713	23067	23824

2-2 历年已建成水库数量、库容和耕地灌溉面积

Number, Storage Capacity and Effective Irrigated Area of Completed Reservoirs by Year

年份 Year	已建成水库 Completed Reservoirs			大型水库 Large Reservoir			中型水库 Medium Reservoir			小型水库 Small Reservoir		
	座数/座 Number /unit	总库容/亿立方米 Total Storage Capacity /10^8m^3	耕地灌溉面积/千公顷 Effective Irrigated Area /10^3ha	座数/座 Number /unit	总库容/亿立方米 Total Storage Capacity /10^8m^3	耕地灌溉面积/千公顷 Effective Irrigated Area /10^3ha	座数/座 Number /unit	总库容/亿立方米 Total Storage Capacity /10^8m^3	耕地灌溉面积/千公顷 Effective Irrigated Area /10^3ha	座数/座 Number /unit	总库容/亿立方米 Total Storage Capacity /10^8m^3	耕地灌溉面积/千公顷 Effective Irrigated Area /10^3ha
1979	86132	4081	16806	319	2945	7159	2252	593	4164	83561	543	5483
1980	86822	4130	15989	326	2975	6255	2298	605	4213	84198	550	5522
1981	86881	4169	15806	328	2989	6080	2333	622	4253	84220	558	5473
1982	86900	4188	15943	331	2994	6217	2353	632	4318	84216	562	5408
1983	86567	4208	15671	335	3007	6081	2367	640	4251	83865	561	5339
1984	84998	4292	15833	338	3068	6280	2387	658	4232	82273	566	5321
1985	83219	4301	15760	340	3076	6407	2401	661	4206	80478	564	5147
1986	82716	4432	15749	350	3199	6408	2115	666	4189	79951	567	5153
1987	82870	4475	15902	353	3233	6449	2428	672	4257	80089	570	5196
1988	82937	4504	15801	355	3252	6399	2462	681	4201	80120	571	5201
1989	82848	4617	15826	358	3357	6409	2480	688	4254	80010	572	5163
1990	83387	4660	15809	366	3397	6431	2499	690	4205	80522	573	5173
1991	83799	4678		367	3400		2524	698		80908	579	
1992	84130	4688		369	3407		2538	700		81223	580	
1993	84614	4717		374	3425		2562	707		81678	583	
1994	84558	4751		381	3456		2572	713		81605	582	
1995	84775	4797		387	3493		2593	719		81795	585	
1996	84905	4571		394	3260		2618	724		81893	587	
1997	84837	4583		397	3267		2634	729		81806	587	
1998	84944	4930		403	3595		2653	736		81888	598	
1999	85119	4499		400	3164		2681	743		82039	593	
2000	83260	5183		420	3843		2704	746		80136	593	
2001	83542	5280		433	3927		2736	758		80373	595	
2002	83960	5594		445	4230		2781	768		80734	596	
2003	84091	5657		453	4279		2827	783		80811	596	
2004	84363	5541		460	4147		2869	796		81034	598	
2005	84577	5623		470	4197		2934	826		81173	601	
2006	85249	5841		482	4379		3000	852		81767	610	
2007	85412	6345		493	4836		3110	883		81809	625	
2008	86353	6924		529	5386		3181	910		82643	628	
2009	87151	7064		544	5506		3259	921		83348	636	
2010	87873	7162		552	5594		3269	930		84052	638	
2011	88605	7201		567	5602		3346	954		84692	645	
2012	97543	8255		683	6493		3758	1064		93102	698	
2013	97721	8298		687	6529		3774	1070		93260	700	
2014	97735	8394		697	6617		3799	1075		93239	702	
2015	97988	8581		707	6812		3844	1068		93437	701	
2016	98460	8967		720	7166		3890	1096		93850	705	
2017	98795	9035		732	7210		3934	1117		94129	709	

2-3 2017年已建成水库数量和库容（按地区分）

Number and Storage Capacity of Completed Reservoirs in 2017 (by Region)

地区	Region	已建成水库 Completed Reservoirs		大型水库 Large Reservoir		中型水库 Medium Reservoir		小型水库 Small Reservoir	
		座数/座 Number /unit	总库容/亿立方米 Total Storage Capacity $/10^8m^3$	座数/座 Number /unit	总库容/亿立方米 Total Storage Capacity $/10^8m^3$	座数/座 Number /unit	总库容/亿立方米 Total Storage Capacity $/10^8m^3$	座数/座 Number /unit	总库容/亿立方米 Total Storage Capacity $/10^8m^3$
合计	**Total**	**98795**	**9035**	**732**	**7210**	**3934**	**1117**	**94129**	**709**
北京	Beijing	87	52	3	46	17	5	67	1
天津	Tianjin	28	26	3	22	11	4	14	1
河北	Hebei	1070	206	23	183	45	16	1002	8
山西	Shanxi	610	70	12	40	69	21	529	9
内蒙古	Inner Mongolia	617	104	15	61	90	33	512	11
辽宁	Liaoning	797	367	35	336	77	21	685	9
吉林	Jilin	1624	326	19	284	104	29	1501	14
黑龙江	Heilongjiang	1070	269	28	218	102	35	940	16
上海	Shanghai								
江苏	Jiangsu	1077	35	6	13	43	12	1028	10
浙江	Zhejiang	4326	447	34	373	160	46	4132	28
安徽	Anhui	5947	325	16	263	113	31	5818	31
福建	Fujian	3666	169	21	91	184	49	3461	30
江西	Jiangxi	10812	320	30	190	260	64	10522	66
山东	Shandong	6431	221	38	130	217	55	6176	37
河南	Henan	2655	426	26	370	124	34	2505	22
湖北	Hubei	6967	1264	77	1135	283	79	6607	50
湖南	Hunan	14098	514	45	351	359	92	13694	71
广东	Guangdong	8389	448	37	290	342	94	8010	64
广西	Guangxi	4537	708	58	593	230	67	4249	48
海南	Hainan	1110	112	10	76	76	23	1024	12
重庆	Chongqing	3057	126	18	81	99	26	2940	19
四川	Sichuan	8129	523	47	414	210	62	7872	47
贵州	Guizhou	2386	439	22	384	114	33	2250	21
云南	Yunnan	6493	754	35	643	277	69	6181	42
西藏	Tibet	117	38	7	33	12	5	98	1
陕西	Shaanxi	1101	94	12	54	77	29	1012	12
甘肃	Gansu	383	103	9	83	42	14	332	6
青海	Qinghai	206	316	11	309	18	5	177	3
宁夏	Ningxia	322	28	1	6	36	14	285	8
新疆	Xinjiang	683	205	34	141	143	50	506	13

2-4 2017 年已建成水库数量和库容（按水资源分区分）

Number and Storage Capacity of Completed Reservoirs in 2017 (by Water Resources Sub-region)

水资源一级区	Grade-I Water Resources Sub-region	已建成水库 Completed Reservoirs		大型水库 Large Reservoir		中型水库 Medium Reservoir		小型水库 Small Reservoir	
		座数/座 Number/unit	总库容/亿立方米 Total Storage Capacity $/10^8m^3$	座数/座 Number/unit	总库容/亿立方米 Total Storage Capacity $/10^8m^3$	座数/座 Number/unit	总库容/亿立方米 Total Storage Capacity $/10^8m^3$	座数/座 Number/unit	总库容/亿立方米 Total Storage Capacity $/10^8m^3$
合　计	**Total**	**98795**	**9035**	**732**	**7210**	**3934**	**1117**	**94129**	**709**
松花江区	Songhua River	2670	616	49	519	208	68	2413	30
辽河区	Liaohe River	1095	424	45	375	121	35	929	13
海河区	Haihe River	1983	339	36	273	165	48	1782	19
黄河区	Yellow River	3176	845	40	726	229	78	2907	41
淮河区	Huaihe River	9643	510	59	373	296	80	9288	58
长江区	Yangtze River	52601	3439	272	2711	1536	412	50793	316
东南诸河区	Rivers in Southeast	7751	604	50	456	332	92	7369	56
珠江区	Pearl River	16295	1458	112	1113	727	205	15456	140
西南诸河区	Rivers in Southwest	2613	569	30	513	141	38	2442	18
西北诸河区	Rivers in Northwest	968	231	39	151	179	62	750	18

2-5 2017年已建成水库数量和库容（按水资源分区和地区分）

Number and Storage Capacity of Completed Reservoirs in 2017 (by Water Resources Sub-region and Region)

地区	Region	已建成水库 Completed Reservoirs		大型水库 Large Reservoir		中型水库 Medium Reservoir		小型水库 Small Reservoir	
		座数/座 Number/unit	总库容/亿立方米 Total Storage Capacity/10^8m^3	座数/座 Number/unit	总库容/亿立方米 Total Storage Capacity/10^8m^3	座数/座 Number/unit	总库容/亿立方米 Total Storage Capacity/10^8m^3	座数/座 Number/unit	总库容/亿立方米 Total Storage Capacity/10^8m^3
松花江区	**Songhua River**	**2670**	**616**	**49**	**519**	**208**	**68**	**2413**	**30**
内蒙古	Inner Mongolia	68	26	3	18	15	7	50	1
吉　林	Jilin	1532	321	18	283	91	26	1423	13
黑龙江	Heilongjiang	1070	269	28	218	102	35	940	16
辽河区	**Liaohe River**	**1095**	**424**	**45**	**375**	**121**	**35**	**929**	**13**
内蒙古	Inner Mongolia	214	52	9	38	31	11	174	3
辽　宁	Liaoning	789	367	35	336	77	21	677	9
吉　林	Jilin	92	5	1	1	13	3	78	1
海河区	**Haihe River**	**1983**	**339**	**36**	**273**	**165**	**48**	**1782**	**19**
北　京	Beijing	87	52	3	46	17	5	67	1
天　津	Tianjin	28	26	3	22	11	4	14	1
河　北	Hebei	1070	206	23	183	45	16	1002	8
山　西	Shanxi	279	27	4	13	37	10	238	4
内蒙古	Inner Mongolia	38	2	1	1	6	1	31	0.3
辽　宁	Liaoning	8	0.1					8	0.1
山　东	Shandong	234	11			31	7	203	4
河　南	Henan	239	14	2	7	18	5	219	1
黄河区	**Yellow River**	**3176**	**845**	**40**	**726**	**229**	**78**	**2907**	**41**
山　西	Shanxi	331	43	8	27	32	11	291	5
内蒙古	Inner Mongolia	227	17	1	1	28	11	198	5
山　东	Shandong	972	55	3	43	25	6	944	5
河　南	Henan	410	264	7	254	21	5	382	5
四　川	Sichuan	2	0.1					2	0.1
陕　西	Shaanxi	573	46	6	15	59	23	508	8
甘　肃	Gansu	169	82	4	74	16	4	149	3
青　海	Qinghai	170	312	10	306	12	3	148	2
宁　夏	Ningxia	322	28	1	6	36	14	285	8
淮河区	**Huaihe River**	**9643**	**510**	**59**	**373**	**296**	**80**	**9288**	**58**
江　苏	Jiangsu	497	20	3	9	18	6	476	5
安　徽	Anhui	2391	213	7	184	59	17	2325	13
山　东	Shandong	5225	156	35	87	161	41	5029	28
河　南	Henan	1530	121	14	93	58	16	1458	12

2-5 续表 continued

地区	Region	已建成水库 Completed Reservoirs		大型水库 Large Reservoir		中型水库 Medium Reservoir		小型水库 Small Reservoir	
		座数/座 Number/unit	总库容/亿立方米 Total Storage Capacity/10^8m^3	座数/座 Number/unit	总库容/亿立方米 Total Storage Capacity/10^8m^3	座数/座 Number/unit	总库容/亿立方米 Total Storage Capacity/10^8m^3	座数/座 Number/unit	总库容/亿立方米 Total Storage Capacity/10^8m^3
长江区	**Yangtze River**	**52601**	**3439**	**272**	**2711**	**1536**	**412**	**50793**	**316**
上　海	Shanghai								
江　苏	Jiangsu	580	15	3	3	25	6	552	5
浙　江	Zhejiang	241	12	5	7	12	4	224	1
安　徽	Anhui	3556	112	9	79	54	15	3493	18
江　西	Jiangxi	10812	320	30	190	260	64	10522	66
河　南	Henan	476	27	3	16	27	9	446	3
湖　北	Hubei	6967	1264	77	1135	283	79	6607	50
湖　南	Hunan	13879	512	45	351	353	92	13481	70
广　西	Guangxi	131	7	1	1	13	4	117	1
重　庆	Chongqing	3057	126	18	81	99	26	2940	19
四　川	Sichuan	8127	522	47	414	210	62	7870	47
贵　州	Guizhou	1904	279	17	236	88	27	1799	17
云　南	Yunnan	2309	188	9	156	88	19	2212	14
陕　西	Shaanxi	528	49	6	39	18	6	504	4
甘　肃	Gansu	30	6	2	4	5	1	23	0.5
青　海	Qinghai	4	0.3			1	0.2	3	0.2
东南诸河区	**Rivers in Southeast**	**7751**	**604**	**50**	**456**	**332**	**92**	**7369**	**56**
浙　江	Zhejiang	4085	435	29	365	148	43	3908	26
安　徽	Anhui								
福　建	Fujian	3666	169	21	90	184	49	3461	30
珠江区	**Pearl River**	**16295**	**1458**	**112**	**1113**	**727**	**205**	**15456**	**140**
湖　南	Hunan	219	2			6	1	213	1
广　东	Guangdong	8389	448	37	290	342	94	8010	64
广　西	Guangxi	4406	702	57	592	217	63	4132	47
海　南	Hainan	1110	112	10	76	76	23	1024	12
贵　州	Guizhou	482	160	5	148	26	7	451	5
云　南	Yunnan	1689	35	3	7	60	18	1626	10
西南诸河区	**Rivers in Southwest**	**2613**	**569**	**30**	**513**	**141**	**38**	**2442**	**18**
云　南	Yunnan	2495	531	23	481	129	33	2343	17
西　藏	Tibet	117	38	7	33	12	5	98	1
青　海	Qinghai	1	0.1					1	0.1
西北诸河区	**Rivers in Northwest**	**968**	**231**	**39**	**151**	**179**	**62**	**750**	**18**
内蒙古	Inner Mongolia	70	6	1	3	10	3	59	1
甘　肃	Gansu	184	16	3	5	21	8	160	2
青　海	Qinghai	31	4	1	3	5	1	25	1
新　疆	Xinjiang	683	205	34	141	143	50	506	13

2-6 历年堤防长度、保护耕地、保护人口和达标长度

Length of Embankment and Dyke, Protected Farmland and Population, Length of Up-to-standard Embankment and Dyke by Year

年份 Year	长度 /千米 Length /km	保护耕地 /千公顷 Protected Farmland /10³ha	保护人口 /万人 Protected Population /10⁴ persons	累计达标堤防长度 /千米 Accumulated Up-to-standard Embankment and Dyke /km	#1级、2级堤防 Grade-Ⅰ and Grade-Ⅱ Embankment and Dyke	新增达标堤防长度 /千米 Newly-increased Up-to-standard Embankment and Dyke /km	主要堤防 Key Embankment & Dyke 长度 /千米 Length /km	主要堤防 Key Embankment & Dyke 保护面积 /千公顷 Protected Farmland Area /10³ha	一般堤防 General Embankment & Dyke 长度 /千米 Length /km	一般堤防 General Embankment & Dyke 保护面积 /千公顷 Protected Farmland Area /10³ha
1978	164585	31924					44024	21235	120561	10689
1979	168276	32086					43349	20374	124927	11712
1980	170645	33621					43257	22363	127388	11258
1981	170644	33621					43256	22363	127388	11258
1982	170645	33621					43256	22363	127389	11258
1983	175499	33882					46125	22335	129374	11547
1984	178958	35459					53046	22912	125912	12547
1985	177048	31060					53739	20714	123309	10346
1986	185045	31665					55706	21279	129339	10387
1987	200175	32205					56067	21131	144108	11073
1988	203709	32330					56267	21115	147442	11215
1989	216979	31966					56634	20785	160345	11180
1990	225770	31616					57499	20954	168271	10661
1991	237746	29507					59536	18257	178210	11251
1992	242246	29565					60112	18521	182134	11044
1993	245130	30885					61140	18639	183990	12246
1994	245876	30246					61803	18337	184073	11910
1995	246680	30609					63423	18777	183257	11833
1996	248243	32686					64706	21638	183537	11048
1997	250815	40476					65729	26982	185086	13493
1998	258600	36289					69879	24840	188721	11449
1999	266278	38575					74021	26014	192257	12561
2000	270364	39595	46586				76769	27458	193595	12137
2001	273401	40671	47939	76532	15875	8369				
2002	273786	42862	50049	82395	21181	11426				
2003	275171	43875	51304	88030	22854	5634				
2004	277305	43934	53065	94634	22679	6647				
2005	277450	44121	54174	98147	23240	3856				
2006	280850	45486	55403	106334	23609	5883				
2007	283770	45518	56487	109349	24347	4243				
2008	286896	45712	57289	112837	25309	5115				
2009	291420	46547	58978	116739	26256	4515				
2010	294104	46831	59853	121440	27865	4697				
2011	299911	42625	57216	128557	28419	7413				
2012	271661	42597	56566	177490	27949	11080				
2013	276823	42573	57138	179763	29452	9170				
2014	284425	42794	58584	188681	30382	9098				
2015	291417	40844	58608	196536	31164	8005				
2016	299322	41087	59468	201124	32266	6733				
2017	306200	40946	60557	210286	33381	9114				

2-7 2017 年堤防长度、保护耕地、保护人口和达标长度（按地区分）

Length of Embankment and Dyke, Protected Farmland and Population, Length of Up-to-standard Embankment and Dyke in 2017 (by Region)

地区	Region	长度 /千米 Length /km	保护耕地 /千公顷 Protected Farmland /10^3ha	保护人口 /万人 Protected Population /10^4persons	累计达标堤防长度 /千米 Accumulated Length of Up-to-standard Embankment and Dyke /km	#1 级、2 级堤防 Grade-Ⅰ and Grade-Ⅱ Embankment and Dyke	新增达标堤防长度 /千米 Newly-increased Length of Up-to-standard Embankment and Dyke /km
合 计	**Total**	**306200**	**40946**	**60557**	**210286**	**33381**	**9114**
北 京	Beijing	1533	201	361	1418	513	109
天 津	Tianjin	2164	374	1236	988	767	
河 北	Hebei	10278	3636	4112	4832	1641	110
山 西	Shanxi	6544	595	995	5015	506	100
内蒙古	Inner Mongolia	6633	1646	1231	5096	1330	234
辽 宁	Liaoning	12922	1479	1953	10727	2318	193
吉 林	Jilin	8081	1308	1024	4762	1444	490
黑龙江	Heilongjiang	13408	3295	1276	6590	1530	493
上 海	Shanghai	2365	191	1371	2183	1178	280
江 苏	Jiangsu	50978	2945	5030	41320	4785	815
浙 江	Zhejiang	19427	1336	3592	16247	1139	425
安 徽	Anhui	21892	2825	3597	13835	2861	610
福 建	Fujian	5106	410	1588	3695	276	264
江 西	Jiangxi	7961	953	1959	4278	323	263
山 东	Shandong	23472	4090	4532	16645	4010	203
河 南	Henan	16346	3533	4678	10805	1592	69
湖 北	Hubei	18032	3050	3861	5643	1454	454
湖 南	Hunan	12859	1705	2341	4518	1121	278
广 东	Guangdong	21755	1157	5558	12563	2251	175
广 西	Guangxi	2787	280	1188	1885	122	161
海 南	Hainan	696	121	346	506	67	3
重 庆	Chongqing	2215	173	824	2092	65	192
四 川	Sichuan	5720	838	2353	5180	215	236
贵 州	Guizhou	3225	338	819	3066	208	305
云 南	Yunnan	7198	554	1024	5891	117	354
西 藏	Tibet	2048	35	83	1823	116	327
陕 西	Shaanxi	5330	600	1109	4743	845	416
甘 肃	Gansu	7389	480	997	6776	362	705
青 海	Qinghai	1600	61	114	1592	77	239
宁 夏	Ningxia	858	190	223	788		18
新 疆	Xinjiang	5379	2548	1185	4787	149	590

2-8 2017 年堤防长度、保护耕地、保护人口和达标长度（按水资源分区分）

Length of Embankment and Dyke, Protected Farmland and Population, Length of Up-to-standard Embankment and Dyke in 2017 (by Water Resources Sub-region)

水资源一级区	Grade-I Water Resources Sub-region	长度/千米 Length /km	保护耕地/千公顷 Protected Farmland /10^3ha	保护人口/万人 Protected Population /10^4 persons	累计达标堤防长度/千米 Accumulated Length of Up-to-standard Embankment and Dyke /km	#1 级、2 级堤防 Grade-I and Grade-II Embankment and Dyke	新增达标堤防长度/千米 Newly-increased Length of Up-to-standard Embankment and Dyke /km
合　计	**Total**	**306200**	**40946**	**60557**	**210286**	**33381**	**9114**
松花江区	Songhua River	22416	4837	2538	12538	3174	1037
辽河区	Liaohe River	15855	2069	2467	12486	2889	324
海河区	Haihe River	23034	5874	7554	13457	4602	259
黄河区	Yellow River	19725	2691	3607	16934	2818	985
淮河区	Huaihe River	72712	9210	11211	53884	7585	604
长江区	Yangtze River	94728	9989	19117	59078	8447	3496
东南诸河区	Rivers in Southeast	16412	1364	4455	12925	973	581
珠江区	Pearl River	28327	1756	7499	17414	2445	478
西南诸河区	Rivers in Southwest	5330	327	566	4773	152	511
西北诸河区	Rivers in Northwest	7662	2829	1543	6798	296	839

2-9　2017年堤防长度、保护耕地、保护人口和达标长度（按水资源分区和地区分）

Length of Embankment and Dyke, Protected Farmland and Population, Length of Up-to-standard Embankment and Dyke in 2017 (by Water Resources Sub-region and Region)

地区	Region	长度 /千米 Length /km	保护耕地 /千公顷 Protected Farmland /10^3ha	保护人口 /万人 Protected Population /10^4persons	累计达标堤防长度 /千米 Accumulated Length of Up-to-standard Embankment and Dyke /km	#1级、2级堤防 Grade-Ⅰ and Grade-Ⅱ Embankment and Dyke	新增达标堤防长度 /千米 Newly-increased Length of Up-to-standard Embankment and Dyke /km
松花江区	**Songhua River**	**22416**	**4837**	**2538**	**12538**	**3174**	**1037**
内蒙古	Inner Mongolia	1478	381	366	1433	244	56
吉　林	Jilin	7529	1161	897	4515	1400	489
黑龙江	Heilongjiang	13408	3295	1276	6590	1530	493
辽河区	**Liaohe River**	**15855**	**2069**	**2467**	**12486**	**2889**	**324**
内蒙古	Inner Mongolia	2498	442	391	1630	530	129
辽　宁	Liaoning	12805	1479	1949	10609	2315	193
吉　林	Jilin	552	148	128	247	43	2
海河区	**Haihe River**	**23034**	**5874**	**7554**	**13457**	**4602**	**259**
北　京	Beijing	1533	201	361	1418	513	109
天　津	Tianjin	2164	374	1236	988	767	
河　北	Hebei	10278	3636	4112	4832	1641	110
山　西	Shanxi	2106	190	296	1496	213	24
内蒙古	Inner Mongolia	106	3	37	104		5
辽　宁	Liaoning	118	1	5	118	3	
山　东	Shandong	5651	1148	1069	3916	1263	5
河　南	Henan	1079	322	439	585	202	6
黄河区	**Yellow River**	**19725**	**2691**	**3607**	**16934**	**2818**	**985**
山　西	Shanxi	4437	405	699	3519	292	76
内蒙古	Inner Mongolia	2194	808	389	1633	556	38
山　东	Shandong	937	168	202	672	53	
河　南	Henan	2753	431	614	2264	907	42
四　川	Sichuan	16	0.4	5	16		4
陕　西	Shaanxi	3217	453	821	2916	736	305
甘　肃	Gansu	4120	213	596	3940	234	319
青　海	Qinghai	1192	24	59	1185	40	183
宁　夏	Ningxia	858	190	223	788		18
淮河区	**Huaihe River**	**72712**	**9210**	**11211**	**53884**	**7585**	**604**
江　苏	Jiangsu	34226	1923	2467	26748	2663	306
安　徽	Anhui	9990	1979	2195	7838	1743	81
山　东	Shandong	16884	2774	3262	12057	2694	199
河　南	Henan	11612	2534	3287	7241	484	18

2-9 续表 continued

地区	Region	长度/千米 Length /km	保护耕地/千公顷 Protected Farmland /10^3ha	保护人口/万人 Protected Population /10^4persons	累计达标堤防长度/千米 Accumulated Length Up-to-standard Embankment and Dyke /km	#1级、2级堤防 Grade-I and Grade-II Embankment and Dyke	新增达标堤防长度/千米 Newly-increased Length of Up-to-standard Embankment and Dyke /km
长江区	**Yangtze River**	**94728**	**9989**	**19117**	**59078**	**8447**	**3496**
上 海	Shanghai	2365	191	1371	2183	1178	280
江 苏	Jiangsu	16752	1022	2563	14572	2121	509
浙 江	Zhejiang	8121	382	725	7017	442	109
安 徽	Anhui	11902	846	1402	5997	1118	529
江 西	Jiangxi	7961	953	1959	4278	323	263
河 南	Henan	901	246	338	715		3
湖 北	Hubei	18032	3050	3861	5643	1454	454
湖 南	Hunan	12646	1690	2295	4316	1121	252
广 西	Guangxi	58	23	53	50		6
重 庆	Chongqing	2215	173	824	2092	65	192
四 川	Sichuan	5704	837	2347	5164	215	232
贵 州	Guizhou	2226	242	668	2090	208	237
云 南	Yunnan	2015	150	281	1642	76	126
陕 西	Shaanxi	2113	147	288	1827	109	111
甘 肃	Gansu	1674	36	139	1449	18	189
青 海	Qinghai	44	1	4	44		3
东南诸河区	**Rivers in Southeast**	**16412**	**1364**	**4455**	**12925**	**973**	**581**
浙 江	Zhejiang	11306	954	2867	9230	698	316
安 徽	Anhui						
福 建	Fujian	5106	410	1588	3695	276	264
珠江区	**Pearl River**	**28327**	**1756**	**7499**	**17414**	**2445**	**478**
湖 南	Hunan	213	15	45	201		27
广 东	Guangdong	21755	1157	5558	12563	2251	175
广 西	Guangxi	2729	258	1134	1835	122	155
海 南	Hainan	696	121	346	506	67	3
贵 州	Guizhou	999	95	151	976		68
云 南	Yunnan	1936	112	264	1333	5	50
西南诸河区	**Rivers in Southwest**	**5330**	**327**	**566**	**4773**	**152**	**511**
云 南	Yunnan	3248	292	479	2915	36	178
西 藏	Tibet	2048	35	83	1823	116	327
青 海	Qinghai	34		4	34		7
西北诸河区	**Rivers in Northwest**	**7662**	**2829**	**1543**	**6798**	**296**	**839**
内蒙古	Inner Mongolia	357	12	49	296		6
甘 肃	Gansu	1596	232	262	1387	111	196
青 海	Qinghai	330	37	47	328	37	46
新 疆	Xinjiang	5379	2548	1185	4787	149	590

2-10 历年水闸数量

Number of Water Gates by Year

单位：座 unit: unit

年份 Year	合计 Total	按过闸流量大小分 Classified According to Flow			按作用分 Classified According to Functions				
		大型 Large Gate	中型 Medium Gate	小型 Small Gate	分洪闸 Flood Diversion Gate	节制闸 Control Gate	排水闸 Drainage Gate	引水闸 Water Diversion Gate	挡潮闸 Tide Gate
1978	25909	266	1732	23911					
1979	25694	241	1802	23651					
1980	26656	250	1783	24623					
1981	26834	252	1837	24745					
1982	24906	253	1949	22704					
1983	24980	263	1912	22805					
1984	24862	290	1941	22631					
1985	24816	294	1957	22565					
1986	25315	299	2032	22984					
1987	26131	299	2060	23772					
1988	26319	300	2060	23959					
1989	26739	308	2086	24345					
1990	27649	316	2126	25207					
1991	29390	320	2228	26842					
1992	30571	322	2296	27953					
1993	30730	325	2676	27729					
1994	31097	320	2740	28037					
1995	31434	333	2794	28307					
1996	31427	333	2821	28273					
1997	31697	340	2836	28521					
1998	31742	353	2910	28479					
1999	32918	359	3025	29534					
2000	33702	402	3115	30185					
2001	36875	410							
2002	39144	431							
2003	39834	416							
2004	39313	413							
2005	39839	405							
2006	41209	426	3495	37288					
2007	41110	438	3531	37141	2656	11663	14288	7562	4941
2008	41626	504	4182	36940	2647	11904	14381	7686	5008
2009	42523	565	4661	37297	2672	12824	14488	7895	4644
2010	43300	567	4692	38041	2797	12951	14676	8182	4694
2011	44306	599	4767	38940	2878	13313	14937	8427	4751
2012	97256	862	6308	90086	7962	55297	17229	10955	5813
2013	98192	870	6336	90986	7985	55758	17509	11106	5834
2014	98686	875	6360	91451	7993	56157	17581	11124	5831
2015	103964	888	6401	96675	10817	54687	18800	14296	5364
2016	105283	892	6473	97918	10557	57013	18210	14350	5153
2017	103878	892	6504	96482	8363	57670	18280	14435	5130

2-11　2017年水闸数量（按地区分）

Number of Water Gates in 2017 (by Region)

单位：座　　unit: unit

地区	Region	合计 Total	按过闸流量大小分 Classified According to Flow			按作用分 Classified According to Functions				
			大型 Large Gate	中型 Medium Gate	小型 Small Gate	分洪闸 Flood Diversion Gate	节制闸 Control Gate	排水闸 Drainage Gate	引水闸 Water Diversion Gate	挡潮闸 Tide Gate
合　计	**Total**	**103878**	**892**	**6504**	**96482**	**8363**	**57670**	**18280**	**14435**	**5130**
北　京	Beijing	430	10	63	357	6	418	2	4	
天　津	Tianjin	1127	13	54	1060	53	503	257	302	12
河　北	Hebei	3034	10	255	2769	268	1699	455	581	31
山　西	Shanxi	746	3	54	689	67	447	100	132	
内蒙古	Inner Mongolia	1746	7	98	1641	269	941	61	475	
辽　宁	Liaoning	1432	41	303	1088	81	520	225	531	75
吉　林	Jilin	466	20	63	383	61	226	87	92	
黑龙江	Heilongjiang	1303	6	75	1222	234	366	397	306	
上　海	Shanghai	2395		64	2331		2395			
江　苏	Jiangsu	22369	37	464	21868	275	16076	2465	3408	145
浙　江	Zhejiang	9312	18	325	8969	374	5508	1481	284	1665
安　徽	Anhui	4720	59	349	4312	594	2026	1264	836	
福　建	Fujian	2499	47	278	2174	578	450	654	94	723
江　西	Jiangxi	4471	25	245	4201	951	1770	1190	560	
山　东	Shandong	5308	93	595	4620	289	3029	815	1116	59
河　南	Henan	3805	39	323	3443	166	1672	1297	670	
湖　北	Hubei	6809	22	166	6621	656	2924	1905	1324	
湖　南	Hunan	11926	151	1121	10654	1011	9125	927	863	
广　东	Guangdong	8189	144	729	7316	821	1483	3448	391	2046
广　西	Guangxi	1586	49	145	1392	255	276	515	170	370
海　南	Hainan	204	3	28	173	57	85	32	26	4
重　庆	Chongqing	51	2	19	30	12	13	2	24	
四　川	Sichuan	1328	50	109	1169	367	676	54	231	
贵　州	Guizhou	32	1	2	29				32	
云　南	Yunnan	1678	4	191	1483	102	1321	39	216	
西　藏	Tibet	43		3	40		15		28	
陕　西	Shaanxi	438	2	12	424	42	148	113	135	
甘　肃	Gansu	1173	4	72	1097	173	782	85	133	
青　海	Qinghai	119	6	16	97	3	23	10	83	
宁　夏	Ningxia	411		16	395	37	186	100	88	
新　疆	Xinjiang	4728	26	267	4435	561	2567	300	1300	

2-12 2017 年水闸数量（按水资源分区分）

Number of Water Gates in 2017 (by Water Resources Sub-region)

单位：座 unit: unit

水资源一级区	Grade-I Water Resources Region	合计 Total	按过闸流量大小分 Classified According to Flow			按作用分 Classified According to Functions				
			大型 Large Gate	中型 Medium Gate	小型 Small Gate	分洪闸 Flood Diversion Gate	节制闸 Control Gate	排水闸 Drainage Gate	引水闸 Water Diversion Gate	挡潮闸 Tide Gate
合计	**Total**	**103878**	**892**	**6504**	**96482**	**8363**	**57670**	**18280**	**14435**	**5130**
松花江区	Songhua River	1893	24	150	1719	302	649	507	435	
辽河区	Liaohe River	2127	42	365	1720	282	848	237	685	75
海河区	Haihe River	7239	59	543	6637	555	3878	1156	1585	65
黄河区	Yellow River	2831	23	149	2659	169	1519	492	651	
淮河区	Huaihe River	23767	179	1278	22310	591	14921	4464	3628	163
长江区	Yangtze River	41521	267	2115	39139	3677	27548	5492	4774	30
东南诸河区	Rivers in Southeast	7436	65	557	6814	862	2271	1552	374	2377
珠江区	Pearl River	10747	203	975	9569	1178	2401	4022	726	2420
西南诸河区	Rivers in Southwest	297	1	40	256	21	219	10	47	
西北诸河区	Rivers in Northwest	6020	29	332	5659	726	3416	348	1530	

2-13　2017 年水闸数量（按水资源分区和地区分）

Number of Water Gates in 2017 (by Water Resources Sub-region and Region)

单位：座　　unit: unit

地区	Region	合计 Total	按过闸流量大小分 Classified According to Flow			按作用分 Classified According to Functions				
			大型 Large Gate	中型 Medium Gate	小型 Small Gate	分洪闸 Flood Diversion Gate	节制闸 Control Gate	排水闸 Drainage Gate	引水闸 Water Diversion Gate	挡潮闸 Tide Gate
松花江区	**Songhua River**	**1893**	**24**	**150**	**1719**	**302**	**649**	**507**	**435**	
内蒙古	Inner Mongolia	160		17	143	13	78	26	43	
吉　林	Jilin	430	18	58	354	55	205	84	86	
黑龙江	Heilongjiang	1303	6	75	1222	234	366	397	306	
辽河区	**Liaohe River**	**2127**	**42**	**365**	**1720**	**282**	**848**	**237**	**685**	**75**
内蒙古	Inner Mongolia	673	6	60	607	195	307	9	162	
辽　宁	Liaoning	1418	34	300	1084	81	520	225	517	75
吉　林	Jilin	36	2	5	29	6	21	3	6	
海河区	**Haihe River**	**7239**	**59**	**543**	**6637**	**555**	**3878**	**1156**	**1585**	**65**
北　京	Beijing	430	10	63	357	6	418	2	4	
天　津	Tianjin	1127	13	54	1060	53	503	257	302	12
河　北	Hebei	3034	10	255	2769	268	1699	455	581	31
山　西	Shanxi	444		30	414	42	243	62	97	
内蒙古	Inner Mongolia	3			3				3	
辽　宁	Liaoning	14	7	3	4				14	
山　东	Shandong	1734	18	108	1608	124	800	303	485	22
河　南	Henan	453	1	30	422	62	215	77	99	
黄河区	**Yellow River**	**2831**	**23**	**149**	**2659**	**169**	**1519**	**492**	**651**	
山　西	Shanxi	302	3	24	275	25	204	38	35	
内蒙古	Inner Mongolia	727	1	17	709	46	445	25	211	
山　东	Shandong	193	6	19	168	8	95	63	27	
河　南	Henan	707	4	39	664	16	405	137	149	
四　川	Sichuan									
陕　西	Shaanxi	308	2	7	299	11	117	81	99	
甘　肃	Gansu	150	1	12	137	23	52	45	30	
青　海	Qinghai	33	6	15	12	3	15	3	12	
宁　夏	Ningxia	411		16	395	37	186	100	88	
淮河区	**Huaihe River**	**23767**	**179**	**1278**	**22310**	**591**	**14921**	**4464**	**3628**	**163**
江　苏	Jiangsu	15228	32	319	14877	154	10507	2267	2174	126
安　徽	Anhui	2809	45	250	2514	212	1350	755	492	
山　东	Shandong	3381	69	468	2844	157	2134	449	604	37
河　南	Henan	2349	33	241	2075	68	930	993	358	

2-13 续表 continued

地区	Region	合计 Total	按过闸流量大小分 Classified According to Flow			按作用分 Classified According to Functions				
			大型 Large Gate	中型 Medium Gate	小型 Small Gate	分洪闸 Flood Diversion Gate	节制闸 Control Gate	排水闸 Drainage Gate	引水闸 Water Diversion Gate	挡潮闸 Tide Gate
长江区	**Yangtze River**	**41521**	**267**	**2115**	**39139**	**3677**	**27548**	**5492**	**4774**	**30**
上　海	Shanghai	2395		64	2331		2395			
江　苏	Jiangsu	7141	5	145	6991	121	5569	198	1234	19
浙　江	Zhejiang	4375		46	4329	90	3687	583	4	11
安　徽	Anhui	1911	14	99	1798	382	676	509	344	
江　西	Jiangxi	4471	25	245	4201	951	1770	1190	560	
河　南	Henan	296	1	13	282	20	122	90	64	
湖　北	Hubei	6809	22	166	6621	656	2924	1905	1324	
湖　南	Hunan	11864	147	1110	10607	1007	9071	927	859	
广　西	Guangxi	11			11		7		4	
重　庆	Chongqing	51	2	19	30	12	13	2	24	
四　川	Sichuan	1328	50	109	1169	367	676	54	231	
贵　州	Guizhou	32	1	2	29				32	
云　南	Yunnan	707		92	615	40	607	2	58	
陕　西	Shaanxi	130		5	125	31	31	32	36	
甘　肃	Gansu									
青　海	Qinghai									
东南诸河区	**Rivers in Southeast**	**7436**	**65**	**557**	**6814**	**862**	**2271**	**1552**	**374**	**2377**
浙　江	Zhejiang	4937	18	279	4640	284	1821	898	280	1654
安　徽	Anhui									
福　建	Fujian	2499	47	278	2174	578	450	654	94	723
珠江区	**Pearl River**	**10747**	**203**	**975**	**9569**	**1178**	**2401**	**4022**	**726**	**2420**
湖　南	Hunan	62	4	11	47	4	54		4	
广　东	Guangdong	8189	144	729	7316	821	1483	3448	391	2046
广　西	Guangxi	1575	49	145	1381	255	269	515	166	370
海　南	Hainan	204	3	28	173	57	85	32	26	4
贵　州	Guizhou									
云　南	Yunnan	717	3	62	652	41	510	27	139	
西南诸河区	**Rivers in Southwest**	**297**	**1**	**40**	**256**	**21**	**219**	**10**	**47**	
云　南	Yunnan	254	1	37	216	21	204	10	19	
西　藏	Tibet	43		3	40		15		28	
青　海	Qinghai									
西北诸河区	**Rivers in Northwest**	**6020**	**29**	**332**	**5659**	**726**	**3416**	**348**	**1530**	
内蒙古	Inner Mongolia	183		4	179	15	111	1	56	
甘　肃	Gansu	1023	3	60	960	150	730	40	103	
青　海	Qinghai	86		1	85		8	7	71	
新　疆	Xinjiang	4728	26	267	4435	561	2567	300	1300	

2-14 历年水旱灾害
Flood and Drought Disasters by Year

年份 Year	洪灾 Flood Disasters							旱灾 Drought Disasters		
	受灾面积/千公顷 Disaster-affected Area /10^3ha	成灾面积/千公顷 Damaged Area /10^3ha	成灾率/% Percentage of Damaged Area /%	受灾人口/万人 Affected Population /10^4persons	死亡人口/人 Death Toll /person	直接经济总损失/亿元 Total Direct Economic Loss /10^8yuan	水利设施经济损失/亿元 Economic Loss of Water Facilities /10^8yuan	受灾面积/千公顷 Disaster-affected Area /10^3ha	成灾面积/千公顷 Damaged Area /10^3ha	成灾率/% Percentage of Damaged Area /%
1949	9282								52	
1950	6559	4710	71.8		1982			2398	589	24.6
1951	4173	1476	35.4		7819			7829	2299	29.4
1952	2794	1547	55.4		4162			4236	2565	60.6
1953	7187	3285	45.7		3308			8616	1341	15.6
1954	16131	11305	70.1		42447			2988	560	18.7
1955	5247	3067	58.5		2718			13433	4024	30.0
1956	14377	10905	75.9		10676			3127	2051	65.6
1957	8083	6032	74.6		4415			17205	7400	43.0
1958	4279	1441	33.7		3642			22361	5031	22.5
1959	4813	1817	37.8		4540			33807	11173	33.1
1960	10155	4975	49.0		6033			38125	16177	42.4
1961	8910	5356	60.1		5074			37847	18654	49.3
1962	9810	6318	64.4		4350			20808	8691	41.8
1963	14071	10479	74.5		10441			16865	9021	53.5
1964	14933	10038	67.2		4288			4219	1423	33.7
1965	5587	2813	50.3		1906			13631	8107	59.5
1966	2508	950	37.9		1901			20015	8106	40.5
1967	2599	1407	54.1		1095			6764	3065	45.3
1968	2670	1659	62.1		1159			13294	7929	59.6
1969	5443	3265	60.0		4667			7624	3442	45.1
1970	3129	1234	39.4		2444			5723	1931	33.7
1971	3989	1481	37.1		2323			25049	5319	21.2
1972	4083	1259	30.8		1910			30699	13605	44.3
1973	6235	2577	41.3		3413			27202	3928	14.4
1974	6431	2737	42.6		1849			25553	2296	9.0
1975	6817	3467	50.9		29653			24832	5318	21.4
1976	4197	1329	31.7		1817			27492	7849	28.5
1977	9095	4989	54.9		3163			29852	7005	23.5
1978	2820	924	32.8		1796			40169	17969	44.7
1979	6775	2870	42.4		3446			24646	9316	37.8
1980	9146	5025	54.9		3705			26111	12485	47.8
1981	8625	3973	46.1		5832			25693	12134	47.2

2-14 续表 continued

年份 Year	洪灾 Flood Disasters							旱灾 Drought Disasters		
	受灾面积 /千公顷 Disaster-affected Area /10^3ha	成灾面积 /千公顷 Damaged Area /10^3ha	成灾率 /% Percentage of Damaged Area /%	受灾人口 /万人 Affected Population /10^4persons	死亡人口 /人 Death Toll /person	直接经济总损失 /亿元 Total Direct Economic Loss /10^8yuan	水利设施经济损失 /亿元 Economic Loss of Water Facilities /10^8yuan	受灾面积 /千公顷 Disaster-affected Area /10^3ha	成灾面积 /千公顷 Damaged Area /10^3ha	成灾率 /% Percentage of Damaged Area /%
1982	8361	4463	53.4		5323			20697	9972	48.2
1983	12162	5747	47.3		7238			16089	7586	47.2
1984	10632	5361	50.4		3941			15819	7015	44.3
1985	14197	8949	63.0		3578			22989	10063	43.8
1986	9155	5601	61.2		2761			31042	14765	47.6
1987	8686	4104	47.2		3749			24920	13033	52.3
1988	11949	6128	51.3		4094			32904	15303	46.5
1989	11328	5917	52.2		3270			29358	15262	52.0
1990	11804	5605	47.5		3589	239		18175	7805	42.9
1991	24596	14614	59.4		5113	779		24914	10559	42.4
1992	9423	4464	47.4		3012	413		32980	17049	51.7
1993	16387	8610	52.5		3499	642		21098	8659	41.0
1994	18859	11490	60.9	21523	5340	1797		30282	17049	56.3
1995	14367	8001	55.7	20070	3852	1653		23455	10374	44.2
1996	20388	11823	58.0	25384	5840	2208		20151	6247	31.0
1997	13135	6515	49.6	18067	2799	930		33514	20010	59.7
1998	22292	13785	61.8	18655	4150	2551	287	14237	5068	35.6
1999	9605	5389	56.1	13013	1896	930	132	30153	16614	55.1
2000	9045	5396	59.7	12936	1942	712	103	40541	26777	66.0
2001	7138	4253	59.6	11087	1605	623	98	38480	23702	61.6
2002	12384	7439	60.1	15204	1819	838	166	22207	13247	59.7
2003	20366	13000	63.8	22572	1551	1301	173	24852	14470	58.2
2004	7782	4017	51.6	10673	1282	714	113	17255	7951	46.1
2005	14967	8217	54.9	20026	1660	1662	249	16028	8479	52.9
2006	10522	5592	53.2	13882	2276	1333	208	20738	13411	64.7
2007	12549	5969	47.6	17698	1230	1123	177	29386	16170	55.0
2008	8867	4537	51.2	14047	633	955	172	12137	6798	56.0
2009	8748	3796	43.4	11102	538	846	148	29259	13197	45.1
2010	17867	8728	48.9	21085	3222	3745	692	13259	8987	67.8
2011	7192	3393	47.2	8942	519	1301	210	16304	6599	40.4
2012	11218	5871	52.3	12367	673	2675	468	9333	3509	37.6
2013	11901	6623	55.7	12022	775	3146	445	11220	6971	62.1
2014	5919	2830	47.8	7382	486	1574	249	12272	5677	46.3
2015	6132	3054	49.8	7641	319	1661	254	10067	5577	55.4
2016	9443	5063	53.6	10095	686	3643	698	9873	6131	62.0
2017	5196	2781	53.5	5515	316	2143	345	9946	4490	45.1

2-15 2017 年水旱灾害（按地区分）

Flood and Drought Disasters in 2017(by Region)

地区	Region	洪灾 Flood Disasters						旱灾 Drought Disasters	
		受灾面积 /千公顷 Disaster-affected Area /10^3ha	成灾面积 /千公顷 Damaged Area /10^3ha	受灾人口 /万人 Affected Population /10^4persons	死亡人口 /人 Death Toll /person	直接经济总损失 /亿元 Total Direct Economic Loss /10^8yuan	水利设施经济损失 /亿元 Economic Loss of Water Facilities /10^8yuan	受灾面积 /千公顷 Disaster-affected Area /10^3ha	成灾面积 /千公顷 Damaged Area /10^3ha
合 计	**Total**	**5196.5**	**2781.2**	**5514.90**	**316**	**2142.53**	**345.38**	**9946.4**	**4490.0**
北 京	Beijing	1.1	0.1	0.74	6	1.24			
天 津	Tianjin								
河 北	Hebei	58.1	23.0	51.36		8.32	0.61	367.4	146.1
山 西	Shanxi	53.0	30.5	46.43		5.76	1.11	497.3	149.3
内蒙古	Inner Mongolia	212.0	151.8	64.29	7	17.29	1.79	3238.8	1963.8
辽 宁	Liaoning	124.1	66.9	98.40	3	69.03	10.53	777.6	186.2
吉 林	Jilin	370.9	253.2	148.05	25	368.92	36.94	475.4	166.9
黑龙江	Heilongjiang	379.4	212.0	41.73	2	29.28	2.95	997.2	128.6
上 海	Shanghai	1.3		0.31		0.12			
江 苏	Jiangsu	60.6	21.1	29.14		4.54	0.45	37.3	32.2
浙 江	Zhejiang	107.1	45.7	116.87		46.96	10.95		
安 徽	Anhui	155.4	79.0	146.41		11.68	1.42	216.9	100.9
福 建	Fujian	51.0	18.2	53.91	3	23.02	6.75	20.0	10.0
江 西	Jiangxi	411.3	216.3	543.42	7	106.74	35.75	41.2	26.9
山 东	Shandong	114.1	37.2	58.09		14.06	2.59	531.0	265.4
河 南	Henan	265.8	111.8	134.42	10	10.17	1.51	219.1	148.4
湖 北	Hubei	520.6	307.9	500.85	5	99.53	16.03	626.7	282.7
湖 南	Hunan	1074.9	602.0	1348.49	54	524.42	104.92	222.0	60.5
广 东	Guangdong	271.2	99.1	310.31	13	314.38	16.82		
广 西	Guangxi	241.5	118.2	429.67	32	130.75	29.08	71.7	45.8
海 南	Hainan	12.8	2.0	95.40		6.01	2.35		
重 庆	Chongqing	151.3	72.9	286.57	38	66.83	13.69	79.6	27.4
四 川	Sichuan	48.4	33.1	141.00	8	15.94	2.83	34.8	24.8
贵 州	Guizhou	161.9	87.2	307.65	23	40.30	7.43	56.5	34.4
云 南	Yunnan	165.9	95.9	325.67	42	52.22	8.59	102.0	69.8
西 藏	Tibet	8.4	0.8	24.72		16.58	4.45		
陕 西	Shaanxi	92.6	49.3	114.45	20	98.04	13.22	434.2	181.7
甘 肃	Gansu	47.3	30.3	77.55	15	49.55	8.70	526.7	225.1
青 海	Qinghai	15.0	4.4	9.51	1	2.42	0.67	225.3	118.0
宁 夏	Ningxia	7.0	4.8	4.37		1.40	0.80	130.7	81.7
新 疆	Xinjiang	12.6	6.7	5.13	2	7.01	2.45	17.1	13.4

2-16 历年除涝面积和治碱面积

Drainage and Saline Control Areas by Year

单位：千公顷 unit: 10^3ha

年份 Year	易涝面积 Waterlogging Area	除涝面积合计 Total Drainage Control Area	3～5年 3-5 Years	5年以上 More than 5 Years	盐碱耕地面积 Area of Saline and Alkaline Farmland	盐碱耕地改良面积 Area of Improved Saline and Alkaline Farmland
1977	22277.33	16881.33	7219.33	9662.00	7132.00	4040.67
1978	22554.00	17281.33	7416.67	9864.67	7262.00	4131.33
1979	23218.00	17748.67	7539.33	10209.33	7258.67	4132.00
1980	23410.00	17847.33	7316.00	10531.33	7302.00	4235.33
1981	23776.67	17896.00	7174.00	10722.00	7145.33	4262.67
1982	23776.67	18092.67	7210.67	10882.00	7243.33	4265.33
1983	24066.00	18200.67	7194.67	11006.00	7243.33	4391.33
1984	24235.33	18399.33	7157.33	11242.00	7357.33	4474.00
1985	24086.67	18584.00	7217.33	11366.67	7331.33	4569.33
1986	24229.33	18760.67	7430.67	11330.00	7692.00	4623.33
1987	24337.33	18958.00	7521.33	11436.67	7606.67	4755.33
1988	24348.00	19064.00	7532.00	11532.00	7636.00	4830.00
1989	24425.33	19229.33	7566.00	11663.33	7672.00	4883.33
1990	24466.67	19336.66	7671.33	11665.33	7538.67	4995.09
1991	24424.00	19580.30	8004.00	11576.30	7539.33	5110.09
1992	24410.00	19769.76	7996.88	11772.88	7617.83	5210.21
1993		19883.48	8068.40	11815.08	7633.22	5304.62
1994		19678.55	8172.43	11506.12	7655.82	5350.83
1995		20055.64	8241.97	11813.67	7655.82	5433.91
1996		20278.74	8367.67	11911.07		5513.15
1997		20525.80	8540.54	11985.26		5612.25
1998		20680.73	8645.98	12034.75		5653.94
1999		20838.48	8878.23	11960.25		5736.82
2000		20989.70	8812.76	12176.94		5841.36
2001		21021.33	8841.33	12180.00		5750.67
2002		21097.11	8916.94	12180.17		5282.86
2003		21137.31	8918.54	12218.77		5864.59
2004		21198.00				5961.56
2005		21339.74	9272.60	12067.14		
2006		21376.31	9197.50	12178.80		
2007		21419.14	9208.24	12210.90		
2008		21424.55	9334.67	12089.87		
2009		21584.32	9370.59	12213.73		
2010		21691.74	9427.39	12264.35		
2011		21721.62	9505.51	12216.11		
2012		21857.33	9515.22	12342.11		
2013		21943.10	9517.05	12426.05		
2014		22369.34	9751.38	12617.97		
2015		22712.71	9796.27	12916.44		
2016		23066.67	9704.95	13361.72		
2017		23824.33	9526.26	14298.07		

2-17 2017 年除涝面积（按地区分）

Drainage Control Area in 2017 (by Region)

单位：千公顷 unit: 10^3ha

地区	Region	除涝面积合计 Total Drainage Control Area	3～5 年 3-5 Years	5～10 年 5-10 Years	10 年以上 More than 10 Years	新增除涝面积 Increase Area of Drainage Control
合 计	**Total**	**23824.33**	**9526.26**	**8572.28**	**5725.79**	**285.78**
北 京	Beijing	12.00			12.00	
天 津	Tianjin	364.58	83.87	210.90	69.81	
河 北	Hebei	1641.15	806.89	761.38	72.88	
山 西	Shanxi	89.13	60.06	28.84	0.23	
内蒙古	Inner Mongolia	277.00	157.76	84.87	34.37	
辽 宁	Liaoning	931.56	179.74	407.80	344.02	0.54
吉 林	Jilin	1034.60	149.32	355.78	529.50	1.88
黑龙江	Heilongjiang	3397.27	2398.15	934.28	64.84	3.30
上 海	Shanghai	60.26	15.76	14.28	30.22	0.08
江 苏	Jiangsu	4014.38	327.37	989.04	2697.97	108.46
浙 江	Zhejiang	554.56	124.09	211.96	218.51	7.56
安 徽	Anhui	2394.83	968.35	1296.87	129.61	32.47
福 建	Fujian	160.44	83.85	53.57	23.02	2.89
江 西	Jiangxi	422.09	203.87	190.61	27.61	10.59
山 东	Shandong	2980.13	1454.99	1371.04	154.10	34.04
河 南	Henan	2106.28	1588.33	494.10	23.85	27.10
湖 北	Hubei	1461.36	213.71	479.07	768.58	9.05
湖 南	Hunan	437.06	142.11	225.65	69.30	6.90
广 东	Guangdong	545.54	62.01	99.59	383.94	2.86
广 西	Guangxi	234.92	126.55	98.13	10.24	2.33
海 南	Hainan	21.71	9.70	2.61	9.40	
重 庆	Chongqing					
四 川	Sichuan	104.87	53.37	45.45	6.05	2.00
贵 州	Guizhou	121.42	43.08	64.57	13.77	21.92
云 南	Yunnan	284.93	187.59	82.07	15.27	9.33
西 藏	Tibet	2.47		2.13	0.34	
陕 西	Shaanxi	133.21	74.32	53.53	5.36	1.68
甘 肃	Gansu	14.05	5.43	1.63	6.99	
青 海	Qinghai	0.80	0.80			0.80
宁 夏	Ningxia					
新 疆	Xinjiang	21.73	5.19	12.53	4.01	

2-18 2017 年除涝面积（按水资源分区分）

Drainage Control Area in 2017(by Water Resources Sub-region)

单位：千公顷 unit: 10^3ha

水资源一级区	Grade-I Water Resources Sub-region	除涝面积合计 Total Drainage Control Area	3～5 年 3-5 Years	5～10 年 5-10 Years	10 年以上 More than 10 Years	新增除涝面积 Increase Area of Drainage Control
合　计	**Total**	**23824.33**	**9526.26**	**8572.28**	**5725.79**	**285.78**
松花江区	Songhua River	4432.78	2623.65	1242.30	566.83	3.98
辽河区	Liaohe River	1164.35	234.18	524.77	405.40	1.74
海河区	Haihe River	3301.78	1578.30	1520.60	202.88	18.36
黄河区	Yellow River	587.70	376.39	175.56	35.75	5.45
淮河区	Huaihe River	7870.08	3090.08	2830.13	1949.87	92.70
长江区	Yangtze River	4954.99	1105.12	1795.04	2054.83	147.01
东南诸河区	Rivers in Southeast	449.81	181.08	179.09	89.64	4.32
珠江区	Pearl River	925.76	253.29	264.02	408.45	10.45
西南诸河区	Rivers in Southwest	114.55	78.18	28.24	8.13	0.97
西北诸河区	Rivers in Northwest	22.53	5.99	12.53	4.01	0.80

2-19 2017年除涝面积（按水资源分区和地区分）

Drainage Control Area in 2017 (by Water Resources Sub-region and Region)

单位：千公顷 unit: 10^3ha

地区	Region	除涝面积合计 Total Drainage Control Area	3～5年 3-5 Years	5～10年 5-10 Years	10年以上 More than 10 Years	新增除涝面积 Increase Area of Drainage Control
松花江区	**Songhua River**	**4432.78**	**2623.65**	**1242.30**	**566.83**	**3.98**
内蒙古	Inner Mongolia	106.86	89.85	17.01		
吉　林	Jilin	928.65	135.65	291.01	501.99	0.68
黑龙江	Heilongjiang	3397.27	2398.15	934.28	64.84	3.30
辽河区	**Liaohe River**	**1164.35**	**234.18**	**524.77**	**405.40**	**1.74**
内蒙古	Inner Mongolia	126.84	40.77	52.20	33.87	
辽　宁	Liaoning	931.56	179.74	407.80	344.02	0.54
吉　林	Jilin	105.95	13.67	64.77	27.51	1.20
海河区	**Haihe River**	**3301.78**	**1578.30**	**1520.60**	**202.88**	**18.36**
北　京	Beijing	12.00			12.00	
天　津	Tianjin	364.58	83.87	210.90	69.81	
河　北	Hebei	1641.15	806.89	761.38	72.88	
山　西	Shanxi	32.48	21.84	10.41	0.23	
内蒙古	Inner Mongolia	0.91	0.91			
辽　宁	Liaoning					
山　东	Shandong	1064.39	520.57	498.61	45.21	15.08
河　南	Henan	186.27	144.22	39.30	2.75	3.28
黄河区	**Yellow River**	**587.70**	**376.39**	**175.56**	**35.75**	**5.45**
山　西	Shanxi	56.65	38.22	18.43		
内蒙古	Inner Mongolia	42.39	26.23	15.66	0.50	
山　东	Shandong	97.45	28.14	43.03	26.28	
河　南	Henan	263.27	215.12	47.34	0.81	4.19
四　川	Sichuan	0.87	0.87			
陕　西	Shaanxi	121.18	67.21	49.47	4.50	1.26
甘　肃	Gansu	5.89	0.60	1.63	3.66	
青　海	Qinghai					
宁　夏	Ningxia					
淮河区	**Huaihe River**	**7870.08**	**3090.08**	**2830.13**	**1949.87**	**92.70**
江　苏	Jiangsu	2828.31	298.93	774.71	1754.67	46.56
安　徽	Anhui	1803.04	816.69	894.05	92.30	13.78
山　东	Shandong	1818.29	906.28	829.40	82.61	18.96
河　南	Henan	1420.44	1068.18	331.97	20.29	13.40

2-19　续表　continued

地区	Region	除涝面积合计 Total Drainage Control Area	3～5年 3-5 Years	5～10年 5-10 Years	10年以上 More than 10 Years	新增除涝面积 Increase Area of Drainage Control
长江区	**Yangtze River**	**4954.99**	**1105.12**	**1795.04**	**2054.83**	**147.01**
上　海	Shanghai	60.26	15.76	14.28	30.22	0.08
江　苏	Jiangsu	1186.07	28.44	214.33	943.30	61.90
浙　江	Zhejiang	265.19	26.86	86.44	151.89	6.13
安　徽	Anhui	591.79	151.66	402.82	37.31	18.69
江　西	Jiangxi	422.09	203.87	190.61	27.61	10.59
河　南	Henan	236.30	160.81	75.49		6.23
湖　北	Hubei	1461.36	213.71	479.07	768.58	9.05
湖　南	Hunan	428.27	136.31	223.62	68.34	6.26
广　西	Guangxi	3.65	1.91	1.45	0.29	
重　庆	Chongqing					
四　川	Sichuan	104.00	52.50	45.45	6.05	2.00
贵　州	Guizhou	66.57	28.98	24.91	12.68	18.62
云　南	Yunnan	109.25	72.37	32.51	4.37	7.04
陕　西	Shaanxi	12.03	7.11	4.06	0.86	0.42
甘　肃	Gansu	8.16	4.83		3.33	
青　海	Qinghai					
东南诸河区	**Rivers in Southeast**	**449.81**	**181.08**	**179.09**	**89.64**	**4.32**
浙　江	Zhejiang	289.37	97.23	125.52	66.62	1.43
安　徽	Anhui					
福　建	Fujian	160.44	83.85	53.57	23.02	2.89
珠江区	**Pearl River**	**925.76**	**253.29**	**264.02**	**408.45**	**10.45**
湖　南	Hunan	8.79	5.80	2.03	0.96	0.64
广　东	Guangdong	545.54	62.01	99.59	383.94	2.86
广　西	Guangxi	231.27	124.64	96.68	9.95	2.33
海　南	Hainan	21.71	9.70	2.61	9.40	
贵　州	Guizhou	54.85	14.10	39.66	1.09	3.30
云　南	Yunnan	63.60	37.04	23.45	3.11	1.32
西南诸河区	**Rivers in Southwest**	**114.55**	**78.18**	**28.24**	**8.13**	**0.97**
云　南	Yunnan	112.08	78.18	26.11	7.79	0.97
西　藏	Tibet	2.47		2.13	0.34	
青　海	Qinghai					
西北诸河区	**Rivers in Northwest**	**22.53**	**5.99**	**12.53**	**4.01**	**0.80**
内蒙古	Inner Mongolia					
甘　肃	Gansu					
青　海	Qinghai	0.80	0.80			0.80
新　疆	Xinjiang	21.73	5.19	12.53	4.01	

主要统计指标解释

已建成水库座数 在江河上筑坝（闸）所形成的能拦蓄水量、调节径流的蓄水区的数量。

大型水库：总库容在1亿立方米及以上。

中型水库：总库容在1000万（含1000万）～1亿立方米。

小型水库：库容在10万（含10万）～1000万立方米。

水库库容 从设计规模和统计角度规定如下：

（1）总库容：即校核水位以上的库容。包括死库容、兴利库容、防洪库容（减掉和兴利库容重复部分）之综合，称总库容。

（2）兴利库容：一般为正常高水位至死水位之间的库容。

（3）调洪库容或防洪库容：指校核洪水位与防洪限制水位（也叫汛期限制水位）之间的库容。防汛限制水位，是水库在汛期的下限水位，这个水位以上的库容在汛期专供滞蓄防洪标准内的洪水使用，洪水到来之前水库蓄水不允许超过此水位。

堤防长度 建成或基本建成的在江、河、湖、海岸边用于防洪、防潮的工程长度之总和，包括新中国成立前建成以及需要加固加高培厚的老堤防。但不包括单纯除涝河道的堤防和弃土形成的堤防，也不包括子埝和生产堤。所谓基本建成，是指按设计标准已经完成并能发挥设计效益，但还留有少量尾工的工程。

堤防保护人口 报告期堤防保护范围内的全部人口数。也就是假设河流在设计最大洪水通过时，如没有堤防或一旦堤防决口，所能淹及的最大范围内在报告期当年年末全部人口数。

堤防保护耕地面积 堤防保护范围内的耕地。即按设计最大洪水通过时，假设不修堤防的情况下，洪水所能淹及的最大范围内的耕地面积。

累计达标堤防长度 根据国家《防洪标准》（GB 50201—94）和江河防洪规划，已达到国家所认定的堤防等级的堤防长度。根据《防洪标准》规定，由于堤防保护的耕地面积和人口不同，以及城市、工矿企业、交通干线等防护对象的重要性程度不同，堤防工程的防洪标准不一样。达标堤防是指按国家标准堤防工程设计规范进行堤防工程标准设计，施工完成后达到设计规定要求的堤防。

堤防工程的级别 按防洪标准分为五个级别。堤防工程防护对象的防洪标准应按照《防洪标准》确定。

主要堤防 保护耕地面积在30万亩以上（包括30万亩）或保护重要工矿、企业、交通干线、国防设施、机场、主要城镇的河道堤防及海堤（海塘）。

水闸数量 水利工程中用以控制水流、水位、通航的水工建筑物的数量。关闭或开启闸门起到调节闸上、下游水位，控制泄流以达到防洪、引水、排水、通航、发电等作用。按流量划分：大型水闸指校核过闸流量1000立方米每秒及以上水闸；中型水闸指校核过闸流量100～1000立方米每秒的水闸；小型水闸指校核过闸流量10～100立方米每秒的水闸。

分洪闸 为了保护河道下游堤防及重要城镇、工厂、矿区的安全，在河道遇到特大洪水时宣泄部分洪水进入湖泊、洼地等分洪区（或滞洪区）中，以削减洪峰，免除洪水泛滥所造成的灾害而在河岸边修的水闸。

节制闸 为控制河渠、湖泊水位，保证引水、供水要求而修建的水闸。这种闸一般是拦河、渠而修建的，又称拦河闸。

排水闸 为排除内涝积水在河道两岸修建的闸。或在分洪区（或滞洪闸）出口处设置的尾水闸、退水闸。

引水闸（渠首闸） 从河流、湖泊、水库中引水进行灌溉、发电等而在引水源口处设置的水闸，其功能主要是引水。

挡潮闸 在沿海河口附近修建的发挥排水、挡潮作用的水闸。

洪涝灾害 因降雨、融雪、冰凌、溃坝（堤）、风暴潮、热带气旋等造成的江河洪水、渍涝、山洪、滑坡和泥石流等，以及由其引发的次生灾害。

受灾面积 因洪涝灾害造成在田农作物产量损失一成（含一成）以上的播种面积（含成灾、绝收面积），同一地块的当季农作物遭受一次以上洪涝灾害时，只计其中最严重的一次。

成灾面积 因洪涝灾害造成在田农作物受灾面积中，产量损失三成（含三成）以上的播种面积（含绝收面积）。

干旱灾害 因降水少、水资源短缺，对城乡居民生活、工农业生产造成直接影响的旱情，以及旱情发生后给工农业生产造成的旱灾损失。

作物受灾面积 在受旱面积中作物产量比正常年产量减产一成以上的面积。

作物成灾面积 在受旱面积中作物产量比正常年产量减产三成（含三成）以上的面积。

易涝面积 抗涝能力标准低的低洼涝耕地面积。2003年年报开始只统计“十五”现状数，即2001年年初的时点数，包括未治理的易涝耕地面积和排涝设施严重老化毁损的易涝面积。

除涝面积 通过水利工程如围埝、抽水等对易涝面积进行治理，使易涝耕地免除淹涝称除涝面积。按除涝的标准分为3～5年、5～10年和10年以上。易涝面积虽经过治理，但标准尚未达到3年一遇标准的，不作为除涝面积统计。

盐碱耕地面积 土壤中含有盐碱、影响农作物生长甚至接近不能耕种的面积。

盐碱耕地改良面积 在新、老盐碱耕地上进行水利、农业和土壤改良等措施，在正常年景使农作物出苗率达到70%以上的面积。

Explanatory Notes of Main Statistical Indicators

Number of completed reservoirs The storage area that is formed by constructing a dam (gate) to detain and store water and regulate runoff.

Large reservoir: the total storage capacity is over 100 million m^3 (including 100 million m^3).

Medium reservoir: the total storage capacity is between 10 million m^3 (including 10 million m^3) to 100 million m^3.

Small reservoir: the total storage capacity is between 0.1 million m^3 (including 0.1 million m^3) to 10 million m^3.

Storage capacity of reservoir Following indicators are defined according to the scale of design and needs of statistics.

1. Total storage capacity: refers to storage capacity above the check water level, total storage capacity includes dead storage capacity, usable storage capacity, and flood control storage capacity (deducting the repeating part of usable storage).

2. Usable storage capacity: refers to storage capacity between levels of normal high to dead water.

3. Flood regulation capacity or flood control storage capacity: refers to storage capacity between check floodwater to floodwater limit (also termed limited water level in flood season). Floodwater limit refers to the lowest level of reservoir in flood season, which is used to store and detain floods specified by flood control standard; before floodwater comes, water level of reservoirs is not allowed to exceed this limit.

Length of embankment Total length of embankment is the sum of completed or mostly completed levees or dykes along a river and lake, sea dike, polder and flood control wall etc., including old embankments built before the founding of People's Republic of China in 1949 and those need to be strengthened, heightened and thickened, but excluding embankment purely for waterlogging control and spoil dike, as well as sub-cofferdam or production dikes. Mostly completed embankment refers to a project that has a few of works to end up, but it can put into use and generate benefit according to design standard.

Protected population of embankment Total population protected by embankment during report period. In another word, the total population inundated by flood as a maximum at the end of the year when the design maximum flood passes river courses and if no embankment or break of embankment exists.

Protected farmland of embankment Cultivated land under the protection of embankment, i.e. inundated farmland of flood as a maximum if design maximum flood passes and no embankment exists.

Accumulated length of up-to-standard embankment Total length of embankment that has reached national standard, in accordance of *National Standards for Flood Control* and river flood control planning. According to the current *National Standards for Flood Control*, the standards of embankment can be varied in accordance with protected cultivated area or population and importance of protected target such as a city, industrial and mining enterprises or key transportation line. Up-to-standard embankment refers to those designed and constructed according to national standards, and meet all requirements of original design upon completion.

Classification of embankment Embankment is classified into five categories according to flood control standards; the category of embankment for a protected target is determined according to the current *National Standards for Flood Control*.

Key embankment and dyke Embankment or levees along the river or sea dikes used for protecting farmlands of above 300,000 mu (including 300,000 mu), or important pastures land, and those areas less than 300,000 mu but where have important mine, enterprise, transportation line, national defense facilities, airport and key cities and towns.

Number of water gates Number of hydraulic structures employed for controlling flow and water level or for navigation. When the gate is open or close, water level at upper and down stream and discharge can be controlled in order to realize flood prevention, water diversion, drainage, navigation, and power generation. According to water flow, large size refers to the gate with a check flow of 1,000 m^3/s or above; medium size refers to gate with a check flow of 100–1,000 m^3/s, and small size refers to gate with a check flow of 10–100 m^3/s.

Flood diversion gates Water gates are constructed beside river banks to protect the safety of dikes, major cities, factories, mines in lower reaches, and drain water into lakes, low ground or flood detention basins, in order to reduce flood peak and prevent flooding when severe flood happens.

Control gates Water gates are built to control water level of rivers, canals or lakes to ensure water diversion and water supply. Water control gates are also termed barrage gates.

Drainage gates Water gates are located beside river banks to drain waterlogging, or constructed in the outlets of flood detention basins (flood retarding gates) as tail locks and waste locks.

Water diversion gates (head gates) Water gates are built in water sources to divert water from rivers, lakes and reservoirs to irrigate, generate hydropower, etc., but its main purpose is to divert water.

Tide gates Water gates are located in coastal estuaries to drain water or prevent tides.

Flood & waterlogging disasters River flood, waterlogging or inland inundation, mountain flood, landslide and mudflow caused by rainfall, snow melting, river ice jam, dam failure, storm tide and tropical cyclone, as well as secondary disasters induced by them.

Affected area Cultivated area (including damaged area and no harvest area) where loss of crop yield is more than 10% (including 10%) due to flood and waterlogging disasters; The most serious damage is calculated only when crop in same land suffer from more than one flood and waterlogging disaster during the same season.

Damaged area Cultivated area (including no harvest area) where loss of crop yield is more than 30% (including 30%) due to flood and waterlogging disasters.

Drought disaster It refers to a disaster that results in direct impact on life of people, industrial and agricultural production in urban and rural areas because of less precipitation and water shortage.

Drought affected area It refers to drought-affected area where loss of crop yield is 10% more than normal years.

Drought damaged area It refers to drought-affected area where loss of crop yield is 30% more (including 30%) than normal years.

Waterlogging area It refers to low-lying farmland with a poor capacity of waterlogging control. Starting from the year of 2003, the annual report only provides statistics of current status in the 10th Five-Year Plan Period, i.e. the data in the early 2001, including waterlogging-prone farmland areas without control measures or those with severely damaged or aged facilities.

Drainage control area The area of prone-waterlogging farmland controlled by waterworks such as cofferdams and water pump. The standard for waterlogging control is divided into 3-5 years, 5-10 years and above 10 years. Drainage control area do not include the farmland that has not reach to the waterlogging control standard of once in three years return period, even though efforts have been made to make improvement.

Area of saline and alkaline farmland The area cannot be or almost cannot be cultivated because the soil contains salt and alkaline that affects the growing of crops.

Reclaimed area of saline and alkaline farmland The reclaimed area of old or newly-emerged saline and alkaline farmlands that have a percentage of seedling emergence at and above 70% in normal years, thanks to the measure of water conservation, agricultural technology and soil improvement.

3　农业灌溉

Agricultural Irrigation

简 要 说 明

农业灌溉统计资料主要包括农田水利设施的数量和产生的效益，分为灌溉面积、灌区、机电排灌站以及节水灌溉面积等四大类。

农业灌溉资料按水资源一级分区和地区分组。

1. 灌溉面积统计范围：已建成或基本建成的灌溉工程、水利综合利用工程、农田水利工程的灌溉面积，包括水利、农业等部门建设的灌溉面积。

2. 按耕地灌溉面积达到万亩以上的统计口径调整2008年数据；2012年，灌区统计口径调整为设计灌溉面积2000亩及以上灌区。

3. 节水灌溉面积只统计利用工程措施节水的面积。

4. 万亩以上灌区、机电排灌站历史资料汇总1974年至今数据；灌溉面积、农田排灌机械、机电灌溉面积历史资料汇总1949年至今数据；机电井历史资料汇总1961年至今数据。

5. 灌溉面积、灌区、机电井数据已与2011年水利普查数据进行了衔接。

Brief Introduction

Statistical data of agricultural irrigation mainly covers number of farm irrigation facilities and benefit generation, and is divided into four types of irrigated area, irrigation district, electromechanical irrigation station and water-saving irrigated area.

The data of agricultural irrigation is grouped in accordance with Grade-Ⅰ water resources regions and regions.

1. Scope of statistics for irrigated area covers completed or mostly completed irrigation projects, multiple-purpose projects, irrigation and drainage systems, including the statistical data of water and agricultural departments and others.

2. The data in 2008 is adjusted based on irrigated area up to ten thousand mu. The data in 2012 is adjusted based on irrigation district with a designed irrigated area of two thousand mu and above.

3. Water-saving irrigated area only includes those with structure measures.

4. Historical data of irrigation district with an irrigated area up to ten thousand mu as well as electro-mechanical drainage stations are collected from 1974 until present. Data of irrigated area, farmland mechanical equipment for irrigation and drainage, electro-mechanical irrigated area are collected from 1949 until present; the data of electro-mechanical wells are collected from 1961 until present.

5. The data of irrigated area, irrigation district and electro-mechanical wells is integrated with the First National Census for Water in 2011.

3-1 主 要 指 标

Key Indicators

指标名称	Item	单位	unit	2009	2010	2011	2012	2013	2014	2015	2016	2017
灌溉面积	Irrigated Area	千公顷	10^3ha	65165	66352	67743	67783	69481	70652	72061	73177	73946
耕地灌溉面积	Irrigated Area of Cultivated Land	千公顷	10^3ha	59261	60348	61682	62491	63473	64540	65873	67141	67816
占耕地面积	In Total Cultivated Land	%	%	48.69	49.58	50.82	51.3	52.9	53.8	48.8	49.8	50.3
林地灌溉面积	Irrigated Area of Forest Land	千公顷	10^3ha	1775	1822	1899	1767	2111	2229	2211	2388	2403
牧草灌溉面积	Irrigated Area of Grassland	千公顷	10^3ha	1247	1258	1265	819	1059	1092	1079	1076	1104
耕地实灌面积	Actual Irrigated Cultivated Land	千公顷	10^3ha	51807	52589	53982		53105	54975	56739	58107	58553
占耕地灌溉面积	In Irrigated Area of Cultivated Land	%	%	87.42	87.14	87.52		83.67	85.18	86.13	86.54	86.34
节水灌溉面积	Water-saving Irrigated Area	千公顷	10^3ha	25755	27314	29179	31217	27109	29019	31060	32847	34319
万亩以上灌区数量	Irrigation District with an Area of 10,000 mu and above	处	unit	5844	5795	5824	7756	7709	7709	7773	7806	7839
其中：30万亩以上	Among Which: Irrigated Area up to 300,000 mu and above	处	unit	335	349	348	456	456	456	456	458	458
万亩以上灌区耕地灌溉面积	Irrigated Area of Irrigation District with an Area of 10,000 mu and above	千公顷	10^3ha	29562	29415	29748	30087	30216	30256	32302	33045	33262
其中：30万亩以上	Among Which: Irrigated Area up to 300,000 mu and above	千公顷	10^3ha	15575	15658	15786	11260	11252	11251	17686	17765	17840
机电排灌面积	Irrigated and Drainage Area with Mechanical and Electrical Equipment	千公顷	10^3ha	40016	40751	41465	42491					
其中：机电提灌面积	Among Which: Lifting Irrigated Area	千公顷	10^3ha	35581	36401	37079	38152					
排灌机械保有量	Registered Irrigation and Drainage Mechinery and Equipment	千千瓦	10^3kW	87530	87201	88237	102222					
固定机电排灌站	Fixed Irrigation and Drainage Stations	万处	10^4unit	44.65	43.53	42.33	43.41					

① 耕地面积按国家统计局2017年中国统计年鉴数据20.2381亿亩。

① The data of Cultivated land is 20.2381×10^8 mu, from China Statistical Yearbook 2017.

3-2 历年万亩以上灌区数量和耕地灌溉面积

Irrigation Districts with an Area above 10,000 mu by Year

年份 Year	合计 Total		#50 万亩以上灌区 Irrigation Districts with an Area up to 500,000 mu and above		#30 万～50 万亩灌区 Irrigation Districts with an Area from 300,000 to 500,000 mu	
	处数 /处 Number /unit	耕地灌溉面积 /千公顷 Irrigated Area of Cultivated Land /10^3ha	处数 /处 Number /unit	耕地灌溉面积 /千公顷 Irrigated Area of Cultivated Land /10^3ha	处数 /处 Number /unit	耕地灌溉面积 /千公顷 Irrigated Area of Cultivated Land /10^3ha
1978	5249	20227	74	5751	74	1849
1979	5227	20219	72	5793	71	1789
1980	5289	20486	66	5737	72	1817
1981	5247	20363	66	5720	71	1777
1982	5252	20578	66	5788	72	1825
1983	5288	20941	67	5941	76	1789
1984	5319	20775	71	5994	69	1738
1985	5281	20777	71	5996	66	1670
1986	5299	20869	70	5988	71	1793
1987	5343	21144	70	6014	75	1889
1988	5302	21075	71	6066	75	1877
1989	5331	21177	72	6119	78	1933
1990	5363	21231	72	6048	76	1896
1991	5665	23292	73	6169	91	2186
1992	5531	23632	74	6184	92	2270
1993	5567	24483	74	6239	92	2318
1994	5523	22353	74	6288	98	2429
1995	5562	22499	74	6314	99	2444
1996	5606	22062	75	6150	108	2665
1997	5579	22495	77	6408	115	2862
1998	5611	22747	79	6692	114	2769
1999	5648	23580	90	7632	123	3093
2000	5683	24493	101	7883	141	3440
2001	5686	24766	108	8617	169	4054
2002	5691	25030	110	9158	168	4072
2003	5729	25244	112	9381	169	4084
2004	5800	25506	111	9714	169	4057
2005	5860	26419	117	10230	170	4080
2006	5894	28021	119	10520	166	4092
2007	5869	28341	120	10519	174	4148
2008	5851	29440	120	10768	205	4633
2009	5844	29562	125	10828	210	4747
2010	5795	29415	131	10918	218	4740
2011	5824	29748	129	10990	219	4796
2012	7756	30191	177	6243	280	5017
2013	7709	30216	176	6241	280	5010
2014	7709	30256	176	6241	280	5010
2015	7773	32302	176	12024	280	5663
2016	7806	33045	177	12335	281	5430
2017	7839	33262	177	12416	281	5425

3-3 2017年万亩以上灌区数量和耕地灌溉面积（按地区分）

Irrigation Districts with an Area above 10,000 mu in 2017 (by Region)

地区	Region	合计 Total		#50万亩以上灌区 Irrigation Districts up to 500,000 mu and above		#30万～50万亩灌区 Irrigation Districts from 300,000 to 500,000 mu	
		处数 /处 Number /unit	耕地灌溉面积 /千公顷 Irrigated Area of Cultivated Land /10³ha	处数 /处 Number /unit	耕地灌溉面积 /千公顷 Irrigated Area of Cultivated Land /10³ha	处数 /处 Number /unit	耕地灌溉面积 /千公顷 Irrigated Area of Cultivated Land /10³ha
合　计	**Total**	**7839**	**33262**	**177**	**12416**	**281**	**5425**
北　京	Beijing	10	54			1	23
天　津	Tianjin	80	188			1	28
河　北	Hebei	151	1162	6	432	15	309
山　西	Shanxi	186	884	6	296	6	125
内蒙古	Inner Mongolia	210	1400	10	884	4	97
辽　宁	Liaoning	84	449	6	210	5	79
吉　林	Jilin	137	401	5	81	5	81
黑龙江	Heilongjiang	387	1237	3	130	22	258
上　海	Shanghai	1	3				
江　苏	Jiangsu	316	2329	7	340	28	661
浙　江	Zhejiang	205	624	4	133	8	127
安　徽	Anhui	502	2055	7	1002	3	89
福　建	Fujian	157	251			4	96
江　西	Jiangxi	313	789	5	176	13	179
山　东	Shandong	507	3200	19	1498	34	570
河　南	Henan	329	2402	18	1496	19	304
湖　北	Hubei	573	2675	15	788	25	577
湖　南	Hunan	683	1602	5	132	17	370
广　东	Guangdong	487	770	2	113	1	7
广　西	Guangxi	356	689	3	82	8	128
海　南	Hainan	68	351	1	138		
重　庆	Chongqing	127	160				
四　川	Sichuan	382	1375	6	828	4	78
贵　州	Guizhou	115	116				
云　南	Yunnan	338	815	2	59	10	183
西　藏	Tibet	87	73			1	19
陕　西	Shaanxi	187	837	8	462	4	66
甘　肃	Gansu	242	1190	4	202	20	420
青　海	Qinghai	94	129				
宁　夏	Ningxia	33	578	4	490	1	21
新　疆	Xinjiang	492	4476	31	2442	22	531

3-4 2017年万亩以上灌区数量和耕地灌溉面积（按水资源分区分）

Irrigation Districts with an Area above 10,000 mu in 2017 (by Water Resources Sub-region)

水资源一级区	Grade-I Water Resources Sub-region	合计 Total		#50万亩以上灌区 Irrigated Area up to 500,000 mu and above		#30万～50万亩灌区 Irrigated Area from 300,000 to 500,000 mu	
		处数/处 Number/unit	耕地灌溉面积/千公顷 Irrigated Area of Cultivated Land /10^3ha	处数/处 Number/unit	耕地灌溉面积/千公顷 Irrigated Area of Cultivated Land /10^3ha	处数/处 Number/unit	耕地灌溉面积/千公顷 Irrigated Area of Cultivated Land /10^3ha
合　计	**Total**	**7839**	**33262**	**177**	**12416**	**281**	**5425**
松花江区	Songhua River	563	1690	9	231	27	339
辽河区	Liaohe River	182	868	9	285	9	156
海河区	Haihe River	463	3603	20	1769	25	509
黄河区	Yellow River	752	3963	31	2332	20	391
淮河区	Huaihe River	947	5757	24	2142	64	1217
长江区	Yangtze River	2767	8709	39	2553	70	1454
东南诸河区	Rivers in Southeast	304	797	4	133	12	223
珠江区	Pearl River	1008	2034	7	376	11	173
西南诸河区	Rivers in Southwest	256	453			4	72
西北诸河区	Rivers in Northwest	597	5387	34	2594	39	891

3-5 2017年万亩以上灌区数量和耕地灌溉面积（按水资源分区和地区分）

Irrigation Districts with an Area above 10,000 mu in 2017 (by Water Resources Sub-region and Region)

地区	Region	合计 Total		#50万亩以上灌区 Irrigation Districts up to 500,000 mu and above		#30万～50万亩灌区 Irrigation Districts from 300,000 to 500,000 mu	
		处数 /处 Number /unit	耕地灌溉面积 /千公顷 Irrigated Area of Cultivated Land /10^3ha	处数 /处 Number /unit	耕地灌溉面积 /千公顷 Irrigated Area of Cultivated Land /10^3ha	处数 /处 Number /unit	耕地灌溉面积 /千公顷 Irrigated Area of Cultivated Land /10^3ha
松花江区	**Songhua River**	**563**	**1690**	**9**	**231**	**27**	**339**
内蒙古	Inner Mongolia	44	65	1	20		
吉　林	Jilin	132	388	5	81	5	81
黑龙江	Heilongjiang	387	1237	3	130	22	258
辽河区	**Liaohe River**	**182**	**868**	**9**	**285**	**9**	**156**
内蒙古	Inner Mongolia	93	407	3	75	4	77
辽　宁	Liaoning	84	449	6	210	5	79
吉　林	Jilin	5	13				
海河区	**Haihe River**	**463**	**3603**	**20**	**1769**	**25**	**509**
北　京	Beijing	10	54			1	23
天　津	Tianjin	80	188			1	28
河　北	Hebei	151	1162	6	432	15	309
山　西	Shanxi	83	283			3	56
内蒙古	Inner Mongolia	2	1				
辽　宁	Liaoning						
山　东	Shandong	100	1520	10	1045	3	74
河　南	Henan	37	396	4	292	2	21
黄河区	**Yellow River**	**752**	**3963**	**31**	**2332**	**20**	**391**
山　西	Shanxi	103	601	6	296	3	69
内蒙古	Inner Mongolia	60	876	5	743		20
山　东	Shandong	57	166			3	36
河　南	Henan	106	546	7	267	6	119
四　川	Sichuan						
陕　西	Shaanxi	154	741	7	440	4	66
甘　肃	Gansu	167	365	2	96	3	61
青　海	Qinghai	72	91				
宁　夏	Ningxia	33	578	4	490	1	21
淮河区	**Huaihe River**	**947**	**5757**	**24**	**2142**	**64**	**1217**
江　苏	Jiangsu	228	1945	6	303	25	588
安　徽	Anhui	229	1078	4	619	1	14
山　东	Shandong	350	1515	9	453	28	461
河　南	Henan	140	1219	5	767	10	155

3-5 续表 continued

地区	Region	合计 Total 处数/处 Number/unit	合计 Total 耕地灌溉面积/千公顷 Irrigated Area of Cultivated Land/10^3ha	#50万亩以上灌区 Irrigation Districts up to 500,000 mu and above 处数/处 Number/unit	#50万亩以上灌区 耕地灌溉面积/千公顷 Irrigated Area of Cultivated Land/10^3ha	#30万~50万亩灌区 Irrigation Districts from 300,000 to 500,000 mu 处数/处 Number/unit	#30万~50万亩灌区 耕地灌溉面积/千公顷 Irrigated Area of Cultivated Land/10^3ha
长江区	**Yangtze River**	**2767**	**8709**	**39**	**2553**	**70**	**1454**
上 海	Shanghai	1	3				
江 苏	Jiangsu	88	384	1	37	3	73
浙 江	Zhejiang	58	77				
安 徽	Anhui	273	977	3	383	2	76
江 西	Jiangxi	313	789	5	176	13	179
河 南	Henan	46	241	2	169	1	9
湖 北	Hubei	573	2675	15	788	25	577
湖 南	Hunan	669	1586	5	132	17	370
广 西	Guangxi	18	24				
重 庆	Chongqing	127	160				
四 川	Sichuan	382	1375	6	828	4	78
贵 州	Guizhou	85	82				
云 南	Yunnan	98	238	1	17	5	92
陕 西	Shaanxi	33	96	1	22		
甘 肃	Gansu	3	3				
青 海	Qinghai						
东南诸河区	**Rivers in Southeast**	**304**	**797**	**4**	**133**	**12**	**223**
浙 江	Zhejiang	147	546	4	133	8	127
安 徽	Anhui						
福 建	Fujian	157	251			4	96
珠江区	**Pearl River**	**1008**	**2034**	**7**	**376**	**11**	**173**
湖 南	Hunan	14	16				
广 东	Guangdong	487	770	2	113	1	7
广 西	Guangxi	338	665	3	82	8	128
海 南	Hainan	68	351	1	138		
贵 州	Guizhou	30	34				
云 南	Yunnan	71	198	1	42	2	39
西南诸河区	**Rivers in Southwest**	**256**	**453**			**4**	**72**
云 南	Yunnan	169	380			3	52
西 藏	Tibet	87	73			1	19
青 海	Qinghai						
西北诸河区	**Rivers in Northwest**	**597**	**5387**	**34**	**2594**	**39**	**891**
内蒙古	Inner Mongolia	11	52	1	46		
甘 肃	Gansu	72	822	2	106	17	360
青 海	Qinghai	22	38				
新 疆	Xinjiang	492	4476	31	2442	22	531

3-6 历年机电排灌站处数和装机容量

Installed Capacity of Irrigation and Drainage Stations with Mechanical and Electrical Equipment by Year

年份 Year	机电排灌站装机容量 /千千瓦 Installed Capacity of Mechanical and Electrical Irrigation and Drainage Stations /10^3kW	固定机电排灌站 Fixed Irrigation and Drainage Stations				流动机装机容量 /千千瓦 Installed Capacity of Mobile Equipment /10^3kW	喷滴灌装机容量 /千千瓦 Installed Capacity of Sprinkler and Drip /10^3kW
		处数 /处 Number /unit	机械 Mechanical Equipment	电力 Electrical Equipment	装机容量 /千千瓦 Installed Capacity /10^3kW		
1977		405472	162486	242986	13933		
1978		415898	160142	255756	15028		
1979		431730	155529	276201	16494		
1980		524426	234029	290397	17976		
1981		472299	175243	297056	18043		
1982		470819	166225	304594	18566		
1983		475350	159120	316230	19055		
1984		478130	151055	327075	19249		
1985		462269	133519	328750	19148		
1986		455616	122806	332810	19182		
1987		462100	115602	346498	19558		
1988		461085	107156	353929	19854		
1989		465377			19978		
1990		473680			20065		
1991		481566			23213		
1992		493599			22200		
1993		493501			21142		
1994		494349			21086		
1995		495700			21061		
1996		498063			21418		
1997		502861			21530		
1998		503805			21797		
1999		513883			21987		
2000	41570	506067			21798	17837	1934
2001	46670	516743			23510	20891	2269
2002	43604	507397			22881	18170	2553
2003	43039	502165			21988	18316	2735
2004	43748	494172			21912	19016	2820
2005	43599	489921			22176	18515	2908
2006	44726	473349			24531	20196	
2007	45789	443504			23953	18590	3247
2008	44378	446151			22327	18379	3671
2009	45174	446494			24474	16688	4011
2010	43987	435320			23305	16734	3947
2011	44030	423335			23111	16628	4291
2012	52791	434062			27158	19598	6034

注 2006年流动机装机容量包含了喷滴灌装机容量。

Note The installed capacity of mobile equipment includes those of sprinklers and drips in 2006.

3-7 历年农田排灌机械保有量和装机容量

Registered Mechanical Equipment for Irrigation and Drainage by Year

单位：千千瓦 unit: 10^3kW

年份 Year	排灌机械保有量合计 Total Registered Machinery and Equipment for Irrigation and Drainage	#电动机 Motor	配套机电井装机容量 Installed Capacity of Counterpart Wells	机电排灌站装机容量 Installed Capacity of Irrigation and Drainage Stations	#固定机电排灌站 Fixed Irrigation and Drainage Stations
1951	84				
1952	94				
1953	104				
1954	121				
1955	153				
1956	282				
1957	415	71			
1958	886				
1959	2299	383			
1960	3540	624			
1961	3948	1016			
1962	4521	1648			
1963	5101	2164			
1964	5579	2675			
1965	6674	3259			
1970	13421				
1971	14598	6299			
1972	18126	10218			
1973	25442	12867			
1974	28894	14798			
1975	34810	17064	15765		11285
1976	39850	19824	18200		12730
1977	42920	21084	18453		13933
1978	47224	24200	20732		15028
1979	51329	25988	20616		16494
1980	53840	27355	20740		17976
1981	54548	28563	21228		18043
1982	55618	29894	21907		18566
1983	57923	31731	22814		19055
1984	59575	32942	22857		19249
1985	59414	33192	23151		19148
1986	59793	34059	22774		19182
1987	62422	35459	23706		19558
1988	64367	36424	25378		19854
1989	66354	37400	25932		19978
1990	68055	38311	26594		20065
1991	70485	39907	26451		23213
1992	65968	39895	27257		22200
1993	65845	39806	27648		21142
1994	66905	40706	27988		21086
1995	68241	41764	29001		21061
1996	70196	43034	30468		21418
1997	72686		32215		21530
1998	75594		33606		21797
1999	77009		35242		21987
2000	77477		35908	41570	21798
2001	87999		41329	46670	23510
2002	81295		37692	43604	22881
2003	80780		37741	43039	21988
2004	82159		38411	43748	21912
2005	82469		38871	43599	22176
2006	85443		40718	44726	24531
2007	86684		40894	45789	23953
2008	85883		41505	44378	22327
2009	87530		42356	45174	24474
2010	87201		43215	43987	23305
2011	88237		44207	44030	23111
2012	102222		49431	52791	27158

3-8 历年机电井眼数和装机容量

Mechanical and Electrical Wells by Year

年份 Year	机电井眼数 /万眼		配套机电井眼数 /万眼		配套机电井装机容量 /千千瓦	
	Number of Mechanical and Electrical Wells /10^4unit	#灌溉机电井 Mechanical and Electrical Wells for Irrigation	Number of Counterpart Mechanical and Electrical Wells /10^4unit	#灌溉机电井 Mechanical and Electrical Wells for Irrigation	Installed Capacity of Counterpart Mechanical and Electrical Wells /10^3kW	#灌溉机电井 Mechanical and Electrical Wells for Irrigation
1965		19.42		19.42		
1966		22.84		15.26		
1969		74.87		43.41		
1970		91.89		62.70		
1971		113.31		80.67		
1972		134.91		100.76		
1973		170.02		130.35		
1974		194.62		157.09		
1975		217.46		181.75		15765
1976		240.73		203.32		18200
1977		254.59		210.88		18463
1978		265.87		221.83		20732
1979		273.25		229.37		20616
1980		269.10		229.06		20740
1981		266.47		229.77		21228
1982		271.46		234.31		21901
1983		278.12		241.30		22814
1984		279.86		240.31		22857
1985		277.00		237.04		23151
1986		276.65		236.39		22774
1987		282.31		243.02		23706
1988		291.83		251.90		25378
1989		305.47		263.29		25932
1990		314.92		273.11		26594
1991		324.64		283.27		26451
1992		335.39		294.58		27257
1993		342.48		302.16		27648
1994		345.59		306.30		27988
1995		355.91		316.98		29001
1996		373.00		332.55		30468
1997		399.84		355.07		32215
1998		417.88		371.75		33606
1999		434.06		386.67		35242
2000		444.81		398.96		35908
2001		454.66		409.23		41329
2002		465.57		418.35		37692
2003		470.94		422.43		37741
2004		475.58		426.24		38411
2005		478.57		428.20		38871
2006		485.85		436.53		40718
2007	511.80	484.90	461.39	438.84	46286	40894
2008	522.58	488.74	474.12	443.86	46571	41505
2009	529.31	493.82	482.56	450.80	49859	42356
2010	533.71	501.21	487.20	458.18	51446	43215
2011	541.38	507.90	494.83	464.94	54048	43757
2012	454.33					
2013	458.36					
2014	469.11					
2015	483.25					
2016	487.18					
2017	495.98					

注 2006年以前（含2006年）只统计灌溉机电井，2007年以后还包括供水机电井。

Note Before 2006 (including 2006), the statistical data only includes mechanical and electrical wells for irrigation; after 2007 it also include wells for water supply.

3-9 历年灌溉面积

Irrigated Area by Year

单位：千公顷 unit: 10^3ha

年份 Year	灌溉面积总计 Total Irrigated Area	耕地灌溉面积 Irrigated Area of Cultivated Land	林地灌溉面积 Irrigated Area of Forest	果园灌溉面积 Irrigated Area of Fruit Garden	牧草灌溉面积 Irrigated Area of Pasture Land	其他灌溉面积 Others	耕地实灌面积 Actual Irrigated Area	旱涝保收面积 Harvest Area Guaranteed in Case of Flood and Drought
1957		25004.7						
1962		28696.7						
1965		32036.0						
1972		40642.0						
1973		43810.7						
1974		45707.3						
1975		46120.7					39281.3	
1976		45463.3					40825.3	
1977		48186.7					40559.3	
1978		48053.3					41714.7	
1979		48318.7					41663.3	
1980		48888.0					39906.0	
1981		48600.0					39656.7	
1982		48663.3					40177.3	
1983		48546.0					39383.3	
1984		48400.0					39933.3	
1985		47932.7					38671.3	
1986		47872.7					39938.0	
1987		47966.7					39861.3	33349.3
1988		47980.7					41188.7	33570.7
1989		48337.3					40695.3	33994.0
1990		48389.3					41437.3	34365.3
1991		48951.3					42884.0	34720.0
1992		49464.0					43501.3	35374.0
1993		49839.3					42914.0	35631.3
1994		49938.0					43610.7	36140.0
1995		50412.7					44102.0	36636.0
1996		51160.7					44768.7	37187.3
1997		52268.7					46187.3	38102.0
1998		53400.0					47036.0	38760.7
1999		54366.0					47709.3	39375.3
2000	59341.6	55013.2	1072.8	1601.3	1001.3	653.0	47965.2	40164.3
2001	60025.4	55517.0	1136.5	1665.7	1035.9	670.1	48398.4	40532.2
2002	60753.1	55857.9	1252.0	1759.6	1194.9	660.9	48434.6	40594.9
2003	61056.1	55900.6	1468.2	1835.1	1186.7	665.5	47383.2	40852.5
2004	61511.2	56252.1	1573.3	1862.5	1185.0	638.3	47783.9	40740.6
2005	61897.9	56562.4	1636.6	1861.0	1172.0	672.5	47968.7	41337.7
2006	62559.1	57078.4	1562.1	1988.6	1201.2	728.8	49024.5	41335.0
2007	63413.5	57782.4	1598.4	2039.4	1225.5	767.8	49936.9	41745.7
2008	64119.7	58471.7	1648.9	2065.0	1214.4	719.7	50665.5	42024.9
2009	65164.6	59261. 5	1774.7	2088.6	1246.9	793.0	51806.6	42358.2
2010	66352.3	60347.7	1821.9	2151.4	1257.6	773.7	52589.0	42871.5
2011	67742.9	61681.6	1899.2	2178.2	1264.7	719.2	53982.2	43383.4
2012	67782.7	62490.5	1766.8	2189.8	819.4	516.2		
2013	69481.4	63473.3	2111.3	2315.1	1059.4	522.2	53105.4	
2014	70651.7	64539.5	2228.7	2376.2	1092.4	414.8	54974.9	
2015	72060.8	65872.6	2211.1	2433.3	1079.2	464.5	56739.4	
2016	73176.9	67140.6	2388.4	2571.9	1076.0		58107.0	
2017	73946.1	67815.6	2402.7	2623.6	1104.2		58553.3	

3-10 历年人均耕地灌溉面积和机电灌溉占有效灌溉比重

Irrigated Area Per Capita and Proportion of Mechanical & Electrical Equipment in Effective Irrigated Area by Year

年份 Year	人均耕地灌溉面积/亩每人 Irrigated Area Per Capita/(mu/person)		机电排灌面积占耕地灌溉面积的比重/% Proportion of Total Mechanical and Electrical Equipment in Effective Irrigated Area /%
	按总人口 Based on Total Population	按乡村人口 Based on Total Rural Population	
1950	0.45	0.54	
1951	0.49	0.58	
1952	0.50	0.59	1.6
1953	0.57	0.67	
1954	0.58	0.68	
1955	0.60	0.71	
1957	0.58	0.69	4.8
1962	0.64	0.77	
1965	0.66	0.80	25.3
1972	0.70	0.83	
1973	0.74	0.87	
1974	0.76	0.89	
1975	0.75	0.89	51.8
1976	0.79	0.93	
1977	0.76	0.90	
1978	0.75	0.89	52.7
1979	0.74	0.89	54.4
1980	0.74	0.90	54.1
1982	0.72	0.87	54.1
1983	0.71	0.87	54.3
1984	0.70	0.87	54.1
1985	0.69	0.86	54.9
1986	0.68	0.80	55.0
1987	0.67	0.84	55.7
1988	0.66	0.83	55.8
1989	0.66	0.83	55.9
1990	0.63	0.81	56.3
1991	0.64	0.82	56.1
1992	0.64	0.82	57.4
1993	0.63	0.83	57.3
1994	0.63	0.83	57.4
1995	0.62	0.82	57.7
1996	0.63	0.83	58.2
1997	0.63	0.86	58.6
1998	0.64	0.88	59.1
1999	0.65	0.86	59.2
2000	0.65	0.87	59.3
2001	0.65	0.89	59.4
2002	0.66	0.90	59.5
2003	0.65	0.89	59.6
2004	0.65	0.90	58.4
2005	0.65	0.89	66.9
2006	0.65	0.90	65.8
2007	0.66	1.19	67.0
2008	0.66	1.22	67.2
2009	0.67	1.25	67.5
2010	0.68	1.34	67.5
2011	0.69	1.41	67.2
2012	0.69	1.46	68.0
2013	0.70	1.51	
2014	0.71	1.56	
2015	0.72	1.64	
2016	0.73	1.71	
2017	0.73	1.72	

3-11　2017 年灌溉面积（按地区分）

Irrigated Area in 2017 (by Region)

单位：千公顷　　unit: 10^3ha

地区	Region	灌溉面积 总计 Total Irrigated Area	耕地灌溉面积 Irrigated Area of Cultivated Land	林地灌溉面积 Irrigated Area of Forest	果园灌溉面积 Irrigated Area of Fruit Garden	牧草灌溉面积 Irrigated Area of Pasture Land	耕地实灌面积 Actual Irrigated Area
合　计	**Total**	**73946.13**	**67815.57**	**2402.73**	**2623.64**	**1104.19**	**58553.25**
北　京	Beijing	209.41	115.48	54.29	38.63	1.01	98.80
天　津	Tianjin	327.19	306.62	13.87	6.70		277.60
河　北	Hebei	4831.05	4474.67	125.93	221.56	8.89	3781.40
山　西	Shanxi	1620.29	1511.21	50.57	53.03	5.48	1500.27
内蒙古	Inner Mongolia	3792.50	3174.83	85.21	10.27	522.19	2613.42
辽　宁	Liaoning	1751.29	1610.55	29.69	104.54	6.51	1404.32
吉　林	Jilin	1922.32	1893.05	2.85	12.41	14.01	1397.83
黑龙江	Heilongjiang	6056.18	6030.97	7.85	6.62	10.74	5062.74
上　海	Shanghai	207.19	190.76	16.14	0.29		190.76
江　苏	Jiangsu	4381.73	4131.88	122.92	117.37	9.56	3869.22
浙　江	Zhejiang	1566.18	1444.70	50.46	70.18	0.84	1347.39
安　徽	Anhui	4592.02	4504.14	36.49	50.69	0.70	3613.64
福　建	Fujian	1213.15	1064.84	53.26	90.66	4.39	884.51
江　西	Jiangxi	2125.08	2039.42	24.82	60.84		1734.25
山　东	Shandong	5770.03	5191.06	209.39	362.28	7.30	4789.05
河　南	Henan	5389.79	5273.63	60.90	54.94	0.32	4538.00
湖　北	Hubei	3111.49	2919.17	114.91	70.58	6.83	2473.58
湖　南	Hunan	3242.33	3145.87	46.92	48.92	0.62	2474.21
广　东	Guangdong	2069.87	1774.61	57.56	237.70		1632.43
广　西	Guangxi	1748.47	1669.87	12.56	66.04		1439.22
海　南	Hainan	354.27	289.25	40.03	24.12	0.87	212.18
重　庆	Chongqing	694.26	694.26				423.81
四　川	Sichuan	3113.74	2873.10	96.73	134.71	9.20	2325.46
贵　州	Guizhou	1120.97	1114.12	1.70	4.51	0.64	941.12
云　南	Yunnan	1955.09	1851.42	25.93	70.51	7.23	1598.55
西　藏	Tibet	448.10	261.23	30.78	22.86	133.23	252.86
陕　西	Shaanxi	1418.60	1263.09	18.56	135.69	1.26	1039.11
甘　肃	Gansu	1537.16	1331.43	150.20	39.83	15.70	1182.29
青　海	Qinghai	284.78	206.61	37.32	3.51	37.34	183.04
宁　夏	Ningxia	616.29	511.45	43.80	40.68	20.36	464.27
新　疆	Xinjiang	6475.32	4952.29	781.09	462.97	278.97	4807.92

3-12　2017 年灌溉面积（按水资源分区分）
Irrigated Area in 2017 (by Water Resources Sub-region)

单位：千公顷　　unit: 10^3ha

水资源一级区	Grade-I Water Resources Region	灌溉面积 总计 Total Irrigated Area	耕地灌溉面积 Irrigated Area of Cultivated Land	林地灌溉面积 Irrigated Area of Forest	果园灌溉面积 Irrigated Area of Fruit Garden	牧草灌溉面积 Irrigated Area of Pasture Land	耕地实灌面积 Actual Irrigated Area
合　计	**Total**	**73946.13**	**67815.57**	**2402.73**	**2623.64**	**1104.19**	**58553.25**
松花江区	Songhua River	8594.56	8464.69	13.61	19.05	97.21	6712.37
辽河区	Liaohe River	3099.23	2776.56	51.70	103.51	167.46	2442.03
海河区	Haihe River	8217.50	7594.21	271.07	322.90	29.32	6769.72
黄河区	Yellow River	6263.91	5579.29	219.21	268.89	196.52	5008.42
淮河区	Huaihe River	13217.28	12503.75	265.73	439.58	8.22	10731.91
长江区	Yangtze River	18052.68	17160.21	426.79	439.04	26.64	14349.14
东南诸河区	Rivers in Southeast	2415.16	2165.16	89.46	155.31	5.23	1907.68
珠江区	Pearl River	4820.21	4373.25	108.63	336.75	1.58	3828.95
西南诸河区	Rivers in Southwest	1488.13	1255.06	38.45	60.15	134.47	1097.77
西北诸河区	Rivers in Northwest	7777.48	5943.40	918.08	478.46	437.54	5705.26

3-13 2017 年灌溉面积（按水资源分区和地区分）
Irrigated Area in 2017 (by Water Resources Sub-region and Region)

单位：千公顷　　　　unit: 10^3ha

地区	Region	灌溉面积 总计 Total Irrigated Area	耕地灌溉面积 Irrigated Area of Cultivated Land	林地灌溉面积 Irrigated Area of Forest	果园灌溉面积 Irrigated Area of Fruit Garden	牧草灌溉面积 Irrigated Area of Pasture Land	耕地实灌面积 Actual Irrigated Area
松花江区	**Songhua River**	**8594.56**	**8464.69**	**13.61**	**19.05**	**97.21**	**6712.37**
内蒙古	Inner Mongolia	736.56	661.09	2.91	0.05	72.51	342.39
吉　林	Jilin	1801.82	1772.63	2.85	12.38	13.96	1307.24
黑龙江	Heilongjiang	6056.18	6030.97	7.85	6.62	10.74	5062.74
辽河区	**Liaohe River**	**3099.23**	**2776.56**	**51.70**	**103.51**	**167.46**	**2442.03**
内蒙古	Inner Mongolia	1245.33	1060.26	22.18	1.99	160.90	958.60
辽　宁	Liaoning	1733.40	1595.88	29.52	101.49	6.51	1392.84
吉　林	Jilin	120.50	120.42		0.03	0.05	90.59
海河区	**Haihe River**	**8217.50**	**7594.21**	**271.07**	**322.90**	**29.32**	**6769.72**
北　京	Beijing	209.41	115.48	54.29	38.63	1.01	98.80
天　津	Tianjin	327.19	306.62	13.87	6.70		277.60
河　北	Hebei	4831.05	4474.67	125.93	221.56	8.89	3781.40
山　西	Shanxi	564.79	543.51	12.37	4.55	4.36	540.18
内蒙古	Inner Mongolia	78.85	67.94	0.29		10.62	61.47
辽　宁	Liaoning	17.89	14.67	0.17	3.05		11.48
山　东	Shandong	1554.49	1452.51	57.09	40.45	4.44	1411.65
河　南	Henan	633.83	618.81	7.06	7.96		587.14
黄河区	**Yellow River**	**6263.91**	**5579.29**	**219.21**	**268.89**	**196.52**	**5008.42**
山　西	Shanxi	1055.50	967.70	38.20	48.48	1.12	960.09
内蒙古	Inner Mongolia	1503.84	1288.69	49.95	7.79	157.41	1164.61
山　东	Shandong	353.49	327.17	6.33	19.99		309.79
河　南	Henan	818.87	789.66	17.59	11.30	0.32	700.43
四　川	Sichuan	3.61	1.34			2.27	0.48
陕　西	Shaanxi	1211.94	1084.19	9.76	116.88	1.11	879.65
甘　肃	Gansu	517.64	464.05	27.40	21.11	5.08	402.76
青　海	Qinghai	182.73	145.04	26.18	2.66	8.85	126.34
宁　夏	Ningxia	616.29	511.45	43.80	40.68	20.36	464.27
淮河区	**Huaihe River**	**13217.28**	**12503.75**	**265.73**	**439.58**	**8.22**	**10731.91**
江　苏	Jiangsu	3029.57	2888.34	76.70	59.17	5.36	2642.20
安　徽	Anhui	2902.48	2845.60	11.89	44.99		2198.68
山　东	Shandong	3862.05	3411.38	145.97	301.84	2.86	3067.61
河　南	Henan	3423.18	3358.43	31.17	33.58		2823.42

3-13　续表 continued

地区	Region	灌溉面积 总计 Total Irrigated Area	耕地灌溉面积 Irrigated Area of Cultivated Land	林地灌溉面积 Irrigated Area of Forest	果园灌溉面积 Irrigated Area of Fruit Garden	牧草灌溉面积 Irrigated Area of Pasture Land	耕地实灌面积 Actual Irrigated Area
长江区	**Yangtze River**	**18052.68**	**17160.21**	**426.79**	**439.04**	**26.64**	**14349.14**
上　海	Shanghai	207.19	190.76	16.14	0.29		190.76
江　苏	Jiangsu	1352.16	1243.54	46.22	58.20	4.20	1227.02
浙　江	Zhejiang	364.17	344.38	14.26	5.53		324.22
安　徽	Anhui	1689.54	1658.54	24.60	5.70	0.70	1414.96
江　西	Jiangxi	2125.08	2039.42	24.82	60.84		1734.25
河　南	Henan	513.91	506.73	5.08	2.10		427.01
湖　北	Hubei	3111.49	2919.17	114.91	70.58	6.83	2473.58
湖　南	Hunan	3185.47	3090.71	46.03	48.12	0.61	2430.07
广　西	Guangxi	69.32	62.95	4.16	2.21		60.64
重　庆	Chongqing	694.26	694.26				423.81
四　川	Sichuan	3110.13	2871.76	96.73	134.71	6.93	2324.98
贵　州	Guizhou	838.75	833.08	1.70	3.89	0.08	713.19
云　南	Yunnan	538.89	492.99	16.51	23.54	5.85	421.62
陕　西	Shaanxi	206.66	178.90	8.80	18.81	0.15	159.46
甘　肃	Gansu	42.64	30.79	6.83	4.52	0.50	23.52
青　海	Qinghai	3.02	2.23			0.79	0.05
东南诸河区	**Rivers in Southeast**	**2415.16**	**2165.16**	**89.46**	**155.31**	**5.23**	**1907.68**
浙　江	Zhejiang	1202.01	1100.32	36.20	64.65	0.84	1023.17
安　徽	Anhui						
福　建	Fujian	1213.15	1064.84	53.26	90.66	4.39	884.51
珠江区	**Pearl River**	**4820.21**	**4373.25**	**108.63**	**336.75**	**1.58**	**3828.95**
湖　南	Hunan	56.86	55.16	0.89	0.80	0.01	44.14
广　东	Guangdong	2069.87	1774.61	57.56	237.70		1632.43
广　西	Guangxi	1679.15	1606.92	8.40	63.83		1378.58
海　南	Hainan	354.27	289.25	40.03	24.12	0.87	212.18
贵　州	Guizhou	282.22	281.04		0.62	0.56	227.93
云　南	Yunnan	377.84	366.27	1.75	9.68	0.14	333.69
西南诸河区	**Rivers in Southwest**	**1488.13**	**1255.06**	**38.45**	**60.15**	**134.47**	**1097.77**
云　南	Yunnan	1038.36	992.16	7.67	37.29	1.24	843.24
西　藏	Tibet	448.10	261.23	30.78	22.86	133.23	252.86
青　海	Qinghai	1.67	1.67				1.67
西北诸河区	**Rivers in Northwest**	**7777.48**	**5943.40**	**918.08**	**478.46**	**437.54**	**5705.26**
内蒙古	Inner Mongolia	227.92	96.85	9.88	0.44	120.75	86.35
甘　肃	Gansu	976.88	836.59	115.97	14.20	10.12	756.01
青　海	Qinghai	97.36	57.67	11.14	0.85	27.70	54.98
新　疆	Xinjiang	6475.32	4952.29	781.09	462.97	278.97	4807.92

3-14 历年耕地灌溉面积减少原因

Reasons of Decrease of Irrigated Area by Year

单位：千公顷 unit: 10^3ha

年份 Year	耕地灌溉面积 Irrigated Area of Cultivated Land		耕地灌溉面积减少原因 Reasons of Decrease of Irrigated Area					
	新增 Newly-increased	减少 Decrease	工程老化、毁损 Aging and Damage of Structures	机井报废 Abortion of Wells	建设占地 Land Occupation by Construction	长期水源不足 Long-term Insufficiency of Water Sources	退耕 Converting Farmland to Other Usage	其他 Others
2002	1251.42	901.21	325.95	12.27	197.74		141.17	224.09
2003	1226.08	1183.39	404.32	19.96	216.77		228.24	314.09
2004	1159.95	808.45	281.74	14.98	206.02		100.59	205.13
2005	1012.35	697.34	237.31	14.91	199.94		68.43	176.76
2006	1343.11	796.86	183.12		123.67	100.06	39.69	350.32
2007	1344.05	608.63	192.26		125.89	54.62	51.93	183.93
2008	1318.27	648.41	239.55		97.04	96.52	22.95	192.35
2009	1533.1	742.85	245.13		126.19	79.36	25.62	266.55
2010	1721.64	659.17	250.41		91.06	87.38	47.55	182.78
2011	2129.97	803.32	294.03		104.05	88.81	19.16	297.28
2012	2151.38	743.78	335.11		107.92	78.55	17.48	204.72
2013	1552.29	473.27	85.99		87.22	73.24	59.54	167.28
2014	1647.77	685.62	73.86		99.69	151.85	40.77	319.45
2015	1797.66	463.94	56.63		67.47	95.64	25.07	219.15
2016	1561.43	465.70	96.49		79.48	42.61	68.68	178.44
2017	1070.34	486.47	106.03		77.48	30.09	121.03	151.85

3-15　2017年耕地灌溉面积减少原因（按地区分）

Reasons of Decrease of Irrigated Area in 2017 (by Region)

单位：千公顷　　unit: 10^3ha

地区	Region	耕地灌溉面积 Irrigated Area of Cultivated Land		耕地灌溉面积减少原因 Reasons of Decrease of Irrigated Area				
		新增 Newly-increased	减少 Decrease	工程老化、毁损 Aging and Damage of Structures	建设占地 Land Occupation by Construction	长期水源不足 Long-term Insufficiency of Water Sources	退耕 Converting Farmland to Other Usage	其他 Others
合　计	**Total**	**1070.34**	**486.47**	**106.03**	**77.48**	**30.09**	**121.03**	**151.85**
北　京	Beijing	2.36	15.36		0.75		0.83	13.78
天　津	Tianjin							
河　北	Hebei	33.37	16.34	3.41	2.44	0.56	0.87	9.06
山　西	Shanxi	33.00	9.08					9.08
内蒙古	Inner Mongolia	52.30	9.00	1.80	0.53		6.67	
辽　宁	Liaoning	46.50	8.94	7.12	0.08	1.74		
吉　林	Jilin	82.26	21.38	21.38				
黑龙江	Heilongjiang	200.99	102.84	44.32	25.20	7.13	0.08	26.11
上　海	Shanghai	1.13	0.19		0.19			
江　苏	Jiangsu	64.47	28.27		3.47		3.06	21.74
浙　江	Zhejiang	20.94	22.55	1.16	0.43	0.20	0.07	20.69
安　徽	Anhui	72.03	5.35	1.00	1.77	0.07	1.84	0.67
福　建	Fujian	10.71	3.84	2.64	0.02	0.71		0.47
江　西	Jiangxi	16.40	13.81		0.39	2.04	5.05	6.33
山　东	Shandong	50.07	20.17	0.30	2.56	0.89	0.98	15.44
河　南	Henan	62.60	30.73	15.41	4.31	4.65	1.31	5.05
湖　北	Hubei	16.53	2.93	0.02	1.79		1.12	
湖　南	Hunan	15.29	1.79				1.79	
广　东	Guangdong	2.90						
广　西	Guangxi	34.00	10.20	0.31	3.84	3.81		2.24
海　南	Hainan	2.84	3.54		3.54			
重　庆	Chongqing	5.42	1.76		0.93	0.14	0.35	0.34
四　川	Sichuan	67.53	7.98	0.91	6.20	0.26	0.26	0.35
贵　州	Guizhou	32.74	6.69	0.03	6.66			
云　南	Yunnan	58.92	16.89	0.89	5.43	5.09	2.78	2.70
西　藏	Tibet	13.49	3.28					3.28
陕　西	Shaanxi	31.22	19.52	5.16	4.75	2.74	0.75	6.12
甘　肃	Gansu	15.37	1.45	0.17	0.02	0.06		1.20
青　海	Qinghai	6.05	1.79		0.23		1.30	0.26
宁　夏	Ningxia	8.03	11.73				4.79	6.94
新　疆	Xinjiang	10.88	89.08		1.95		87.13	

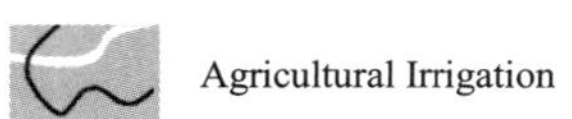

3-16 2017 年耕地灌溉面积减少原因（按水资源分区分）

Reasons of Decrease of Irrigated Area in 2017 (by Water Resources Sub-region)

单位：千公顷 unit: 10^3ha

水资源一级区	Grade-Ⅰ Water Resources Sub-region	耕地灌溉面积 Irrigated Area of Cultivated Land		耕地灌溉面积减少原因 Reasons of Decrease of Irrigated Area				
		新增 Newly-increased	减少 Decrease	工程老化、毁损 Aging and Damage of Structures	建设占地 Land Occupation by Construction	长期水源不足 Long-term Insufficiency of Water Sources	退耕 Converting Farmland to Other Usage	其他 Others
合　计	**Total**	**1070.34**	**486.47**	**106.03**	**77.48**	**30.09**	**121.03**	**151.85**
松花江区	Songhua River	320.37	126.02	67.50	25.20	7.13	0.08	26.11
辽河区	Liaohe River	58.62	8.94	7.12	0.08	1.74		
海河区	Haihe River	71.00	34.22	4.07	3.60	1.14	1.70	23.71
黄河区	Yellow River	89.81	48.58	5.68	4.67	1.91	13.38	22.94
淮河区	Huaihe River	152.74	56.48	13.74	6.01	3.15	1.75	31.83
长江区	Yangtze River	226.58	70.08	2.99	23.67	6.35	15.29	21.78
东南诸河区	Rivers in Southeast	30.46	21.70	3.79	0.42	0.89	0.05	16.55
珠江区	Pearl River	63.99	16.21	0.36	8.96	3.81	0.34	2.74
西南诸河区	Rivers in Southwest	42.29	14.03	0.78	2.92	3.97	1.31	5.05
西北诸河区	Rivers in Northwest	14.48	90.22		1.95		87.13	1.14

3-17 2017年耕地灌溉面积减少原因（按水资源分区和地区分）

Reasons of Decrease of Irrigated Area in 2017 (by Water Resources Sub-region and Region)

单位：千公顷 unit: 10^3ha

地区	Region	耕地灌溉面积 Irrigated Area of Cultivated Land		耕地灌溉面积减少原因 Reasons of Decrease of Irrigated Area				
		新增 Newly-increased	减少 Decrease	工程老化、毁损 Aging and Damage of Structures	建设占地 Land Occupation by Construction	长期水源不足 Long-term Insufficiency of Water Sources	退耕 Converting Farmland to Other Usage	其他 Others
松花江区	**Songhua River**	**320.37**	**126.02**	**67.50**	**25.20**	**7.13**	**0.08**	**26.11**
内蒙古	Inner Mongolia	47.82	1.80	1.80				
吉 林	Jilin	71.56	21.38	21.38				
黑龙江	Heilongjiang	200.99	102.84	44.32	25.20	7.13	0.08	26.11
辽河区	**Liaohe River**	**58.62**	**8.94**	**7.12**	**0.08**	**1.74**		
内蒙古	Inner Mongolia	2.16						
辽 宁	Liaoning	45.76	8.94	7.12	0.08	1.74		
吉 林	Jilin	10.70						
海河区	**Haihe River**	**71.00**	**34.22**	**4.07**	**3.60**	**1.14**	**1.70**	**23.71**
北 京	Beijing	2.36	15.36		0.75		0.83	13.78
天 津	Tianjin							
河 北	Hebei	33.37	16.34	3.41	2.44	0.56	0.87	9.06
山 西	Shanxi	3.61						
内蒙古	Inner Mongolia							
辽 宁	Liaoning	0.74						
山 东	Shandong	23.78	0.40		0.40			
河 南	Henan	7.14	2.12	0.66	0.01	0.58		0.87
黄河区	**Yellow River**	**89.81**	**48.58**	**5.68**	**4.67**	**1.91**	**13.38**	**22.94**
山 西	Shanxi	29.39	9.08					9.08
内蒙古	Inner Mongolia	1.16	7.20		0.53		6.67	
山 东	Shandong	2.86	1.40					1.40
河 南	Henan	10.24	1.94	0.96	0.25	0.26	0.17	0.30
四 川	Sichuan							
陕 西	Shaanxi	21.60	15.13	4.55	3.64	1.59	0.45	4.90
甘 肃	Gansu	12.59	0.31	0.17	0.02	0.06		0.06
青 海	Qinghai	3.94	1.79		0.23		1.3	0.26
宁 夏	Ningxia	8.03	11.73				4.79	6.94
淮河区	**Huaihe River**	**152.74**	**56.48**	**13.74**	**6.01**	**3.15**	**1.75**	**31.83**
江 苏	Jiangsu	35.45	13.30		0.06			13.24
安 徽	Anhui	54.27	2.09	1.00	0.29		0.13	0.67
山 东	Shandong	23.43	18.37	0.30	2.16	0.89	0.98	14.04
河 南	Henan	39.59	22.72	12.44	3.50	2.26	0.64	3.88

3-17 续表 continued

地区	Region	耕地灌溉面积 Irrigated Area of Cultivated Land		耕地灌溉面积减少原因 Reasons of Decrease of Irrigated Area				
		新增 Newly-increased	减少 Decrease	工程老化、毁损 Aging and Damage of Structures	建设占地 Land Occupation by Construction	长期水源不足 Long-term Insufficiency of Water Sources	退耕 Converting Farmland to Other Usage	其他 Others
长江区	**Yangtze River**	**226.58**	**70.08**	**2.99**	**23.67**	**6.35**	**15.29**	**21.78**
上　海	Shanghai	1.13	0.19		0.19			
江　苏	Jiangsu	29.02	14.97		3.41		3.06	8.50
浙　江	Zhejiang	1.19	4.69	0.01	0.03	0.02	0.02	4.61
安　徽	Anhui	17.76	3.26		1.48	0.07	1.71	
江　西	Jiangxi	16.40	13.81		0.39	2.04	5.05	6.33
河　南	Henan	5.63	3.95	1.35	0.55	1.55	0.50	
湖　北	Hubei	16.53	2.93	0.02	1.79		1.12	
湖　南	Hunan	12.43	1.45				1.45	
广　西	Guangxi	0.13						
重　庆	Chongqing	5.42	1.76		0.93	0.14	0.35	0.34
四　川	Sichuan	67.53	7.98	0.91	6.20	0.26	0.26	0.35
贵　州	Guizhou	15.44	6.69	0.03	6.66			
云　南	Yunnan	25.90	4.01	0.06	0.93	1.12	1.47	0.43
陕　西	Shaanxi	9.62	4.39	0.61	1.11	1.15	0.3	1.22
甘　肃	Gansu	1.47						
青　海	Qinghai	0.98						
东南诸河区	**Rivers in Southeast**	**30.46**	**21.70**	**3.79**	**0.42**	**0.89**	**0.05**	**16.55**
浙　江	Zhejiang	19.75	17.86	1.15	0.40	0.18	0.05	16.08
安　徽	Anhui							
福　建	Fujian	10.71	3.84	2.64	0.02	0.71		0.47
珠江区	**Pearl River**	**63.99**	**16.21**	**0.36**	**8.96**	**3.81**	**0.34**	**2.74**
湖　南	Hunan	2.86	0.34				0.34	
广　东	Guangdong	2.90						
广　西	Guangxi	33.87	10.20	0.31	3.84	3.81		2.24
海　南	Hainan	2.84	3.54		3.54			
贵　州	Guizhou	17.30						
云　南	Yunnan	4.22	2.13	0.05	1.58			0.50
西南诸河区	**Rivers in Southwest**	**42.29**	**14.03**	**0.78**	**2.92**	**3.97**	**1.31**	**5.05**
云　南	Yunnan	28.80	10.75	0.78	2.92	3.97	1.31	1.77
西　藏	Tibet	13.49	3.28					3.28
青　海	Qinghai							
西北诸河区	**Rivers in Northwest**	**14.48**	**90.22**		**1.95**		**87.13**	**1.14**
内蒙古	Inner Mongolia	1.16						
甘　肃	Gansu	1.31	1.14					1.14
青　海	Qinghai	1.13						
新　疆	Xinjiang	10.88	89.08		1.95		87.13	

3-18 历年机电灌溉面积

Lifting Irrigated Area by Year

单位：千公顷 unit: 10^3ha

年份 Year	机电排灌面积 Irrigated and Drainage Area with Mechanical and Electrical Equipment	机电提灌面积合计 Total Lifting Irrigated Area				纯排面积 Drainage Area Only
			#机电井 Mechanical and Electrical Well	固定站 Fixed Station	流动机 Mobile Equipment	
1951	285.33					
1952	317.33					
1953	349.33					
1954	396.00					
1955	529.33					
1956	786.00					
1957	1202.00					
1961	4932.67					
1962	6135.33					
1963	5474.00					
1964	6246.00					
1965	8093.33					
1970	14992.00					
1971	16063.33					
1972	19549.33					
1973	21976.00					
1974	24588.67					
1975		23908.00				
1976	28850.67					
1977	28778.67					
1978	30368.00	25335.33				
1979		26305.33				
1980		26440.00				
1982		26316.00				
1983		26302.67				
1984		26182.67				
1985		26298.00				
1986		26346.00				
1987	30763.33	26729.33	11087.33			
1988	30729.33	26728.67	11216.67			
1989	31032.00	27038.00	11435.33			
1990	31225.33	27235.33	11739.33			
1991	31489.33	27449.33	12111.33			
1992	32496.00	28379.33	12253.33			
1993	32596.00	28550.00	12487.33			
1994	32739.33	28642.00	12526.00			
1995	33274.00	29070.00	12789.33			
1996	34005.33	29751.33	13358.00			
1997	34915.33	30654.00	14131.33			
1998	35874.00	31570.00	14702.67			
1999	36554.00	32191.33	15000.67			
2000	36854.65	32617.80	15127.02	12203.14	3637.82	4236.85
2001	37107.41	33004.01	16309.19	12330.34	3630.53	4103.40
2002	37323.30	33209.58	16411.35	12312.55	3636.75	4113.73
2003	37354.03	33294.28	16512.60	12259.25	3596.13	4059.76
2004	36978.56	32873.33	16936.66	12205.17	3598.49	4105.13
2005	37867.51	33516.94	17046.12	12062.57	3515.88	4349.34
2006	37563.34	33091.40	16798.61	11350.62	2736.21	4471.94
2007	38715.60	34264.86	16893.65	11409.77	3131.62	4450.74
2008	39277.47	34659.23	17163.39	11152.60	3157.11	4618.25
2009	40016.33	35580.95	17480.25	11360.22	3199.92	4435.39
2010	40750.57	36400.59	17807.31	11414.81	3261.04	4349.98
2011	41464.71	37079.32	18249.96	11404.50	3322.12	4385.39
2012	42491.40	38151.53	18474.24	11637.42	3294.36	4340.71

3-19 历年节水灌溉面积

Water-saving Irrigated Area by Year

单位：千公顷 unit: 10^3ha

年份 Year	节水灌溉面积合计 Total Area of Water-saving Irrigation	喷灌 Sprinkler	微灌 Micro-irrigation	低压管灌 Low-pressure Pipe Irrigation	渠道防渗 Canal Lining	其他 Others
1998	15235.33					
1999	15051.06					
2000	16388.86	2131.40	152.58	3567.92	6361.33	4175.63
2001	17446.38	2364.21	215.39	3903.69	6925.30	4037.79
2002	18627.05	2473.21	278.76	4156.77	7570.88	4147.42
2003	19442.80	2633.67	371.10	4476.17	8071.47	3890.39
2004	20346.23	2674.83	479.64	4706.29	8561.95	3923.53
2005	21338.15	2746.28	621.76	4991.84	9133.16	3845.12
2006	22425.96	2823.84	754.89	5263.75	9593.65	3989.83
2007	23489.46	2876.47	976.98	5573.92	10058.12	4003.97
2008	24435.52	2821.18	1249.62	5873.00	10447.73	4044.00
2009	25755.11	2926.71	1669.27	6249.36	11166.07	3743.71
2010	27313.87	3025.44	2115.68	6680.04	11580.30	3912.41
2011	29179.47	3181.79	2613.94	7130.37	12175.04	4078.33
2012	31216.69	3373.48	3226.29	7526.03	12823.39	4264.34

年份 Year	节水灌溉面积合计 Total Area of Water-saving Irrigation	喷灌 Sprinkler	微灌 Micro-irrigation	低压管灌 Low-pressure Pipe Irrigation	其他 Others
2013	27108.62	2990.62	3856.54	7424.25	12837.21
2014	29018.76	3161.96	4681.50	8271.03	12904.26
2015	31060.44	3747.97	5263.60	8911.76	13137.11
2016	32846.99	4099.45	5854.58	9451.25	13441.71
2017	34318.97	4277.50	6283.47	9990.14	13767.86

3-20　2017 年节水灌溉面积（按地区分）

Water-saving Irrigated Area in 2017 (by Region)

单位：千公顷　　unit: 10^3ha

地区	Region	节水灌溉面积合计 Total Area of Water-saving Irrigation	#喷灌 Sprinkler	微灌 Micro-irrigation	低压管灌 Low-pressure Pipe Irrigation
合　计	**Total**	**34318.97**	**4277.50**	**6283.47**	**9990.14**
北　京	Beijing	200.69	31.85	20.09	136.17
天　津	Tianjin	235.42	4.49	2.88	170.52
河　北	Hebei	3415.72	244.03	136.71	2689.79
山　西	Shanxi	810.98	77.10	53.41	582.69
内蒙古	Inner Mongolia	2800.44	606.81	837.74	580.84
辽　宁	Liaoning	929.58	157.67	358.71	245.22
吉　林	Jilin	758.77	423.72	138.12	145.41
黑龙江	Heilongjiang	2086.61	1545.18	94.22	11.80
上　海	Shanghai	146.14	3.51	1.18	75.45
江　苏	Jiangsu	2637.47	57.95	46.99	144.62
浙　江	Zhejiang	1099.57	65.72	49.73	77.82
安　徽	Anhui	976.00	123.93	18.68	74.07
福　建	Fujian	657.88	120.49	53.30	97.03
江　西	Jiangxi	544.66	27.17	42.09	41.79
山　东	Shandong	3213.21	144.39	111.61	2211.83
河　南	Henan	1893.27	170.66	41.20	1150.50
湖　北	Hubei	443.98	121.06	69.58	160.22
湖　南	Hunan	395.41	11.60	4.78	35.51
广　东	Guangdong	326.19	18.70	8.05	33.13
广　西	Guangxi	1067.93	39.88	71.08	115.62
海　南	Hainan	88.99	8.86	17.16	26.45
重　庆	Chongqing	233.28	12.11	2.92	54.89
四　川	Sichuan	1702.60	41.11	26.30	108.47
贵　州	Guizhou	332.82	30.12	22.51	86.41
云　南	Yunnan	867.97	38.16	116.54	165.67
西　藏	Tibet	30.34	1.52	0.20	17.52
陕　西	Shaanxi	931.49	34.37	58.73	343.07
甘　肃	Gansu	1020.89	32.96	231.22	206.79
青　海	Qinghai	115.33	1.93	10.16	38.43
宁　夏	Ningxia	359.15	42.48	120.82	40.08
新　疆	Xinjiang	3996.20	37.97	3516.76	122.33

3-21 2017 年节水灌溉面积（按水资源分区分）

Water-saving Irrigated Area in 2017(by Water Resources Sub-region)

单位：千公顷 unit: 10^3ha

水资源一级区	Grade-I Water Resources Sub-region	节水灌溉面积合计 Total Area of Water-saving Irrigation	#喷灌 Sprinkler	微灌 Micro-irrigation	低压管灌 Low-pressure Pipe Irrigation
合　计	**Total**	**34318.97**	**4277.50**	**6283.47**	**9990.14**
松花江区	Songhua River	3305.45	2260.68	285.16	248.56
辽河区	Liaohe River	1806.82	239.24	809.14	553.51
海河区	Haihe River	5364.85	369.09	243.58	3943.32
黄河区	Yellow River	4102.56	312.68	502.07	1465.69
淮河区	Huaihe River	5571.18	389.57	116.98	2177.58
长江区	Yangtze River	5779.25	322.77	273.25	844.58
东南诸河区	Rivers in Southeast	1454.86	180.82	95.67	128.19
珠江区	Pearl River	1747.14	91.22	144.49	259.18
西南诸河区	Rivers in Southwest	407.21	19.23	26.50	83.11
西北诸河区	Rivers in Northwest	4779.65	92.20	3786.63	286.42

3-22 2017年节水灌溉面积（按水资源分区和地区分）

Water-saving Irrigated Area in 2017 (by Water Resources Sub-region and Region)

单位：千公顷 unit: 10^3ha

地区	Region	节水灌溉面积合计 Total Area of Water-saving Irrigation	#喷灌 Sprinkler	微灌 Micro-irrigation	低压管灌 Low-pressure Pipe Irrigation
松花江区	**Songhua River**	**3305.45**	**2260.68**	**285.16**	**248.56**
内蒙古	Inner Mongolia	528.60	309.97	73.83	120.68
吉　林	Jilin	690.24	405.53	117.11	116.08
黑龙江	Heilongjiang	2086.61	1545.18	94.22	11.80
辽河区	**Liaohe River**	**1806.82**	**239.24**	**809.14**	**553.51**
内蒙古	Inner Mongolia	820.18	63.83	435.34	284.06
辽　宁	Liaoning	918.11	157.22	352.79	240.12
吉　林	Jilin	68.53	18.19	21.01	29.33
海河区	**Haihe River**	**5364.85**	**369.09**	**243.58**	**3943.32**
北　京	Beijing	200.69	31.85	20.09	136.17
天　津	Tianjin	235.42	4.49	2.88	170.52
河　北	Hebei	3415.72	244.03	136.71	2689.79
山　西	Shanxi	276.66	22.21	23.18	196.57
内蒙古	Inner Mongolia	74.25	46.21	20.87	6.05
辽　宁	Liaoning	11.47	0.45	5.92	5.10
山　东	Shandong	754.93	5.56	24.43	500.79
河　南	Henan	395.71	14.29	9.50	238.32
黄河区	**Yellow River**	**4102.56**	**312.68**	**502.07**	**1465.69**
山　西	Shanxi	534.32	54.89	30.23	386.12
内蒙古	Inner Mongolia	1221.78	138.37	226.77	146.83
山　东	Shandong	296.69	10.10	12.24	228.20
河　南	Henan	401.52	12.51	10.11	241.40
四　川	Sichuan	1.81	0.52		1.29
陕　西	Shaanxi	815.07	27.45	55.13	325.79
甘　肃	Gansu	385.01	24.77	45.84	68.36
青　海	Qinghai	87.21	1.59	0.93	27.62
宁　夏	Ningxia	359.15	42.48	120.82	40.08
淮河区	**Huaihe River**	**5571.18**	**389.57**	**116.98**	**2177.58**
江　苏	Jiangsu	1770.78	21.46	18.82	70.91
安　徽	Anhui	735.17	106.90	8.60	56.38
山　东	Shandong	2161.59	128.73	74.94	1482.84
河　南	Henan	903.64	132.48	14.62	567.45

3-22 续表 continued

地区	Region	节水灌溉面积合计 Total Area of Water-saving Irrigation	#喷灌 Sprinkler	微灌 Micro-irrigation	低压管灌 Low-pressure Pipe Irrigation
长江区	**Yangtze River**	**5779.25**	**322.77**	**273.25**	**844.58**
上　海	Shanghai	146.14	3.51	1.18	75.45
江　苏	Jiangsu	866.69	36.49	28.17	73.71
浙　江	Zhejiang	302.58	5.39	7.36	46.65
安　徽	Anhui	240.83	17.03	10.08	17.69
江　西	Jiangxi	544.66	27.17	42.09	41.79
河　南	Henan	192.40	11.38	6.97	103.33
湖　北	Hubei	443.98	121.06	69.58	160.22
湖　南	Hunan	387.43	11.07	3.54	34.50
广　西	Guangxi	37.96	0.07	0.38	0.38
重　庆	Chongqing	233.28	12.11	2.92	54.89
四　川	Sichuan	1700.79	40.59	26.30	107.18
贵　州	Guizhou	251.91	16.15	13.42	55.80
云　南	Yunnan	278.25	11.10	51.99	47.59
陕　西	Shaanxi	116.42	6.92	3.60	17.28
甘　肃	Gansu	34.57	2.53	5.67	7.43
青　海	Qinghai	1.36	0.20		0.69
东南诸河区	**Rivers in Southeast**	**1454.86**	**180.82**	**95.67**	**128.19**
浙　江	Zhejiang	796.99	60.33	42.37	31.17
安　徽	Anhui				
福　建	Fujian	657.88	120.49	53.30	97.03
珠江区	**Pearl River**	**1747.14**	**91.22**	**144.49**	**259.18**
湖　南	Hunan	7.98	0.53	1.24	1.01
广　东	Guangdong	326.19	18.70	8.05	33.13
广　西	Guangxi	1029.97	39.81	70.70	115.24
海　南	Hainan	88.99	8.86	17.16	26.45
贵　州	Guizhou	80.91	13.97	9.09	30.61
云　南	Yunnan	213.10	9.35	38.25	52.74
西南诸河区	**Rivers in Southwest**	**407.21**	**19.23**	**26.50**	**83.11**
云　南	Yunnan	376.62	17.71	26.30	65.34
西　藏	Tibet	30.34	1.52	0.20	17.52
青　海	Qinghai	0.25			0.25
西北诸河区	**Rivers in Northwest**	**4779.65**	**92.20**	**3786.63**	**286.42**
内蒙古	Inner Mongolia	155.63	48.43	80.93	23.22
甘　肃	Gansu	601.31	5.66	179.71	131.00
青　海	Qinghai	26.51	0.14	9.23	9.87
新　疆	Xinjiang	3996.20	37.97	3516.76	122.33

主要统计指标解释

万亩以上灌区处数 在蓄水、引水、提水等灌溉工程中，灌溉设备齐全、渠系配套完整，自成灌溉体系，有统一管理的灌溉区域的数量。

灌溉面积 一个地区当年农、林、牧等灌溉面积的总和。总灌溉面积=耕地灌溉面积+林地灌溉面积+果园灌溉面积+牧草灌溉面积+其他灌溉面积。

耕地灌溉面积 灌溉工程或设备已基本配套，有一定水源，土地比较平整，在一般年景可以进行正常灌溉的农田或耕地灌溉面积。

耕地实灌面积 利用灌溉工程和设施，在耕地灌溉面积中当年实际已进行正常（灌水一次以上）灌溉的耕地面积。在同一亩耕地上，报告期内无论灌水几次，都应按一亩计算，而不应按灌溉亩次计算。凡是肩挑、人抬、马拉抗旱点种的面积，一律不算实灌面积。耕地实灌面积不大于耕地灌溉面积。

机电排灌面积 由固定站、流动站、机电井、喷灌机械等所有机械、电动力设备进行排水、灌溉的耕地面积。其中，只要有固定的机械排灌的设施，能够进行正常排灌，不论当年是否进行排灌，都应统计为机电排灌面积（含灌排结合面积）。

旱涝保收面积 耕地灌溉面积中，遇旱能灌、遇涝能排的面积。灌溉设施的抗旱能力，按各地不同情况，应达到30～50天；适宜发展双季稻的地方，应达到50～70天。除涝达到5年一遇以上标准，防洪一般达到20年一遇标准的耕地灌溉面积。

农田排灌机械保有量 机、电动力抽水设备提水灌溉和排水统称排灌机械。排灌机械按使用动力分为电动与内燃机。按工程设施分为固定机电排灌站、流动机电排灌、喷滴灌机电排灌及机电井机电排灌4类。

固定机电排灌站处数 以江河、湖泊、水库、渠道等地面水为水源，在固定地点建设的以电动机、柴油机、汽油机等为动力带动水泵抽水灌溉、排水，并已发挥效益的灌溉站、排水站、排灌站的数量。

固定机电排灌站装机容量 等于电动机排灌站装机容量与内燃机排灌站装机容量之和。

机电井眼数 安装柴油机、汽油机、电动机或其他动力机械带动水泵抽取地下水灌溉耕地、牧草地，包括已装机配套的和待装机配套的水井眼数。

配套机电井眼数 已经安装机电提水设备（包括线路）可以进行正常灌溉的机电井眼数。在几眼井上使用一台设备，但能适时灌溉的和一机多用而主要用于机、电井的，均应视为“已配套机电井”，包括由于提水设备或机井本身损坏待修理，暂时不能使用的“已配套机电井”。

机电井装机容量 水利工程机组设备的容量，以机组铭牌的容量为准，包括停机检修和事故备用容量。

配套机电井装机容量 包括机配井装机容量与电配井装机容量之和。

流动机装机容量 等于电动机装机容量与内燃机装机容量之和。

喷滴灌装机容量 用于喷滴灌技术灌溉农用地的喷滴灌使用的机械动力数，只统计喷滴灌机的动力，不包括给喷滴灌机输入、送水源的动力。

Explanatory Notes of Main Statistical Indicators

Number of irrigation district with an area above 10,000 mu Total number of districts above 10,000 mu designed for irrigation purpose and having complete irrigation facilities and sub-canal systems, as self-established irrigation system under unified management, and located in the irrigation schemes for water storage, diversion or lifting.

Irrigated area The sum of irrigated areas for agriculture, forest, pasture and grassland in a particular region. The total irrigated area is equal to the sum of irrigated areas of cultivated land (arable land), forest, fruit garden or orchard, grassland and others. Irrigated areas in the current year mean the total irrigated areas at the end of the year.

Irrigated areas of cultivated land It refers to farmland or cultivated land installed with irrigation facilities and having water source and relatively leveled land, which is being irrigated in normal years.

Actual irrigated area It refers to the area being irrigated (once or more than once) in the statistical year, with irrigation system or facilities. No matter how many times of irrigation is made in the same area of land within report period, it is all counted as one mu. The areas irrigated by means of people or animal carrying water for drought-relief are not included. Actual irrigated area equals to or less than the irrigated area of cultivated land.

Irrigated and drainage areas with mechanical and electrical equipment The areas are drained or irrigated by electrical and mechanical facilities, including fixed or movable irrigation and drainage facilities, electromechanical wells and sprinklers. No matter farmland is irrigated in the statistical year or not, if fixed irrigation facilities are placed, the area should be included (including area for both irrigation and drainage).

Harveat-guaranteed area in case of flood and drought It refers to farmland that can be irrigated in drought season or drained in flood season. The irrigation facility should be able to release drought for 30-50 days based on local conditions in different regions; and release drought for 50-70 days in paddy fields suit for double cropping Waterlogging control in the irrigated areas should reach the standard of once in five years return period and flood control should reach the standard of once in twenty years return period.

Registered machinery and equipment for irrigation and drainage It refers to machinery and equipment driven by mechanical or electrical power for pumping or lifting. According to the source of power, they are divided into electrical power and internal combustion engine. It is also grouped into four types: fixed electric-mechanical irrigation and drainage station, mobile electric-mechanical irrigation and drainage facility, sprinkler and drip, and borehole and tube wells or electric-mechanical wells.

Number of fixed irrigation and drainage stations The total of irrigation and drainage stations that already generate benefits, use surface water such as river, lake, reservoir and canal as sources for pumping water, and are equipped with electric motor, diesel or gasoline engine in a fixed place for irrigation and drainage.

Installed capacity of fixed irrigation and drainage station Sum of installed capacity of fixed electric-mechanical irrigation and drainage station and fixed irrigation and drainage facilities empowered by diesel engine.

Number of mechanical and electrical wells The total number of boreholes and tube wells with installed counterpart facilities or shall be installed according to the plan, which use diesel or gasoline engine, electric motor or other power machines to pump or lift water for irrigation of farmlands and pasture lands.

Number of counterpart mechanical and electric wells Boreholes and tube wells, installed with pumping facilities (including lines), can be used for irrigation; It also includes wells that share one pump but can ensure timely irrigation and temporarily unused wells because of damage and waiting for repair.

Installed capacity of mechanical and electric wells Installed capacity of electric-mechanical equipment based on brand instruction, including repair or overhaul and accident spare capacity.

Installed capacity of counterpart mechanical and electric wells Total of installed capacity of wells equipped with mechanical equipment and installed capacity of wells equipped by electrical equipment.

Installed capacity of mobile equipment Total of installed capacity of electrical motors and installed capacity of internal combustion engines.

Installed capacity of sprinkler and drip It refers to the installed capacity of sprinklers and drips, but excludes the power for conveying water to sprinkler and drip systems.

4 供用水

Water Supply and Water Use

简要说明

供用水统计资料主要包括水利工程设施供水及农村饮水安全等。

供用水量及饮水安全情况按水资源一级分区和地区分组。

1. 供水按受水区分地表水源、地下水源和其他水源统计。

2. 蓄水工程、引水工程、机电井工程与泵站工程供水量统计范围为水利系统管理的工程。

3. 农村饮水安全人口统计范围只限于农村，2004 年及以前年份统计“解决饮水困难人口”指标，2005 年后统计“饮水安全人口”指标。

4. 供水量历史资料汇总 1997 年至今的历史数据；饮水安全情况汇总 1975 年至今的数据。

Brief Introduction

Statistical data of water supply and utilization mainly covers comsumption and water supply utilities as well as status of drinking water safety in rural areas.

Quantity of water supply and safety condition of drinking water is classified in accordance with Grade-I water resources region and region.

1. Water supply is grouped based on sources of water-receiving areas, like surface water, groundwater or others.

2. Statistical data of water supply only includes storage works, water diversion canals, electro-mechanical wells and pumping stations operated by the organs under the Ministry of Water Resources.

3. Statistical data of population access to safe drinking water is only limited to rural areas. Index of “population with drinking water” is used in 2004 and before; the index of “population with safe drinking water” is used in 2005 and after.

4. Historical data of volume of water supply is collected from 1997 until present, data of safe drinking water is collected from 1975 until present.

4-1 历年供用水量
Water Supply and Water Use by Year

单位：亿立方米 unit: 10^8m^3

年份 Year	供水量 合计 Total Water Supply	地表水 Surface Water	地下水 Ground-water	其他 Others	用水量 合计 Total Water Use	农业 Agricultural	工业 Industrial	生活 Domestic	生态 Ecological
2000	5530.7	4440.4	1069.2	21.1	5497.6	3783.5	1139.1	574.9	
2001	5567.4	4450.7	1094.9	21.9	5567.4	3825.7	1141.8	599.9	
2002	5497.3	4404.4	1072.4	20.5	5497.3	3736.2	1142.4	618.7	
2003	5320.4	4286.0	1018.1	16.3	5320.4	3432.8	1177.2	630.9	79.5
2004	5547.8	4504.2	1026.4	17.2	5547.8	3585.7	1228.9	651.2	82.0
2005	5633.0	4572.2	1038.8	22.0	5633.0	3580.0	1285.2	675.1	92.7
2006	5795.0	4706.8	1065.5	22.7	5795.0	3664.4	1343.8	693.8	93.0
2007	5818.7	4723.5	1069.5	25.7	5818.7	3598.5	1404.1	710.4	105.7
2008	5909.9	4796.4	1084.8	28.7	5909.9	3663.4	1397.1	729.2	120.2
2009	5965.2	4839.5	1094.5	31.2	5965.2	3723.1	1390.9	748.2	103.0
2010	6022.0	4881.6	1107.3	33.1	6022.0	3689.1	1447.3	765.8	119.8
2011	6107.2	4953.3	1109.1	44.8	6107.2	3743.6	1461.8	789.9	111.9
2012	6131.2	4952.8	1133.8	44.6	6131.2	3902.5	1380.7	739.7	108.3
2013	6183.4	5007.3	1126.2	49.9	6183.4	3921.5	1406.4	750.1	105.4
2014	6094.9	4920.5	1116.9	57.5	6094.9	3869.0	1356.1	766.6	103.2
2015	6103.2	4969.5	1069.2	64.5	6103.2	3852.2	1334.8	793.5	122.7
2016	6040.2	4912.4	1057.0	70.8	6040.2	3768.0	1308.0	821.6	142.6
2017	6043.4	4945.5	1016.7	81.2	6043.4	3766.4	1277.0	838.1	161.9

4-2 2017年供用水量（按地区分）

Water Supply and Water Use in 2017 (by Region)

单位：亿立方米 unit: 10^8m^3

地区	Region	供水量 合计 Total Water Supply	地表水 Surface Water	地下水 Ground-water	其他 Others	用水量 合计 Total Water Use	农业 Agricultural	工业 Industrial	生活 Domestic	生态 Ecological
合 计	**Total**	**6043.4**	**4945.5**	**1016.7**	**81.2**	**6043.4**	**3766.4**	**1277.0**	**838.1**	**161.9**
北 京	Beijing	39.5	12.4	16.6	10.5	39.5	5.1	3.5	18.3	12.7
天 津	Tianjin	27.5	19.0	4.6	3.9	27.5	10.7	5.5	6.1	5.2
河 北	Hebei	181.6	59.4	116.0	6.2	181.6	126.1	20.3	27.0	8.2
山 西	Shanxi	74.9	39.6	31.1	4.2	74.9	45.5	13.5	12.8	3.0
内蒙古	Inner Mongolia	188.0	99.2	85.3	3.4	188.0	138.1	15.7	11.0	23.1
辽 宁	Liaoning	131.1	72.4	54.5	4.2	131.1	81.6	18.6	25.4	5.5
吉 林	Jilin	126.7	81.5	44.7	0.4	126.7	89.8	18.1	14.1	4.7
黑龙江	Heilongjiang	353.1	188.9	163.1	1.0	353.1	316.4	19.7	15.4	1.5
上 海	Shanghai	104.8	104.8			104.8	16.7	62.7	24.6	0.8
江 苏	Jiangsu	591.3	575.3	8.4	7.7	591.3	280.6	250.1	58.5	2.1
浙 江	Zhejiang	179.5	176.2	1.3	2.0	179.5	80.9	46.1	47.0	5.5
安 徽	Anhui	290.3	256.5	30.8	3.0	290.3	158.2	92.2	33.8	6.2
福 建	Fujian	192.0	186.4	5.0	0.7	192.0	91.2	64.4	33.2	3.2
江 西	Jiangxi	248.0	237.6	8.3	2.1	248.0	156.3	60.5	28.9	2.3
山 东	Shandong	209.5	121.1	79.7	8.7	209.5	134.0	28.8	34.6	12.0
河 南	Henan	233.8	113.1	115.5	5.1	233.8	122.8	51.0	40.2	19.8
湖 北	Hubei	290.3	281.4	8.8	0.1	290.3	148.1	87.8	53.2	1.2
湖 南	Hunan	326.9	311.7	15.2	0.1	326.9	193.7	86.0	44.5	2.8
广 东	Guangdong	433.5	417.3	13.8	2.3	433.5	220.3	107.0	100.9	5.3
广 西	Guangxi	284.9	273.1	10.5	1.4	284.9	195.8	46.0	40.2	3.0
海 南	Hainan	45.6	42.3	3.1	0.2	45.6	33.3	3.0	8.4	0.8
重 庆	Chongqing	77.4	76.1	1.1	0.2	77.4	25.4	30.4	20.5	1.1
四 川	Sichuan	268.4	254.3	12.1	1.9	268.4	160.5	51.4	50.7	5.8
贵 州	Guizhou	103.5	101.1	1.8	0.6	103.5	58.9	24.8	18.8	0.9
云 南	Yunnan	156.6	149.9	3.7	3.1	156.6	108.5	23.4	21.7	3.1
西 藏	Tibet	31.4	27.8	3.6		31.4	26.9	1.5	2.7	0.2
陕 西	Shaanxi	93.0	58.2	32.6	2.3	93.0	58.2	14.3	17.0	3.5
甘 肃	Gansu	116.1	87.1	25.1	3.9	116.1	92.3	10.4	8.7	4.7
青 海	Qinghai	25.8	20.7	5.0	0.2	25.8	19.2	2.5	2.9	1.2
宁 夏	Ningxia	66.1	60.3	5.5	0.2	66.1	56.7	4.5	2.3	2.5
新 疆	Xinjiang	552.3	440.9	109.8	1.6	552.3	514.4	13.1	14.7	10.2

4-3 2017 年供用水量（按水资源分区分）

Water Supply and Water Use in 2017 (by Water Resources Sub-region)

单位：亿立方米 unit: 10^8m^3

水资源一级区	Grade-I Water Resources Sub-region	供水量 合计 Total Water Supply	地表水 Surface Water	地下水 Ground-water	其他 Others	用水量 合计 Total Water Use	农业 Agricultural	工业 Industrial	生活 Domestic	生态 Ecological
合 计	**Total**	**6043.4**	**4945.5**	**1016.7**	**81.2**	**6043.4**	**3766.4**	**1277.0**	**838.1**	**161.9**
松花江区	Songhua River	497.0	283.2	212.1	1.7	497.0	417.7	37.5	28.7	13.1
辽河区	Liaohe River	189.8	87.3	97.9	4.7	189.8	126.4	24.7	31.3	7.4
海河区	Haihe River	369.8	161.9	184.9	23.0	369.8	224.3	46.2	65.7	33.7
黄河区	Yellow River	395.6	263.6	118.9	13.1	395.6	273.2	56.8	48.3	17.3
淮河区	Huaihe River	616.2	451.2	152.3	12.7	616.2	414.5	90.2	89.1	22.5
长江区	Yangtze River	2060.1	1977.8	67.4	15.0	2060.1	994.0	723.9	318.3	23.9
其中：太湖流域	Among Which: Taihu Lake	340.5	334.0	0.3	6.2	340.5	74.6	207.4	56.2	2.3
东南诸河区	Rivers in Southeast	313.1	305.7	5.7	1.7	313.1	142.2	96.5	66.8	7.5
珠江区	Pearl River	835.8	800.4	29.9	5.5	835.8	492.0	173.3	160.6	9.9
西南诸河区	Rivers in Southwest	105.0	100.3	4.2	0.4	105.0	84.0	8.9	10.9	1.1
西北诸河区	Rivers in Northwest	660.9	514.2	143.4	3.3	660.9	598.1	18.9	18.4	25.5

4-4 历年解决农村人口和牲畜饮水情况

Drinking Water for Rural Population and Livestock by Year

年份 Year	累计解决的数量 Accumulated Number Access to Drinking Water 人数 /万人 Population /10^4persons	#新解决 Population with Safe Drinking Water	牲畜 /万头 Livestock /10^4head	饮水安全总人口 /万人 Total Population with Safe Drinking Water /10^4persons	#只达到基本安全人口 Population with Fairly Safe Drinking Water	新增饮水安全达标人口 /万人 Newly-increased Population with Safe Drinking Water /10^4persons
1977	3431		1701			
1978	3796		1995			
1979	4005		2096			
1980	5294		3092			
1981	5792		3390			
1982	6382		3597			
1983	6660		3991			
1984	7673		4319			
1985	8467		4609			
1986	9390		5576			
1987	10571		6213			
1988	11487		6756			
1989	12314		7303			
1990	13278		7906			
1991	14024		8355			
1992	15148		8917			
1993	15907		9377			
1994	16499		9793			
1995	17353		10360			
1996	18353		10654			
1997	19611		12220			
1998	20886		13357			
1999	21674		14557			
2000	22520		14698			
2001	23813		15509			
2002	26373		17131			
2003	28189		18214			
2004	29662	1473	19094			
2005	30355	701		61836		1104
2006				55939		2945
2007				58339	27659	4468
2008				62329	28287	5378
2009				62721	25149	7295
2010				67070	26082	6717
2011				70305	25563	6397
2012				74942	24715	7294
2013				80650		5696
2014				86230		5581
2015				92939		6709

主要统计指标解释

供水量 各种水源为用水户提供的包括输水损失在内的毛水量。

用水量 各类用水户取用的包括输水损失在内的毛水量，又称取水量。

累计解决农村饮水困难人口（或牲畜） 截至报告期，通过修建水利设施，解决了水源、改良了水质，而改善、解决饮水困难的农村人口（或牲畜）的数量。

农村饮水安全标准 农村饮用水安全卫生评价指标体系分安全和基本安全 2 个档次，由水质、水量、方便程度和保证率 4 项指标组成。4 项指标中只要有一项低于安全或基本安全最低值，就不能定为饮用水安全或基本安全。水质：符合国家《生活饮用水卫生标准》要求的为安全；符合《农村实施〈生活饮用水卫生标准〉准则》要求的为基本安全。水量：每人每天可获得的水量不低于 40～60 升为安全；不低于 20～40 升为基本安全。根据气候特点、地形、水资源条件和生活习惯，将全国分为 5 个类型区，不同地区的具体水量标准可参照附表确定。方便程度：人力取水往返时间不超过 10 分钟为安全；取水往返时间不超过 20 分钟为基本安全。保证率：供水保证率不低于 95%为安全；不低于 90%为基本安全。

农村饮水安全总人口 满足农村饮水基本安全标准的农村地区（即城市及县城关镇以外地区）年末常住人口。农村饮水包括农村居民餐饮、洗涤以及散养畜禽等日常生活用水。按照水利部、卫生部联合下发的《关于印发农村饮用水安全卫生评价指标体系的通知》的要求，农村饮水安全主要采用水质、水量、取水方便程度以及供水保证率 4 项指标进行评价，并对 5 类地区分安全饮水和基本安全饮水 2 个档次设置标准，只有当上述 4 项指标均达到饮水安全标准的人口，才算饮水安全达标人口。

农业灌溉供水量 水利工程为农田、林地、果园、牧草灌溉实际毛供水量的总和。

工业生产供水量 水利工程为工业生产的供水量。1991 年以前乡镇工业供水统计在农业供水中，从 1992 年开始统计在工业供水中。乡镇企业供水指水利工程为乡镇工业及农副产品加工实际毛供水量。

城镇生活供水量 水利工程对城镇居民生活供水量，还包括用于餐饮、服务以及市政环卫等公共服务方面的供水。生活供水主要统计各类水利工程向自来水厂或城镇居民供应的原水量，即未经任何处理的水量。

乡村生活供水量 水利工程为乡村居民生活的供水量，除乡村居民生活用水外，还包括牲畜用水。

生态环境供水量 主要指通过水利工程设施向城镇、乡村生态脆弱地区或恶化地区以及其他地区补水，以维持、控制、恢复、改善原有的生态环境状态，如为了避免湿地萎缩、维持地下水位、防止海水入侵、维持河川基流、恢复原有湖泊、保护植被等目的，以及为了维持人类居住地的生态环境需要所进行的补水。

Explanatory Notes of Main Statistical Indicators

Water supply Gross amount of water provided by all kinds of water sources, including loss during transportation.

Water use Gross amount of water used by all kinds of users, including loss during transportation.

Accumulated rural population (or livestock) with drinking water Population or number of livestock that are able to access drinking water by means of construction of water facilities, finding of water sources and improvement of water quality until the statistical date of this report.

Standard on safe drinking water in rural areas The index system for evaluating safety of drinking water in rural areas uses two creteria of safe and fairly safe, and is formed by four indices of water quality, water quantity, convenience to access water and guarantee rate. If one of the four indices cannot meet the requirement, it can not be deemed as safe or fairly safe. Water quality: safe means water quality can meet the *National Sanitary Standards for Drinking Water*; fairly safe means water quality can meet the *Implementing Rules of National Sanitary Standards for Drinking Water in Rural Areas*. Water quantity: safe means each person can get 40-60 L water per day or above; fairly safe means each person get no less than 20-40 L water per day. Five different regions are divided according to features of climate, topography, water resources conditions and living habits and customs in China, and water quantity of each region is given in the above table. Convenience to access water: safe means people can get water within 10 minutes and fairly safe means people can get water within 20 minutes. Guarantee rate: safe means it can guarantee at least 95% of water supply; fairly safe means it can guarantee at least 90% of water supply.

Total population in rural areas with safe drinking water Population of permanent residents at the end of the year in rural areas (outside of city, county and township) where drinking water can meet safety standards. Rural drinking water includes daily water use of rural residents for cooking, washing and raising livestock etc. According to the requirement of Notification of Evaluation Index System of Rural Drinking Water Safety and Sanitation issued by Ministry of Water Resources and Ministry of Health, four indices are applied for evaluating safety of drinking water, namely water quality, water quantity, convenience to access water and guarantee rate; criteria of safe and fairly safe are adopted when evaluation is made in five different regions. Only four indices are all met, it can be deemed as population with safe drinking water.

Water supply for irrigation Total water provided by waterworks for irrigation of farmland, forest, orchard and grassland.

Water supply for industrial use Water provided by waterworks for industries in urban and rural areas. Before 1991, the quantity of water supply for township industries is included in agricultural water supply, but from 1992 it is regarded as industrial water supply. Water supply for township enterprise means actual gross amount of water supply provided by waterworks for industries and processing of agricultural products and by-products in towns.

Water supply for urban domestic use It refers to water supplied to urban residents, as well as restaurants, service industry, environmental use, sanitation and other public facilities of the city. Water supply for urban domestic use equals to source water provided by all kinds of waterworks to water treatment plants or urban residents, i.e, the amount of water without any treatment.

Water supply for rural domestic use Amount of water supply for utilization of rural residents and livestock.

Water supply for eco-environment Water supply is made by engineering structures or utilities, in order to recharge the areas suffering from ecological fragile or deterioration, and sustain, control, restore and improve ecosystem and environment, such as prevention of wetlands shrinking, drop of groundwater level, seawater intrusion, sustaining of base flow of rivers, restoration of lake and vegetation, and satisfying the needs of eco-environment in the living areas of human being.

5 水土保持

Soil and Water Conservation

简 要 说 明

水土保持统计资料主要包括水土流失治理面积及其分类治理面积等。按年度、水资源一级区和地区进行分组。

1. 小流域治理统计范围是指列入县级以上（含县级）治理规划，并进行重点治理的流域面积在 5 平方千米以上的小流域。

2. 水土流失治理面积历史资料汇总 1973 年至今的数据；新增水土流失治理面积历史资料汇总 1989 年至今的数据。

3. 水土流失治理面积已与2011年水利普查数据进行了衔接。

Brief Introduction

Statistical data of soil and water conservation mainly includes recovered area from erosion and types of measures for erosion control. The data is grouped in accordance with year, Grade-Ⅰ water resources region and region.

1. The scope of statistics for small watershed under control covers those listed in the plan at and above the county level, and drainage area of small watershed that has an area of more than 5 km^2.

2. Historical data of recovered area is collected from 1973 until present, and historical data of newly-increased recovered area is from 1989 until present.

3. The data of recovered area from erosion is integrated with the First National Census for Water of 2011.

5-1 土壤侵蚀面积

Soil Erosion Area

单位：平方公里　　unit: km^2

地区	Region	水力侵蚀面积 Water Erosion Area	风力侵蚀面积 Wind Erosion Area	冻融侵蚀面积 Freeze Thaw Erosion Area
合计	**Total**	**1293246**	**1655916**	**660956**
北京	Beijing	3202		
天津	Tianjin	236		
河北	Hebei	42135	4961	
山西	Shanxi	70283	63	
内蒙古	Inner Mongolia	102398	526624	14469
辽宁	Liaoning	43988	1947	
吉林	Jilin	34744	13529	
黑龙江	Heilongjiang	73251	8687	14101
上海	Shanghai	4		
江苏	Jiangsu	3177		
浙江	Zhejiang	9907		
安徽	Anhui	13899		
福建	Fujian	12181		
江西	Jiangxi	26497		
山东	Shandong	27253		
河南	Henan	23464		
湖北	Hubei	36903		
湖南	Hunan	32288		
广东	Guangdong	21305		
广西	Guangxi	50537		
海南	Hainan	2116		
重庆	Chongqing	31363		
四川	Sichuan	114420	6622	48367
贵州	Guizhou	55269		
云南	Yunnan	109588		1306
西藏	Tibet	61602	37130	323230
陕西	Shaanxi	70807	1879	
甘肃	Gansu	76112	125075	10163
青海	Qinghai	42805	125878	155768
宁夏	Ningxia	13891	5728	
新疆	Xinjiang	87621	797793	93552

注　本表数据来源于2011年第一次全国水利普查。

Note　Figures in this table are from the First National Census of Water in 2011.

5-2 历年水土流失治理面积

Recovered Area from Soil Erosion by Year

单位：千公顷 unit: 10^3ha

年份 Year	水土流失治理面积 Recovered Area	#水平梯田 Leveled Terraced Field	坝地 Gully Dammed Field	水保林 Water Conservation Forest
1974	38423	6209	855	17796
1975	40757	7011	847	
1976	42007	7383	942	
1977	42441	7161	929	20924
1978	40435	7239	891	
1979	40606	6461	931	21273
1980	41152	6539	895	21679
1981	41647	6427	878	21647
1982	41412	6367	924	22367
1983	42405	6457	922	22829
1984	44623	7062	1050	24570
1985	46393	6982	1275	25648
1986	47909	7436	1269	26923
1987	49528	7755	1579	27889
1988	51349	7952	1438	29461
1989	52154	8209	1495	30490
1990	52971	7623	1563	31660
1991	55838	8072	1893	33381
1992	58635			

年份 Year	水土流失治理面积 Recovered Area	#小流域治理面积 Recovered Area of Small Watershed	水土流失治理面积新增合计 Total Newly-increased Recovered Area	水平梯田 Leveled Terraced Field	坝地 Gully Dammed Field	水保林 Water Conservation Forest	种草 Planted Grassland	其他 Others	水土流失治理面积减少 Reduction of Recovered Area
1993	61253								
1994	64080								
1995	66855								
1996	69321								
1997	72242								
1998	75022								
1999	77828								

5-2 续表 continued

年份 Year	水土流失治理面积 Recoverd Area	#小流域治理面积 Recoverd Area of Small Watershed	水土流失治理面积新增合计 Total Newly-increased Recovered Area	水平梯田 Leveled Terraced Field	坝地 Gully Dammed Field	水保林 Water Conservation Forest	种草 Planted Grassland	其他 Others	水土流失治理面积减少 Reduction of Recovered Area
2000	80961	28473	4728						1595
2001	81539	30385	4888						4309
2002	85410	34255	5056						1186
2003	89714	35628	5538						1234
2004	92004	36040	4445						2156
2005	94654	37059	4198						1102
2006	97491	37915	3969						1543
2007	99871	38731	3916	311	58	1497	537	1513	1471
2008	101587	39189	3867	275	41	1474	492	1584	2666
2009	104545	41139	4318	412	38	1647	470	1751	1373
2010	106800	41602	4015	401	42	1500	409	1663	1737
2011	109664	41425	4008	437	46	1565	388	1572	1306
2012	102953	41131	4372	524	27	1564	406	1851	1452

年份 Year	水土流失治理面积 Recovered Area	#小流域治理面积 Recovered Area of Small Watershed	水土流失治理面积新增合计 Total Newly-increased Recovered Area	基本农田 Prime Farmland: 水平梯田 Leveled Terraced Field	基本农田 Prime Farmland: 坝地 Gully Dammed Field	基本农田 Prime Farmland: 其他 Others	水保林 Water Conservation Forest	经济林 Economic Forest	种草 Planted Grassland	封禁治理 Blockading Administration	其他 Others
2013	106892	34248	5271	553	16	157	1411	568	340	1681	544
2014	111609	35813	5497	473	30	126	1507	567	361	1898	532
2015	115578	37883	5385	483	13	93	1408	556	323	1855	652
2016	120412	39738	5620	456	16	103	1690	643	423	1559	731
2017	125839	40847	5899	418	8		1521	628	426	1922	975

5-3 2017年水土流失治理面积（按地区分）

Recovered Area from Soil Erosion in 2017 (by Region)

单位：千公顷 unit: 10^3ha

地区	Region	水土流失治理面积 Recovered Area	#小流域治理面积 Recovered Area of Small Watershed	水土流失治理面积新增合计 Total Newly-increased Recovered Area	基本农田 Prime Farmland		水保林 Water Conservation Forest	经济林 Economic Forest	种草 Planted Grassland	封禁治理 Blockading Administration	其他 Others
					水平梯田 Leveled Terraced Field	坝地 Gully Dammed Field					
合 计	**Total**	**125838.9**	**40846.8**	**5898.8**	**418.3**	**8.2**	**1521.1**	**628.2**	**426.2**	**1922.1**	**974.8**
北 京	Beijing	777.6	763.5	34.9	0.5			0.1		34.2	0.1
天 津	Tianjin	99.3	49.7	0.4							0.4
河 北	Hebei	5379.2	2887.8	207.8	9.4	2.1	80.1	31.3	3.0	65.0	17.0
山 西	Shanxi	6484.8	680.6	358.5	18.4	0.5	177.2	31.6	8.8	108.1	13.9
内蒙古	Inner Mongolia	13551.1	3225.1	621.2	18.6	0.1	208.4	10.4	75.6	308.1	
辽 宁	Liaoning	5217.8	2473.6	209.0	8.6	1.2	48.0	24.5	5.3	43.2	78.3
吉 林	Jilin	2180.7	194.7	193.6	1.0		41.1	9.7	3.7	42.3	95.8
黑龙江	Heilongjiang	4477.3	1154.9	343.3	5.8		51.4	5.4	15.6	28.1	237.0
上 海	Shanghai										
江 苏	Jiangsu	918.8	323.2	10.9	3.2		2.1	1.1	0.4	0.2	3.9
浙 江	Zhejiang	3721.1	678.6	21.2	1.3		4.2	2.3	0.4	4.9	8.2
安 徽	Anhui	1940.3	782.1	48.3	2.2	0.2	4.9	4.9	1.2	27.7	7.3
福 建	Fujian	3651.7	804.5	83.2	3.2		2.8	0.2	0.1	75.7	1.2
江 西	Jiangxi	5787.3	1292.7	112.4	2.0		28.6	17.2	1.3	59.2	4.2
山 东	Shandong	4005.4	1596.3	127.8	26.9		25.3	23.7	1.0	33.2	17.9
河 南	Henan	3673.0	2135.1	88.2	7.8	0.1	16.9	12.8	0.3	47.7	2.7
湖 北	Hubei	5963.5	1914.4	132.9	27.9		29.4	21.5	2.8	42.4	8.9
湖 南	Hunan	3592.2	985.1	158.4	10.4		36.3	28.0	1.2	60.1	22.4
广 东	Guangdong	1638.7	179.1	102.5	0.1		28.3	3.7	1.6	31.7	37.0
广 西	Guangxi	2463.8	543.2	178.9	4.7		44.5	37.6	3.1	73.1	15.9
海 南	Hainan	108.4	86.5	12.3	0.1			0.2		5.1	7.0
重 庆	Chongqing	3397.4	1621.7	165.1	12.0		24.6	38.8	0.1	38.1	51.5
四 川	Sichuan	9457.0	4666.4	476.6	63.8	0.6	58.6	82.6	58.7	117.6	94.8
贵 州	Guizhou	6814.6	3024.9	258.2	20.7	0.4	49.0	47.1	9.9	82.9	48.2
云 南	Yunnan	9004.4	2031.7	477.6	38.6	1.0	79.1	94.4	34.3	156.5	73.6
西 藏	Tibet	419.1	100.8	95.8			4.5	0.1	6.0	85.2	0.1
陕 西	Shaanxi	7765.0	2950.8	280.4	33.0	1.1	61.5	23.4	4.6	154.6	2.3
甘 肃	Gansu	8580.5	2393.7	720.2	76.3		231.2	38.5	91.4	165.4	117.4
青 海	Qinghai	1134.1	413.9	130.7	2.8		42.2	1.4	68.3	13.8	2.3
宁 夏	Ningxia	2214.8	671.9	83.3	19.2	0.1	34.8	9.2	14.4	4.4	1.2
新 疆	Xinjiang	1420.2	220.3	165.0		0.9	106.3	26.6	13.1	13.7	4.6

5-4　2017 年水土流失治理面积（按水资源分区分）

Recovered Area from Soil Erosion in 2017 (by Water Resources Sub-region)

单位：千公顷　　　　unit: 10^3ha

水资源一级区	Grade-I Water Resources Sub-region	水土流失治理面积 Recovered Area	#小流域治理面积 Recovered Area of Small Watershed	水土流失治理面积新增合计 Total Newly-increased Recovered Area	基本农田 Prime Farmland 水平梯田 Leveled Terraced Field	坝地 Gully Dammed Field	水保林 Water Conservation Forest	经济林 Economic Forest	种草 Planted Grassland	封禁治理 Blockading Administration	其他 Others
合　计	**Total**	**125838.94**	**40846.80**	**5898.83**	**418.34**	**8.21**	**1521.08**	**628.15**	**426.15**	**1922.13**	**974.77**
松花江区	Songhua River	8885.65	1704.00	617.92	11.15		136.79	18.48	35.68	87.41	328.41
辽河区	Liaohe River	8877.05	3445.76	388.06	19.39	1.18	93.12	26.88	29.60	135.79	82.10
海河区	Haihe River	10069.11	4651.16	429.73	14.48	2.38	153.52	44.29	7.11	176.22	31.73
黄河区	Yellow River	24917.87	7225.55	1310.20	139.53	1.66	471.82	77.90	180.20	390.43	48.66
淮河区	Huaihe River	5958.19	2638.08	163.77	30.25	0.01	27.26	24.22	1.29	62.72	18.02
长江区	Yangtze River	42743.37	16409.56	1601.32	162.08	1.12	321.77	263.19	79.20	520.27	253.69
东南诸河区	Rivers in Southeast	7169.74	1437.27	104.02	4.44		6.85	2.43	0.52	80.39	9.39
珠江区	Pearl River	7768.33	1800.87	440.03	18.96	0.29	96.21	61.63	10.55	162.15	90.24
西南诸河区	Rivers in Southwest	4521.33	827.20	341.86	17.91	0.69	39.08	67.85	25.10	162.57	28.66
西北诸河区	Rivers in Northwest	4928.30	707.35	501.92	0.15	0.88	174.66	41.28	56.90	144.18	83.87

5-5 2017 年水土流失治理面积（按水资源分区和地区分）

Recovered Area from Soil Erosion in 2017 (by Water Resources Sub-region and Region)

单位：千公顷 unit: 10^3ha

地区	Region	水土流失治理面积 Recovered Area	#小流域治理面积 Recovered Area of Small Watershed	水土流失治理面积新增合计 Total Newly-increased Recovered Area	基本农田 Prime Farmland 水平梯田 Leveled Terraced Field	基本农田 Prime Farmland 坝地 Gully Dammed Field	水保林 Water Conservation Forest	经济林 Economic Forest	种草 Planted Grassland	封禁治理 Blockading Administration	其他 Others
松花江区	**Songhua River**	**8885.65**	**1704.00**	**617.92**	**11.15**		**136.79**	**18.48**	**35.68**	**87.41**	**328.41**
内蒙古	Inner Mongolia	2394.62	356.25	99.46	4.40		46.09	3.76	17.90	27.31	
吉　林	Jilin	2013.72	192.86	175.15	0.97		39.30	9.30	2.14	31.98	91.46
黑龙江	Heilongjiang	4477.31	1154.89	343.31	5.78		51.40	5.42	15.64	28.12	236.95
辽河区	**Liaohe River**	**8877.05**	**3445.76**	**388.06**	**19.39**	**1.18**	**93.12**	**26.88**	**29.60**	**135.79**	**82.10**
内蒙古	Inner Mongolia	3625.03	996.06	166.41	11.32		44.40	3.33	22.75	84.61	
辽　宁	Liaoning	5085.04	2447.90	203.20	8.07	1.18	46.92	23.15	5.30	40.85	77.73
吉　林	Jilin	166.98	1.80	18.45			1.80	0.40	1.55	10.33	4.37
海河区	**Haihe River**	**10069.11**	**4651.16**	**429.73**	**14.48**	**2.38**	**153.52**	**44.29**	**7.11**	**176.22**	**31.73**
北　京	Beijing	777.63	763.53	34.90	0.48			0.09		34.20	0.13
天　津	Tianjin	99.25	49.65	0.41	0.01		0.01				0.39
河　北	Hebei	5379.15	2887.84	207.76	9.42	2.10	80.06	31.25	3.01	64.97	16.95
山　西	Shanxi	2280.73	308.52	124.70	3.59	0.27	65.67	8.27	3.40	37.51	5.99
内蒙古	Inner Mongolia	688.02	353.00	30.66			0.87		0.66	29.13	
辽　宁	Liaoning	132.80	25.66	5.80	0.53		1.06	1.33		2.30	0.58
山　东	Shandong	347.39	61.43	12.88	0.10		3.70	1.95	0.03	0.10	7.00
河　南	Henan	364.14	201.53	12.62	0.35	0.01	2.15	1.40	0.01	8.01	0.69
黄河区	**Yellow River**	**24917.87**	**7225.55**	**1310.20**	**139.53**	**1.66**	**471.82**	**77.90**	**180.20**	**390.43**	**48.66**
山　西	Shanxi	4204.06	372.04	233.79	14.83	0.25	111.50	23.34	5.41	70.58	7.88
内蒙古	Inner Mongolia	4879.19	1085.25	237.03	2.75	0.09	84.06	1.20	29.46	119.47	
山　东	Shandong	317.64	159.33	9.98	0.99		2.68	2.05		4.09	0.17
河　南	Henan	1005.22	522.98	25.62	3.82	0.10	6.31	5.81	0.26	9.05	0.27
四　川	Sichuan	85.07	20.20	8.98					8.51	0.27	0.20
陕　西	Shaanxi	5279.31	1856.36	183.53	22.26	1.12	42.69	11.58	4.60	99.44	1.84
甘　肃	Gansu	6114.52	2150.61	418.76	72.91		157.84	23.94	59.88	69.41	34.78
青　海	Qinghai	818.02	386.89	109.21	2.76		31.95	0.77	57.67	13.76	2.30
宁　夏	Ningxia	2214.84	671.89	83.30	19.21	0.10	34.79	9.21	14.41	4.36	1.22
淮河区	**Huaihe River**	**5958.19**	**2638.08**	**163.77**	**30.25**	**0.01**	**27.26**	**24.22**	**1.29**	**62.72**	**18.02**
江　苏	Jiangsu	483.45	145.43	4.02	0.50		0.30	0.20	0.30	0.20	2.52
安　徽	Anhui	517.52	197.57	12.70	1.11		0.67	0.26	0.05	7.38	3.23
山　东	Shandong	3340.40	1375.57	104.98	25.80		18.91	19.65	0.93	28.97	10.72
河　南	Henan	1616.82	919.51	42.07	2.84	0.01	7.38	4.11	0.01	26.17	1.55

5-5 续表 continued

地区	Region	水土流失治理面积 Recovered Area	#小流域治理面积 Recovered Area of Small Watershed	水土流失治理面积新增合计 Total Newly-increased Recovered Area	基本农田 Prime Farmland 水平梯田 Leveled Terraced Field	基本农田 Prime Farmland 坝地 Gully Dammed Field	水保林 Water Conservation Forest	经济林 Economic Forest	种草 Planted Grassland	封禁治理 Blockading Administration	其他 Others
长江区	**Yangtze River**	**42743.37**	**16409.56**	**1601.32**	**162.08**	**1.12**	**321.77**	**263.19**	**79.20**	**520.27**	**253.69**
上　海	Shanghai										
江　苏	Jiangsu	435.36	177.78	6.90	2.70		1.80	0.90	0.10		1.40
浙　江	Zhejiang	203.01	45.79	0.40			0.08	0.12	0.02	0.16	0.02
安　徽	Anhui	1422.81	584.52	35.62	1.10	0.18	4.25	4.63	1.10	20.34	4.02
江　西	Jiangxi	5787.30	1292.73	112.40	1.97		28.57	17.22	1.26	59.21	4.17
河　南	Henan	686.77	491.10	7.87	0.77		1.03	1.44		4.49	0.14
湖　北	Hubei	5963.49	1914.40	132.91	27.93	0.01	29.44	21.45	2.83	42.38	8.87
湖　南	Hunan	3535.96	967.56	155.19	9.88		34.99	27.60	1.23	59.06	22.43
广　西	Guangxi	95.63	51.18	6.95			0.39	0.30		6.26	
重　庆	Chongqing	3397.39	1621.73	165.13	12.03		24.56	38.76	0.13	38.12	51.53
四　川	Sichuan	9371.89	4646.20	467.65	63.77	0.57	58.60	82.62	50.16	117.37	94.56
贵　州	Guizhou	4731.54	2221.93	193.10	18.90	0.10	39.07	35.54	7.59	53.97	37.93
云　南	Yunnan	3416.91	1085.49	147.67	8.94	0.26	32.05	18.67	12.21	50.68	24.86
陕　西	Shaanxi	2485.71	1094.44	96.88	10.69		18.81	11.77		55.17	0.44
甘　肃	Gansu	1124.39	208.07	70.10	3.40		46.83	2.00	1.49	13.06	3.32
青　海	Qinghai	85.21	6.64	2.55			1.30	0.17	1.08		
东南诸河区	**Rivers in Southeast**	**7169.74**	**1437.27**	**104.02**	**4.44**		**6.85**	**2.43**	**0.52**	**80.39**	**9.39**
浙　江	Zhejiang	3518.05	632.79	20.81	1.25		4.10	2.19	0.41	4.71	8.15
安　徽	Anhui										
福　建	Fujian	3651.69	804.48	83.21	3.19		2.75	0.24	0.11	75.68	1.24
珠江区	**Pearl River**	**7768.33**	**1800.87**	**440.03**	**18.96**	**0.29**	**96.21**	**61.63**	**10.55**	**162.15**	**90.24**
湖　南	Hunan	56.23	17.55	3.23	0.50		1.28	0.41		1.04	
广　东	Guangdong	1638.70	179.12	102.53	0.12		28.34	3.68	1.61	31.74	37.04
广　西	Guangxi	2368.13	492.04	171.92	4.71		44.10	37.32	3.05	66.88	15.86
海　南	Hainan	108.42	86.53	12.29	0.07		0.01	0.18		5.08	6.95
贵　州	Guizhou	2083.08	802.96	65.06	1.80	0.29	9.93	11.51	2.31	28.96	10.26
云　南	Yunnan	1513.77	222.67	85.00	11.76		12.55	8.53	3.58	28.45	20.13
西南诸河区	**Rivers in Southwest**	**4521.33**	**827.20**	**341.86**	**17.91**	**0.69**	**39.08**	**67.85**	**25.10**	**162.57**	**28.66**
云　南	Yunnan	4073.70	723.58	244.92	17.91	0.69	34.54	67.24	18.52	77.41	28.61
西　藏	Tibet	419.11	100.81	95.84			4.54	0.11	5.98	85.16	0.05
青　海	Qinghai	28.52	2.81	1.10				0.50	0.60		
西北诸河区	**Rivers in Northwest**	**4928.30**	**707.35**	**501.92**	**0.15**	**0.88**	**174.66**	**41.28**	**56.90**	**144.18**	**83.87**
内蒙古	Inner Mongolia	1964.19	434.55	87.68	0.15		32.94	2.13	4.87	47.59	
甘　肃	Gansu	1341.58	35.00	231.35			26.50	12.58	30.01	82.94	79.32
青　海	Qinghai	202.31	17.54	17.86			8.90		8.96		
新　疆	Xinjiang	1420.22	220.26	165.03		0.88	106.32	26.57	13.06	13.65	4.55

5-6 历年开发建设项目水土保持方案

Soil and Water Conservation Plan of Development and Construction Project by Year

年份 Year	水土保持方案审批数量 /项 Approved Soil and Water Conservation Plan /unit	水土保持方案总投资 /万元 Total Investment of Soil and Water Conservation Plan /10^4 yuan	减少新增人为水土流失面积 /千公顷 Responsible Area of Erosion Control /10^3 ha	减少土壤流失量 /万吨 Reduction of Soil Loss /10^4 t	水土保持设施验收数量 /个 Accepted Soil Conservation Facilities /unit
2005	22517	2076362	901	151076	6259
2006	26783	2882328	784	192992	5023
2007	21720	3518973	899	121317	4332
2008①	27389	3505679	789	117368	5648
2009①	22194	5645749	1609		
2010	24832	10102652	1304	113742	5205
2011	26296	14948872	1103		4842
2012	27858	14290605	1409	16438	5568
2013	30506	16280210	1250		6432
2014	30319		928		5646
2015	28809	14900062	3455	1816583	5739
2016	29157		1159		6744
2017	32257		1099		7632

① 2008 年、2009 年数据未统计上海地区。

① The data of Shanghai is not included in 2008 and 2009.

5-7 2017年全国生产建设项目水土保持方案（按地区分）

Soil and Water Conservation Plan of Development and Construction Project in 2017(by Region)

地区	Region	生产建设项目水土保持方案审批数量/个 Approved Soil and Water Conservation Plan /unit	减少新增人为水土流失面积/公顷 Responsible Area of Erosion Control /ha	设计拦挡弃土弃渣/万立方米 Spoil Disposal /10^4m^3	水土保持设施验收数量/个 Accepted Soil Conservation Facilities /unit
合　计	**Total**	**32257**	**1098506**	**598799**	**7632**
北　京	Beijing	886	25594	3228	110
天　津	Tianjin	35	1144	190	15
河　北	Hebei	481	26780	23026	271
山　西	Shanxi	337	50823	35533	126
内蒙古	Inner Mongolia	623	85533	63212	621
辽　宁	Liaoning	419	9349	2429	67
吉　林	Jilin	437	14876	8502	76
黑龙江	Heilongjiang	142	11567	4180	20
上　海	Shanghai	3	50	4	1
江　苏	Jiangsu	412	4421	3899	31
浙　江	Zhejiang	3274	45005	24087	781
安　徽	Anhui	415	23296	19063	133
福　建	Fujian	1196	34913	19909	271
江　西	Jiangxi	1227	40272	13859	273
山　东	Shandong	2017	39275	12213	170
河　南	Henan	431	51251	19472	55
湖　北	Hubei	1282	47844	19173	171
湖　南	Hunan	1929	33789	11137	252
广　东	Guangdong	2315	65673	23148	1077
广　西	Guangxi	1684	51838	20791	158
海　南	Hainan	532	9839	512	185
重　庆	Chongqing	983	14840	4831	154
四　川	Sichuan	3473	51116	35139	1247
贵　州	Guizhou	1916	49024	38649	271
云　南	Yunnan	2250	87151	60409	632
西　藏	Tibet	1037	42169	21018	
陕　西	Shaanxi	585	28754	23088	64
甘　肃	Gansu	794	32764	10804	127
青　海	Qinghai	106	22693	10448	59
宁　夏	Ningxia	165	18445	20698	62
新　疆	Xinjiang	871	78417	46149	152

主要统计指标解释

水土流失 是由于水力、重力、风力等外力引起的水土资源和土地生产力遭到破坏和损失的现象。造成水土流失的原因可分为自然原因和人类活动原因两类。遭到水土流失侵害和损失的农用地面积称水土流失面积。

水土流失治理面积（又称水土保持面积） 指在山丘地区水土流失面积上，按照综合治理的原则，采取各种治理措施，如：水平梯土（田）、淤地坝、谷坊、造林种草、封山育林育草等治理的水土流失面积总和。

水平梯田 指在坡地上沿等高线修建的、断面呈阶梯状的田块。（注：在我国南方，旱作梯田称梯地或梯土，种植水稻的称梯田。）

坝地 在沟道拦蓄工程上游因泥沙淤积形成的地面较平整的可耕作土地。

水保林 以防治水土流失为主要功能的人工林和天然林。根据其功能的不同，可分为坡面防护林、沟头防护林、沟底防护林、塬边防护林、护岸林、水库防护林、防风固沙林、海岸防护林等。

种草 在水土流失地区，为蓄水保土，改良土壤，发展畜牧，美化环境，促进畜牧业发展而进行的草本植物培育活动。

小流域治理面积 是以小流域为单元，根据流域内的自然条件，按照土壤侵蚀的类型特点和农业区划方向，在全面规划的基础上，合理安排农、林、牧、副各业用地，布置水土保持农业技术措施，林草措施与工程措施，相互协调、相互促进形成综合的水土流失防治体系。凡列入县级以上治理规划，并进行重点治理的，流域面积大于5平方千米小于50平方千米的小流域治理面积均进行统计。

Explanatory Notes of Main Statistical Indicators

Soil erosion Damage or losses to water and land resources and its productivity due to external forces, such as water power, gravity and wind etc. Soil erosion is usually caused by two factors: natural and human activities. Eroded area refers to damaged or lost cultivated land as a result of soil erosion.

Recovered area from soil erosion (also named soil and water conservation area) Total area recovered from erosion in mountainous or hilly areas, with comprehensive control measures, including terraced fields, silt retention dam, check dam, reforestation, grass plantation, ban of wood cutting and grazing, under the principle of integrated management.

Leveled Terraced field Cultivated land with a cascade section built along the contour lines on slope land. (Note: In southern part of China, dry terraces are called land terraces or earth terraces, and paddy terraces are called terraced fields.)

Gully dammed field Relatively leveled cultivated land created by upstream silt arrested by silt retention dam in the gully.

Water conservation forest It refers to artificial and nature forests mainly for control of soil and water loss. According to its functions, it is grouped into protection forests for slope, gully head, gully bottom, plateau edge, bank, reservoir, wind and sand and sea coast.

Planted grassland Activities of planting and cultivating grass in eroded area, for the purposes of conserving soil and water, soil improvement, pasture development, environment beatification and conservation in animal husbandry.

Improved area of small watershed It refers to the area covered by a comprehensive erosion control system that integrates agricultural technology, forest-grass and structural measures, and makes an appropriate arrangement of land use for agricultural, forestry, husbandry and agricultural by-product production, by taking small watershed as an unit and based on natural condition, type and feature of soil erosion, agricultural zoning, under the guidance of overall planning. If a watershed is in the list of management plan at and above the county level as major project, all of the area larger than 5 km^2 and smaller than 50 km^2 should be included in the statistics.

6 水利建设投资

Investments in Water Development

简要说明

水利建设投资统计资料主要包括水利固定资产投资、项目、完成、工程量情况以及工程能力和效益等。

本部分资料主要按地区分组。历史资料汇总1949年至今的数据。

由于水利建设投资统计报表制度调整，2016年地方政府分来源统计数据有变化。

Brief Introduction

Statistical data of investments for water project construction mainly includes investment of fixed asset, number of projects, completion of investment, completed civil works, capacity and benefits of projects etc.

The data is divided into groups based on river basin and region. Historical data is collected from 1949 until present.

Because the Statistical System of Investment in Water Construction was adjusted, the data of Local Government Funding for Water Project Construction by Financial Resources were adjusted.

6-1 主 要 指 标

Key Indicators

单位：亿元 unit: 10^8 yuan

指标名称	Item	2004	2005	2006	2007	2008
中央水利建设计划投资	Investment Plan of Central Government in Water Projects	278.8	271.6	298.7	308.8	625.4
水利建设投资完成额	Completed Investment for Water Project Construction	783.5	746.8	793.8	944.9	1088.2
按投资来源分：	Divided by Sources:					
（1）国家预算内拨款	National Budget Allocation	125.9	133.1	193.2	270.0	390.4
（2）国家预算内专项	Special Funds from National Budget	192.2	179.4	184.7	195.7	160.5
（3）国内贷款	Domestic Loan	102.6	94.2	80.7	83.4	96.9
（4）利用外资	Foreign Investment	12.2	19.3	14.3	9.5	10.5
（5）自筹资金	Self-Raising Funds	296.3	242.2	212.3	219.9	235.4
（6）水利建设基金	Water Project Construction Funds	28.8	30.3	36.1	67.8	60.5
（7）其他投资	Other Investment	25.5	48.5	72.5	98.6	134.1
按投资用途分：	Based on Investment Purposes:					
（1）防洪工程	Flood Control Projects	366.9	292.8	288.1	318.5	370.0
（2）水资源工程	Water Resources Projects	218.3	223.1	317.7	405.1	467.8
（3）水土保持及生态建设	Soil and Water Conservation and Ecological Restoration Projects	58.7	39.2	42.2	60.3	76.9
（4）水电工程	Hydropower Development	71.5	65.5	57.3	66.5	77.4
（5）行业能力建设	Capacity Building	17.5	32.7	20.2	8.9	10.6
（6）其他	Others	50.5	93.6	68.3	85.6	85.5

注 1. 从2003年开始，中央水利建设计划投资包括南水北调当年投资。
2. 2007年中央水利建设计划投资不包括当年中央财政转移支付地方水利专项资金32亿元和小型农田水利建设中央财政专项补助资金10亿元。
3. 2008年中央水利建设计划投资不包括当年小型农田水利建设中央财政专项补助资金30亿元。

Note 1. Investment plans of central government for water project construction since 2003 include those for South-North Water Diversion Project.
2. In 2007, investment plans of central government for water project construction exclude 3.2 billion yuan of Central Government funds transferred to special funds of local governments and 1 billion yuan of special funds to small on-farm irrigation and drainage works from the Central Government Finance.
3. In 2008, investment plans of central government for water project construction exclude 3 billion yuan of special funds to small on-farm irrigation and drainage works from the Central Government Finance.

6-1 续表 continued

指标名称	Item	2009	2010	2011	2012	2013	2014	2015	2016	2017
中央水利建设计划投资	Investment Plan of Central Government for Water Projects	637.0	984.1	1140.7	1623.0	1408.3	1627.1	1685.2	1415.9	1558.6
水利建设投资完成额	Completed Investment for Water Project Construction	1894.0	2319.9	3086.0	3964.2	3757.6	4083.1	5452.2	6099.6	7132.4
按投资来源分：	Divided by Sources:									
（1）中央政府投资	Central Government		960.5	1435.4	2033.2	1729.8	1648.5	2231.2	1679.2	1757.1
（2）地方政府投资	Local Government		918.8	1223.7	1464.5	1542.0	1862.5	2554.6	2898.2	3578.2
（3）国内贷款	Domestic Loan		337.4	270.3	265.6	172.7	299.6	338.6	879.6	925.8
（4）利用外资	Foreign Investment		1.3	4.4	4.1	8.6	4.3	7.6	7.0	8.0
（5）企业和私人投资	Company and Private Investment		48.0	74.9	113.4	160.7	89.9	187.9	424.7	600.8
（6）债券	Bonds		2.5	3.9	5.2	1.7	1.7	0.4	3.8	26.5
（7）其他投资	Others		51.4	73.4	78.3	142.1	176.5	131.7	207.1	235.9
按投资用途分：	Divided by Investment Purposes:									
（1）防洪工程	Flood Control	674.8	684.6	1018.3	1426.0	1335.8	1522.6	1930.3	2077.0	2438.9
（2）水资源工程	Water Resources	866.0	1070.5	1284.1	1911.6	1733.1	1852.2	2708.3	2585.2	2704.9
（3）水土保持及生态建设	Soil and Water Conservation and Ecological Restoration	86.7	85.9	95.4	118.1	102.9	141.3	192.9	403.7	682.6
（4）水电工程	Hydropower Development	72.0	105.4	109.0	117.2	164.4	216.9	152.1	166.6	145.8
（5）行业能力建设	Capacity Building		19.6	40.2	59.6	52.5	40.9	29.2	56.9	31.5
（6）前期工作	Early-stage Work		24.9	42.0	40.7	40.7	65.1	101.9	174.0	181.2
（7）其他	Others		329.0	496.9	291.1	328.2	244.2	337.5	636.2	947.5

6-2 历年水利建设施工和投产项目个数

Number of Water Projects Under-construction and Put-into-operation by Year

单位：个　　　　unit: unit

年份 Year	施工项目 Under-construction	#新开工项目 Newly-started Project	部分投产项目 Partially Put-into-operation	全部投产项目 Fully Put-into-operation
1990	1987	799		652
1991	2001	804		585
1992	2253	978		684
1993	2268	963		694
1994	2300	931		678
1995	2286	931		571
1996	2146	920		635
1997	2320	1091		753
1998	2932	1699		696
1999	2632	1033		722
2000	3456	1901		1106
2001	3344	1792	397	825
2002	4203	2171	827	1103
2003	5196	2834	1305	1376
2004	4307	1816	1313	1249
2005	4855	2095	1709	1407
2006	4614	2158	1596	1422
2007	4852	2203	1428	1584
2008	7529	4418	1380	2683
2009	10715	5992	1025	5499
2010	10704	5811	979	6346
2011	14623	10281	715	7968
2012	20501	13364	708	10282
2013	20266	12199		9016
2014	21630	13518		9612
2015	25184	16702		13816
2016	26331	18410		14781
2017	26698	19724		14615

注　1. 1990—2000 年以及 2014—2015 年未细分当年部分投产与全部投产，均为“全部投产项目”。
2. 本表只包括当年正式施工的水利工程设施项目和机构能力建设项目，不包括建设投资计划安排的水利前期、规划及专题研究等项目。

Note　1. The number of projects putting into operation is used for the data of 1989-2000 and 2014-2015, which is not separated into groups of partially-operated and fully-operated.
2. This table only includes water project under construction and capacity building, excluding projects conducted in the early stage such as feasibility studies, planning and special-subject studies.

6-3 2017年水利建设施工和投产项目个数（按地区分）

Number of Water Projects Under-construction and Put-into-operation in 2017 (by Region)

单位：个 unit: unit

地区	Region	施工项目 Under-construction	#新开工项目 Newly-started Project	全部投产项目 Fully Put-into-operation
合 计	**Total**	**26698**	**19724**	**14615**
北 京	Beijing	212	81	10
天 津	Tianjin	139	87	91
河 北	Hebei	817	611	346
山 西	Shanxi	574	408	331
内蒙古	Inner Mongolia	550	308	300
辽 宁	Liaoning	726	586	515
吉 林	Jilin	618	493	330
黑龙江	Heilongjiang	305	292	142
上 海	Shanghai	584	393	295
江 苏	Jiangsu	1161	826	659
浙 江	Zhejiang	1315	762	399
安 徽	Anhui	830	494	224
福 建	Fujian	1341	938	582
江 西	Jiangxi	1675	1472	1104
山 东	Shandong	465	319	341
河 南	Henan	348	248	139
湖 北	Hubei	732	654	394
湖 南	Hunan	1755	1635	1108
广 东	Guangdong	1550	649	560
广 西	Guangxi	1002	864	464
海 南	Hainan	284	202	94
重 庆	Chongqing	717	497	436
四 川	Sichuan	1306	1074	847
贵 州	Guizhou	1068	851	599
云 南	Yunnan	2231	1595	1196
西 藏	Tibet	332	180	211
陕 西	Shaanxi	1300	1006	1045
甘 肃	Gansu	696	498	409
青 海	Qinghai	485	378	311
宁 夏	Ningxia	313	242	117
新 疆	Xinjiang	1267	1081	1016

注 本表只包括当年正式施工的水利工程设施项目和机构能力建设项目，不包括建设投资计划安排的水利前期、规划及专题研究等项目。

Note This table only includes water projects under construction and capacity building, excluding work conducted in the early stage of the project such as feasibility studies, planning and special-subject studies.

6-4 历年水利建设投资规模和进展

Investment and Progress of Water Project Construction by Year

单位：万元 unit: 10^4 yuan

年份 Year	在建项目实际需要总投资 Total Needed Investment of Projects Under-construction	累计完成投资 Accumulation of Completed Investment	累计新增固定资产 Accumulation of Newly-increased Fixed Assets	#当年新增 Newly-increased of the Present Year	未完工程累计完成投资 Completed Investment of Uncompleted Project
2005	59195516	31451336	20427098	5741035	11016751
2006	61205439	32795254	22999308	5414850	9794480
2007	57498856	33186759	22947692	7255913	10236968
2008	66787193	38436646	25225183	8451275	13211463
2009	78208336	46208244	31295254	15546720	14912990
2010	99662055	56693583	38715221	18497877	17978362
2011	117692905	68877470	42433768	19512353	
2012	137031324	89059580	57753110	27566037	
2013	153460025	101423176	55770917	27804200	
2014	199517592	119504637	70210221	33433685	
2015	225806790	145906522	89799183	43734768	
2016	235892045	141743152	91157375	40466678	
2017	280672156	160775624	89253271	41874677	

注　本表只包括当年正式施工的水利工程设施项目和机构能力项目。

Note　The data only includes projects of water infrastructures and capacity building formally initiated in the present year.

6-5 2017年水利建设投资规模和进展（按地区分）

Investment and Progress of Water Project Construction in 2017 (by Region)

单位：万元　　unit: 10^4 yuan

地区	Region	在建项目实际需要总投资 Total Needed Investment of Project under Construction	累计完成投资 Accumulation of Completed Investment	累计新增固定资产 Accumulation of Newly-increased Fixed Assets	#当年新增 Newly-increased of the Present Year
合　计	**Total**	**280672156**	**160775624**	**89253271**	**41874677**
北　京	Beijing	9111529	5756703	858525	326882
天　津	Tianjin	1023194	745312	317683	317683
河　北	Hebei	10045963	7752075	4696907	1276154
山　西	Shanxi	6291553	4353073	2160593	649363
内蒙古	Inner Mongolia	8687104	4129762	1864636	1228268
辽　宁	Liaoning	6802774	5186958	4273328	635536
吉　林	Jilin	3621490	2333688	772675	339731
黑龙江	Heilongjiang	4268732	3798248	204693	161162
上　海	Shanghai	7159268	4992065	2492389	1698743
江　苏	Jiangsu	12772010	8083767	7231838	4010174
浙　江	Zhejiang	30763257	16379235	7308263	2639048
安　徽	Anhui	15670036	6209795	3156074	1763326
福　建	Fujian	27270545	8926508	4183469	1798280
江　西	Jiangxi	3904628	2961474	1344231	850665
山　东	Shandong	6784643	5785704	2020004	829842
河　南	Henan	8048424	6405452	3526949	2406999
湖　北	Hubei	5784222	3256221	1509722	944143
湖　南	Hunan	4257994	3407883	2459812	2026248
广　东	Guangdong	14416227	9133572	4173056	1060311
广　西	Guangxi	5771127	3413122	2768869	1448401
海　南	Hainan	1574585	1153548	320434	157602
重　庆	Chongqing	6642258	4607809	2378040	1468083
四　川	Sichuan	7421253	4814220	3449457	1365027
贵　州	Guizhou	8978683	5173183	3334281	1742121
云　南	Yunnan	22468687	8874781	6318831	2984682
西　藏	Tibet	1305367	994001	630234	232694
陕　西	Shaanxi	11099073	6232368	4546766	2016372
甘　肃	Gansu	5967487	4044467	2690776	959710
青　海	Qinghai	2779422	1499433	935204	424539
宁　夏	Ningxia	2052355	1583673	1199217	552776
新　疆	Xinjiang	17928265	8787523	6126315	3560112

注　本表只包括当年正式施工的水利工程设施项目和机构能力项目。

Note　The data only includes projects of water infrastructures and capacity building formally initiated in the present year.

6-6 历年水利建设投资完成额
Completed Investment for Water Project Construction by Year

单位：万元　　　　unit: 10^4 yuan

年份 Year	完成投资合计 Total Completed Investment	中央投资 Central Government Investment	其他投资 Others
1954	23100		
1955	35800		
1956	74200		
1957	75900		
1958	213266		
1959	245190		
1960	333941		
1961	96041		
1962	77990		
1963	86760		
1964	100800		
1965	101600		
1966	161400		
1967	145800		
1968	88100		
1969	135700		
1970	170400		
1971	210000		
1972	227900		
1973	240900		
1974	236700		
1975	260600		
1976	291400		
1977	286600		
1978	353300		
1979	370400		
1980	270700		
1981	135700		
1982	174737		
1983	211296		
1984	206828		
1985	201580		
1986	228702		
1987	271012		
1988	306454		
1989	355508		
1990	487203		
1991	648677		
1992	971670		
1993	1249260		
1994	1687353		
1995	2063156		
1996	2385240		
1997	3154061		
1998	4676865		
1999	4991476		
2000	6129331	2954199	3175132
2001	5607065	2757822	2849243
2002	8192153	4149894	4042259
2003	7434176	3124746	4309430
2004	7835450	2925784	4909666
2005	7468483	2547065	4921418
2006	7938444	2987571	4950873
2007	9448538	3550444	5898094
2008	10882012	4169558	6712455
2009	18940321	8453697	10486624
2010	23199265	9604835	13594430
2011	30860284	14353990	16506294
2012	39642358	20332106	19310252
2013	37576331	17298370	20277960
2014	40831354	16485110	24346244
2015	54522165	22312410	32209755
2016	60995861	16790762	44205099
2017	71323681	17571183	53752498

6-7 历年水利建设到位投资

Allocated Investment for Water Project Construction by Year

单位：万元 unit: 10^4 yuan

年份 Year	计划投资 Planned Investment	到位投资 合计 Total Allocated Investment	中央投资 Central Government Investment	其他投资 Others
2001	8158739	5820373	3063614	2756759
2002	7873236	6985271	3552762	3432509
2003	8137149	6794217	2926763	3867454
2004	7902719	6393526	2315087	4078439
2005	8273650	7122425	2439757	4682668
2006	9327119	8404460	3428579	4975881
2007	10264653	9208767	3403233	5805533
2008	16040746	14184747	6497568	7687178
2009	17026927	17243218	6560403	10682815
2010	27075729	25800210	13639088	12161123
2011	33481528	32243193	15535845	16707349
2012	40876505	39956593	21100811	18855782
2013	39539765	38210322	17658910	20551412
2014	43450623	43114345	18049685	25064660
2015	48263718	47401460	18632804	28768656
2016	62214867	60576270	16777604	43798666
2017	71882059	70151774	17794492	52357282

6-8　2017年水利建设到位投资和投资完成额（按地区分）

Allocated and Completed Investment of Water Project Construction in 2017 (by Region)

单位：万元　　unit: 10^4 yuan

地区	Region	计划投资 Planned Investment	到位投资 合计 Total Allocated Investment	#中央投资 Central Government Investment	地方投资 Local Government Investment	完成投资 合计 Total Completed Investment	#中央投资 Central Government Investment	地方投资 Local Government Investment
合　计	**Total**	**71882059**	**70151774**	**17794492**	**33487015**	**71323681**	**17571183**	**35781893**
北　京	Beijing	1411858	770460	108637	611255	1282866	107695	1113011
天　津	Tianjin	344879	251728	53118	148702	340046	32572	202175
河　北	Hebei	2420357	2205978	912644	913209	2490432	956507	1014260
山　西	Shanxi	1038024	1159203	362807	435784	1169221	326984	515306
内蒙古	Inner Mongolia	2228564	2077441	724911	686519	2155712	700450	718997
辽　宁	Liaoning	727230	679492	274887	239290	765132	283372	258189
吉　林	Jilin	1151753	1128314	411144	436978	1103595	403186	382166
黑龙江	Heilongjiang	1090377	1036035	566107	401471	996588	544987	352773
上　海	Shanghai	2796776	2650440	10441	2636151	3435207	9783	3421575
江　苏	Jiangsu	4344193	4414818	513290	3487863	4705098	493649	3783823
浙　江	Zhejiang	5525622	5686575	201602	3218808	5781096	179791	3369228
安　徽	Anhui	4152997	4199619	1005783	2260966	4057197	1012930	2396278
福　建	Fujian	4052827	4053463	498627	2464054	4015709	490911	2430552
江　西	Jiangxi	2287989	2287021	584130	1113730	1947758	563410	948166
山　东	Shandong	1324295	1294690	546415	737305	1376932	559385	788842
河　南	Henan	2552498	2597241	799036	1061444	2539337	823094	1121606
湖　北	Hubei	3827875	3791032	947550	1291557	2326601	935770	1062827
湖　南	Hunan	3679882	3446615	738378	1331790	3016600	736276	1210005
广　东	Guangdong	2949226	2817359	413860	1962209	3083414	330292	2248839
广　西	Guangxi	1764777	1838496	703746	602400	1974172	707850	646174
海　南	Hainan	450910	352666	185806	154460	464112	194477	186164
重　庆	Chongqing	2024784	2045536	553056	796005	2122561	548832	811418
四　川	Sichuan	2126529	2050735	795998	932632	1894127	781838	791829
贵　州	Guizhou	3034781	3029818	703957	1706998	3188838	709721	1792991
云　南	Yunnan	4351563	4355758	923810	1417695	4678557	937389	1596206
西　藏	Tibet	432221	516967	502064	11140	477474	458677	16314
陕　西	Shaanxi	2241839	2255069	512104	727961	2481729	517756	763628
甘　肃	Gansu	1576096	1423606	626442	393111	1502099	605191	422184
青　海	Qinghai	704449	681263	350159	220924	671683	330008	245343
宁　夏	Ningxia	839064	779060	346844	259928	799983	364589	281732
新　疆	Xinjiang	4427821	4275277	1917139	824676	4479804	1923810	889293

注　本年投资来源中只单列中央和地方政府投资，利用外资、企业和私人投资以及贷款等投资包含在合计项目中。

Note　Only central and local government investment are listed separately in the sources of the investment in the present year and the investments of foreign capital, enterprises, private sector and bank loans are included in the total.

6-9 历年中央水利建设计划投资

Investment Plan of Central Government for Water Projects by Year

单位：万元 unit: 10^4 yuan

年份 Year	合计 Total	中央计划投资 合计 Total Investment of Central Government	国家预算内拨款 National Budget Allocation	国家预算内专项资金 Special Funds from National Budget	银行贷款 Bank Loan	水利建设基金 Water Project Construction Funds	利用外资 Foreign Investment	自筹资金 Self-raising Funds	财政专项 Special Funds	地方配套 Local Counterpart Funds
1990	538198									
1991	655166									
1992	1028934									
1993	1376411									
1994	1886707									
1995	2231891									
1996	2688028	1055600	439600		335000		185000	500	95500	1632428
1997	3384137	1368861	627800		345775	219590	166000	9696		2015276
1998	7101177	3623900	802700	2177900	326900	140000	156400	20000		3477277
1999	7035634	3376228	593800	2334410	105658	180000	149000	13360		3659406
2000	6109753	2641132	573750	1776382	15000	180000	66000	30000		3468621
2001	5731680	3799585	542912	2991024		180000	85649			1932095
2002	5731139	3210070	723500	2235070		140000	111500			2521069
2003	6562394	3272983	802500	2311472		110000	49011			3289411
2004	5239960	2788097	687420	1982876		110000	7801			2451863
2005	4955283	2715788	721895	1883644		110000	249			2239495
2006	6254734	2987103	1587945	1294158		105000				3267631
2007	6326569	3088220	1386312	1578908		120000	3000			3238349
2008	11772273	6254207	5494207			120000			640000	5518066
2009	10674744	6370307	4800307			120000			1450000	4304437
2010	18868884	9840567	7010567			150000			2680000	9028317
2011	20518583	11407487	6540567			280000			4586920	9111096
2012	24693914	16229994	8910567			275000			7044427	8463920
2013	20872164	14083113	7170764			222700			6689649	6789051
2014	24262307	16271456	7671817			61950			8385689	7990851
2015	23814269	16852176	8171117			220000			8461059	6962093
2016	20025747	14158877	8159138						5999739	5866870
2017	23603959	15585510	8935510						6650000	8018449

注 1. 从2003年开始，中央水利建设计划投资包括南水北调当年投资。
2. 2007年中央水利建设计划投资不包括当年中央财政转移支付地方水利专项资金32亿元。
3. 2008年中央水利建设计划投资不包括当年小型农田水利建设中央财政专项补助资金30亿元。

Note 1. Investment plans of central government for water project construction since 2003 include those for South-North Water Diversion Project.
2. In 2007, investment plans of central government for water project construction exclude 3.2 billion yuan of Central Government funds transferred to special funds of local governments.
3. In 2008, investment plans of central government for water project construction exclude 3 billion yuan of special funds to small on-farm irrigation and drainage works from the Central Government Finance.

6-10　2017年中央水利建设计划投资（按地区分）

Investment Plan of Central Government for Water Projects in 2017 (by Region)

单位：万元　　　　unit: 10^4 yuan

地区	Region	合计 Total	中央计划投资 合计 Total Investment Plan of Central Government	国家预算内拨款 National Budget Allocation	财政专项 Financial Special Funds	地方配套 Local Counterpart Funds	地方自筹 Self-raised Funds by Local Government	其他 Others
合　计	**Total**	**23603959**	**15585510**	**8935510**	**6650000**	**8018449**	**6795361**	**1223088**
北　京	Beijing	21305	21305	4768	16537			
天　津	Tianjin	16793	16793		16793			
河　北	Hebei	902767	785593	164315	621278	117174	117174	
山　西	Shanxi	405717	310559	93635	216924	95158	95158	
内蒙古	Inner Mongolia	772744	612962	343918	269044	159782	159782	
辽　宁	Liaoning	322013	243372	118621	124751	78641	78641	
吉　林	Jilin	581958	392374	237218	155156	189584	189584	
黑龙江	Heilongjiang	951449	620287	393423	226864	331162	257293	73869
上　海	Shanghai	4752	4752		4752			
江　苏	Jiangsu	822601	334573	154610	179963	488028	488028	
浙　江	Zhejiang	389222	193222	52000	141222	196000	196000	
安　徽	Anhui	2088583	994076	760014	234062	1094507	848466	246041
福　建	Fujian	847345	460664	261540	199124	386681	366681	20000
江　西	Jiangxi	622614	485718	191525	294193	136896	136896	
山　东	Shandong	423235	346822	86027	260795	76413	76413	
河　南	Henan	923382	650479	369125	281354	272903	272903	
湖　北	Hubei	1498473	848288	574486	273802	650185	600185	50000
湖　南	Hunan	942344	683680	397291	286389	258664	248664	10000
广　东	Guangdong	259520	186825	70847	115978	72695	72695	
广　西	Guangxi	660053	513061	227255	285806	146992	146992	
海　南	Hainan	356645	184156	79139	105017	172489	132489	40000
重　庆	Chongqing	569955	366392	197053	169339	203563	189385	14178
四　川	Sichuan	1283541	774513	491484	283029	509028	389028	120000
贵　州	Guizhou	1057475	610607	414089	196518	446868	429868	17000
云　南	Yunnan	1120713	831352	482340	349012	289361	279361	10000
西　藏	Tibet	271455	271455	140280	131175			
陕　西	Shaanxi	740570	439021	206230	232791	301549	151549	150000
甘　肃	Gansu	731444	565981	305442	260539	165463	165463	
青　海	Qinghai	371440	261505	133766	127739	109935	109935	
宁　夏	Ningxia	390302	293753	171996	121757	96549	96549	
新　疆	Xinjiang	2340744	1642315	1174018	468297	698429	448429	250000
中央直属	Organizations Directly under the Central	912805	639055	639055		273750	51750	222000

6-11 2017年中央水利建设计划投资（按项目类型分）

Investment Plan of Central Government for Water Projects in 2017 (by Type)

单位：万元 unit: 10^4 yuan

工程类别	Type of Project	合计 Total	中央投资 Total Investment Plan of Central Government	国家预算内拨款 National Budget Allocation	财政专项 Financial SpecialFunds	地方配套 Local Counterpart Funds	地方自筹 Self-raised Funds by Local Government	地方贷款 Local Loan	地方其他 Others
合　计	**Total**	**23603959**	**15585510**	**8935510**	**6650000**	**8018449**	**6795361**	**1175088**	**48000**
一、中央预算内投资	**National Budget Allocation**	**16953959**	**8935510**	**8935510**		**8018449**	**6795361**	**1175088**	**48000**
（一）重大水利工程	Major water projects	11962925	6002820	6002820		5960105	4737017	1175088	48000
1．大中型灌区续建配套	Large & Medium irrigation districts for water saving purpose	1251930	950000	950000		301930	301930		
2．重大引调水	Major water diversion project	3306088	1281820	1281820		2024268	1564268	460000	
3．重点水源	Main water source	1362358	703916	703916		658442	521264	137178	
4．江河湖泊治理骨干工程	Harness of large rivers and lakes	3669206	1907715	1907715		1761491	1473450	240041	48000
5．新建灌区	Newly-constructed irrigation districts	1224697	520000	520000		704697	556828	147869	
6．其他	Others	1148646	639369	639369		509277	319277	190000	
（二）农村饮水安全	Rural safe drinking water	370000	370000	370000					
（三）大中型病险水库（闸）除险加固	Large & Medium risky reservoir (water gates) reinforcement	391670	250000	250000		141670	141670		
（四）水土保持	Soil and water conservation	232669	180000	180000		52669	52669		
（五）中型水库等	Medium-sized reservoirs	1352307	650000	650000		702307	702307		
（六）主要支流治理等	Main tributary control	2377898	1260690	1260690		1117208	1117208		
（七）大型灌排泵站更新改造	Rehabilitation of large irrigation and drainage pumping station	97500	70000	70000		27500	27500		
（八）行业能力建设	Capacity building	168990	152000	152000		16990	16990		
二、中央财政专项资金	**Financial Special Funds**	**6650000**	**6650000**		**6650000**				

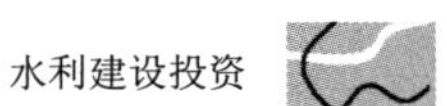

6-12 历年分资金来源中央政府水利建设投资完成额
Completed Investment of Central Government for Basic Water Project Construction by Financial Resources and Year

单位：万元 unit: 10^4 yuan

年份 Year	投资完成 合计 Tctal Completed Investment	国家预算内拨款 National Budget Allocation	国家预算内专项资金 Special Funds from National Budget	国内贷款 Domestic Loan	债券 Bonds	水利建设基金 Water Project Construction Funds	利用外资 Foreign Investment	自筹资金 Self-raising Funds	其他 Others
2001	2757822	562460	1933136	15028		91391	131171	17807	6829
2002	4149894	656938	3191917	49200	6690	112367	114273	8692	9817
2003	3124746	537661	2319549	75825	2080	116441	24625	6890	41674
2004	2925784	845984	1891397	46866		75751	38935	8831	18020
2005	2547065	659224	1769155			90406		3499	24782
2006	2987571	1160369	1728516			70474		3389	24824
2007	3550444	1694283	1737805			83395		16833	18128
2008	4169558	2499243	1326835			215404		2660	125415
2009	8453697	6651275	694317			528613		4111	575381
2010	9604835	6077624	162274			1679759		2338	1682839
2011	14353990	5865385	18996	3459382	4219353	294695		7217	488962
年份 Year	**投资完成 合计 Total Completed Investment**	**国家预算内拨款 National Budget Allocation**	**国家预算内专项资金 Special Funds from National Budget**	**财政专项资金 Financial Special Funds**	**重大水利工程建设基金 Major Water Project Construction Funds**	**水利建设基金 Water Project Construction Funds**	**自筹资金 Self-raising Funds**	**其他 Others**	
2012	20332106	9423985	49308	6263232	3961091	377388	1349	255754	
2013	17298370	7739486	18037	5043911	3992849	181873	3863	318352	
2014	16485110	8120690	15802	6350347	1070910	142712		784648	
2015	22312410	10547144	3698	10675623	475248	66673		544023	
2016	16792314	9303026		7247845	10202	9687	7728	213827	
2017	17571183	10023960		7209334	65043	3790		269055	

注 2014 年开始，中央水利建设计划投资其他项中包括土地出让收益。

Note The other items under the Central Government investment plan for water project construction include land sale revenues since 2014.

6-13 2017 年分资金来源中央政府水利建设投资完成额（按地区分）

Completed Investment of Central Government for Basic Water Project Construction by Financial Resources in 2017 (by Region)

单位：万元 unit: 10^4yuan

地区	Region	完成投资 合计 Total Completed Investment	国家预算内拨款 National Budget Allocation	财政专项资金 Financial Special Funds	水利建设基金 Water Project Construction Funds	重大水利工程建设基金 Major Water Project Construction Funds	其他 Others
合　计	**Total**	**17571183**	**10023960**	**7209334**	**3790**	**65043**	**269055**
北　京	Beijing	107695	82686	19340		5669	
天　津	Tianjin	32572	5840	26733			
河　北	Hebei	956507	254941	687566		14000	
山　西	Shanxi	326984	68794	204590		70	53531
内蒙古	Inner Mongolia	700450	443068	234273			23109
辽　宁	Liaoning	283372	126937	156435			
吉　林	Jilin	403186	237520	165667			
黑龙江	Heilongjiang	544987	380653	164334			
上　海	Shanghai	9783	5651	4132			
江　苏	Jiangsu	493649	240403	249857		3389	
浙　江	Zhejiang	179791	54395	117185			8211
安　徽	Anhui	1012930	776963	235967			
福　建	Fujian	490911	260952	229959			
江　西	Jiangxi	563410	250970	308787			3653
山　东	Shandong	559385	265387	269083		24915	
河　南	Henan	823094	532949	270145	3000	17000	
湖　北	Hubei	935770	657445	278325			
湖　南	Hunan	736276	395082	341194			
广　东	Guangdong	330292	88259	240056			1977
广　西	Guangxi	707850	393519	314331			
海　南	Hainan	194477	80997	113480			
重　庆	Chongqing	548832	204285	336540			8008
四　川	Sichuan	781838	486875	294963			
贵　州	Guizhou	709721	482435	227286			
云　南	Yunnan	937389	558271	343302			35816
西　藏	Tibet	458677	319914	135156			3608
陕　西	Shaanxi	517756	246805	263152			7800
甘　肃	Gansu	605191	299167	268704			37319
青　海	Qinghai	330008	224030	105948			30
宁　夏	Ningxia	364589	217968	146621			
新　疆	Xinjiang	1923810	1380801	456226	790		85993

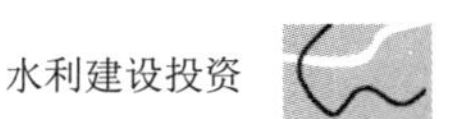

6-14 历年分资金来源地方政府水利建设投资完成额

Completed Investment of Local Government Funding for Water Project Construction by Financial Resources and Year

单位：万元 unit: 10^4 yuan

年份 Year	完成投资 合计 Total Completed Investment	国家预算内拨款 National Budget Allocation	国家预算内专项资金 Special Funds from National Budget	国内贷款 Domestic Loan	债券 Bonds	水利建设基金 Water Project Construction Funds	利用外资 Foreign Investment	自筹资金 Self-raising Funds	其他 Others
2000	3175132	228710	40862	437885	20233	188800	96164	1885598	276880
2001	2849243	328967		310452	12744	118488	144344	1724053	210195
2002	4042259	472630		502878	5045	163528	88225	2478586	331367
2003	4309430	520660	26544	838338		178465	78795	2464967	201661
2004	4909666	412915	31012	979490		212152	83381	2954103	236614
2005	3153043	671408	24481			212292		1911277	333585
2006	3328865	771171	118653			290750		1781509	366782
2007	4323681	1005975	219184			594419		2182566	321537
2008	4988317	1404392	277876			389544		2350969	565535
2009	8088050	2648216	593286			526050		3334543	985954
2010	9188067	3102910	785587			472065		3159588	1667918

年份 Year	完成投资 合计 Total Completed Investment	国家预算内拨款 National Budget Allocation	国家预算内专项资金 Special Funds from National Budget	财政专项资金 Financial Special Funds	重大水利工程建设基金 Major Water Project Construction Funds	水利建设基金 Water Project Construction Funds	土地出让收益 Land Revenue	自筹资金 Self-raising Funds	其他 Others
2011	12236742	3122803	272666	2188692	158941	501415	121455	4061132	1809637
2012	14644959	3490796	204461	3778785	387799	823099	256976	3502871	2200172
2013	15420031	3628048	109293	4330599	256673	898681	207592	3602855	2386289
2014	18624883	4699739	8147	5242028	296632	1181742	294426	3398976	3503193
2015	25546426	4949487	138296	8245790	328895	1354664	448265	5731487	4349541

年份 Year	完成投资 合计 Total Completed Investment	省级 Provincial Level	地市级 Prefecture/City Level	县级 County Level
2016	28982085	11841645	6464749	10675691
2017	35781893	13777335	7760770	14243788

注 本表的国家预算内专项资金是通过其他渠道下达的中央转贷地方国债资金。2011 年、2012 年、2013 年、2014 年、2015 年"其他"中含水资源费完成投资。

Note The special funds from national budget in this table are sourced from national bonds transferred from the Central Government to local government. The "Others" of 2011, 2012, 2013, 2014 and 2015 in the table include completed investment sourced from water resources fee.

6-15 2017年分资金来源地方政府水利建设投资完成额（按地区分）

Completed Investment of Local Government Funding for Water Project Construction by Financial Resources in 2017 (by Region)

单位：万元 unit: 10^4 yuan

地区	Region	完成投资 合计 Total Completed Investment	省级 Provincial Level	地市级 Prefecture/City Level	县级 County Level
合　计	**Total**	**35781893**	**13777335**	**7760770**	**14243788**
北　京	Beijing	1113011	704661	408350	
天　津	Tianjin	202175	138460	63715	
河　北	Hebei	1014260	282955	300289	431016
山　西	Shanxi	515306	391117	52964	71225
内蒙古	Inner Mongolia	718997	221736	406867	90394
辽　宁	Liaoning	258189	215084	27533	15572
吉　林	Jilin	382166	293679	11435	77053
黑龙江	Heilongjiang	352773	214579	29097	109097
上　海	Shanghai	3421575	2312952	916539	192084
江　苏	Jiangsu	3783823	760383	961057	2062382
浙　江	Zhejiang	3369228	679355	725472	1964401
安　徽	Anhui	2396278	1017525	416107	962646
福　建	Fujian	2430552	290842	693042	1446667
江　西	Jiangxi	948166	262613	179374	506179
山　东	Shandong	788842	229613	198607	360622
河　南	Henan	1121606	422932	528375	170299
湖　北	Hubei	1062827	527777	92170	442881
湖　南	Hunan	1210005	462795	96971	650239
广　东	Guangdong	2248839	708943	276921	1262975
广　西	Guangxi	646174	400427	151265	94481
海　南	Hainan	186164	117761	8504	59899
重　庆	Chongqing	811418	370665	7251	433503
四　川	Sichuan	791829	345793	65303	380733
贵　州	Guizhou	1792991	734253	276210	782527
云　南	Yunnan	1596206	341183	385490	869532
西　藏	Tibet	16314	12606	1450	2258
陕　西	Shaanxi	763628	396145	203417	164066
甘　肃	Gansu	422184	166917	69026	186241
青　海	Qinghai	245343	212311	12643	20388
宁　夏	Ningxia	281732	179331	25796	76606
新　疆	Xinjiang	889293	361940	169532	357821

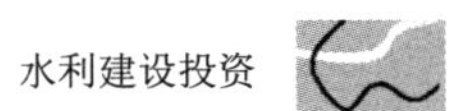

6-16　历年分中央和地方项目水利建设投资完成额

Completed Investment for Water Project Construction Divided by Central and Local Governments and Year

单位：万元　　　　unit: 10^4 yuan

年份 Year	完成投资合计 Total Completed Investment	中央项目完成投资 Completed Investment of Central Government Projects	#国家预算内投资 Investment from National Budget	地方项目完成投资 Completed Investment of Local Government Projects	#国家预算内投资 Investment from National Budget
2001	5607065				
2002	8192153	1250858	893363	6941295	3427941
2003	7434176	964952	643859	6469224	2760555
2004	7835450	1429738	566833	6405712	692066
2005	7468483	1227628	988583	6240855	2438382
2006	7938444	1610784	650071	6327660	510299
2007	9448538	1544575	1380809	7903963	3954252
2008	10882012	1092053	845889	9789959	5267405
2009	18940321	2068697	1458349	16871624	10183409
2010	23199265	4427984	2619536	18771281	9054547
2011	30860284	5974864	4732388	24885419	15369941
2012	39642358	6654250	5474212	32988108	23285733
2013	37576331	4304507	4221775	33271824	21078994
2014	40831354	1436675	1368284	39394679	33741709
2015	54522165	1090890	855888	53431275	20912499
2016	60995861	887197	592292	60108665	
2017	71323681	1126919	896667	70196761	

注　国家预算内投资包括预算内拨款（指财政预算内经营性或非经营性资金支出）、预算内专项资金和水利建设基金。

Note　Investment from national budget includes allocation from budget (here refers to business and non-business expenditure from national budget), special funds from budget and water project construction funds.

6-17 2017 年分中央和地方项目水利建设投资完成额（按地区分）
Completed Investment for Water Project Construction Divided by Central and Local Governments in 2017 (by Region)

单位：万元 unit: 10^4 yuan

地区	Region	完成投资合计 Total Completed Investment	中央项目完成投资 Completed Investment of Central Government Projects	#国家预算内投资 Investment from National Budget	#国家预算内拨款 Allocation from National Budget	地方项目完成投资 Completed Investment of Local Government Projects	中央投资 Central Government Investment	地方投资 Local Government Investment
合 计	**Total**	**71323681**	**1126919**	**896667**	**734988**	**70196761**	**16766099**	**35690310**
北 京	Beijing	1282866	79950	79950	74026	1202915	28000	1112756
天 津	Tianjin	340046	5128	5128	4928	334918	27445	202175
河 北	Hebei	2490432	83833	83833	69833	2406599	872674	1014260
山 西	Shanxi	1169221				1169221	326984	515306
内蒙古	Inner Mongolia	2155712	8071	7881	7321	2147641	693129	718437
辽 宁	Liaoning	765132				765132	283372	258189
吉 林	Jilin	1103595	3062	3062	3062	1100533	400125	382166
黑龙江	Heilongjiang	996588	585	585	585	996003	544403	352773
上 海	Shanghai	3435207	5658	5658	5651	3429549	4126	3421575
江 苏	Jiangsu	4705098	10049	10049	6489	4695049	483600	3783823
浙 江	Zhejiang	5781096	32	32	32	5781064	179759	3369228
安 徽	Anhui	4057197	7829	7829	7829	4049367	1005101	2396278
福 建	Fujian	4015709				4015709	490911	2430552
江 西	Jiangxi	1947758				1947758	563410	948166
山 东	Shandong	1376932	192303	192303	167388	1184629	367082	788842
河 南	Henan	2539337	174399	174359	150677	2364938	650903	1119438
湖 北	Hubei	2326601	13571	13571	13571	2313030	922199	1062827
湖 南	Hunan	3016600				3016600	736276	1210005
广 东	Guangdong	3083414	6017	6017	6017	3077398	324276	2248839
广 西	Guangxi	1974172	479518	249496	160896	1494654	546954	557574
海 南	Hainan	464112				464112	194477	186164
重 庆	Chongqing	2122561				2122561	548832	811418
四 川	Sichuan	1894127	1000	1000	1000	1893127	780838	791829
贵 州	Guizhou	3188838	607	607	607	3188231	709114	1792991
云 南	Yunnan	4678557	899	899	899	4677658	936489	1596206
西 藏	Tibet	477474				477474	458677	16314
陕 西	Shaanxi	2481729	7688	7688	7688	2474041	510068	763628
甘 肃	Gansu	1502099	1300	1300	1069	1500799	603891	422184
青 海	Qinghai	671683	45421	45421	45421	626262	284587	245343
宁 夏	Ningxia	799983				799983	364589	281732
新 疆	Xinjiang	4479804				4479804	1923810	889293

注 国家预算内投资包括预算内拨款（指财政预算内经营性或非经营性资金支出）、预算内专项资金和水利建设基金。

Note Investments from national budget include allocation from budget (here refers to business and non-business expenditure from national budget), and special funds from budget and water project construction funds.

6-18 历年分资金来源水利建设投资完成额（一）
Completed Investment for Water Project Construction by Financial Sources and Year（1）

单位：万元 unit: 10^4 yuan

年份 Year	完成投资合计 Total Completed Investment	国家投资 National Investment	国内贷款 Domestic Loan	债券 Bonds	水利建设基金 Water Project Investment Funds	企业和私人投资 Company and Private Investment	利用外资 Foreign Investment	自筹投资 Self-raising Funds	以工代赈 Labor for Subsidy	其他 Others
1989	355508	227082	14537				11131	86035		16723
1990	487203	278314	20532				22100	135075		31182
1991	648677	339331	48209				59562	172800		28775
1992	1092231	365583	90528				54233	302079	120561	159247
1993	1352846	388237	234441				60343	376303	112057	181465
1994	1687140	421409	389491				148003	500900		227337
1995	2062088	529962	476092				247177	564120		244737
1996	2432539	668533	527637	595			246354	728528	47301	213591
1997	3154061	860940	456094	5040	199311		330697	1010467		291512

年份 Year	完成投资合计 Total Completed Investment	国家预算内拨款 National Budget Allocation	国家预算内专项资金 Special Funds from National Budget	财政专项资金 Financial Special Funds	国内贷款 Domestic Loan	债券 Bonds	水利建设基金 Water Project Investment Funds	企业和私人投资 Company and Private Investment	利用外资 Foreign Investment	自筹投资 Self-raising Funds	其他 Others
1998	4676865	995338	1107358		562135		180526		209127	1302536	319845
1999	4991476	857574	1398239		369829	219563	236018		203968	1409224	297061
2000	6129331	722894	2152266		478405	30355	322969		232487	1900309	289646
2001	5607065	891427	1933136		325480	12744	209879		275515	1741860	217024
2002	8192153	1129568	3191917		552078	11735	275895		202498	2487278	341184
2003	7434176	1058321	2346093		914163	2080	294907		103420	2471857	243335
2004	7835450	1258899	1922409		1026356		287902		122315	2962934	254634
2005	7468483	1330632	1793636		941809		302698	507175	192643	1914776	485114
2006	7938444	1931541	1847169		806606		361223	338470	143434	1784897	725104
2007	9448538	2700258	1956989		833576	400	677814	383498	94756	2199398	601848
2008	10882012	3903636	1604711		969469		604949	358735	105085	2353630	981800
2009	18940321	9299491	1287604		1528610		1054664	414027	75675	3338654	1941596
2010	23199265	9180534	947861		3374355	25299	2151824	480135	13058	3161926	3864273
2011	30860284	8988189	291662	5648074	2703080	38614	796110	749193	44176	4068349	7532837
2012	39642358	12914781	253770	10042017	2655028	51882	1200487	1133757	41295	3504219	7845122
2013	37576331	11367534	127330	9374510	1726871	17221	1080554	1607082	85724	3606718	8582786
2014	40831354	12820428	23949	11592375	2996401		2691996	899416	43286	3398976	6364525
2015	54522165	15496631	141994	18921413	3386394	4461	1421337	1879054	75704	5731487	7463690
2016	60995861	14904073		16735628	8460963	38335	1925075	3031110	69814	6493719	9337144

注 2011 年、2012 年、2013 年、2014 年和 2015 年“其他”投资中含重大水利工程建设基金，分别为 437.8 亿元、434.9 亿元、412.6 亿元、136.8 亿元和 80.4 亿元。

Note "Others" of 2011, 2012, 2013, 2014 and 2015 in the table, including the Major Water Project Construction Funds, are 43.78 billion yuan, 43.49 billion yuan, 41.26 billion yuan, 13.68 billion yuan and 8.04 billion yuan respectively.

6-19 历年分资金来源水利建设投资完成额（二）

Completed Investment for Water Project Construction by Financial Sources and Year（2）

年份 Year	完成投资合计 Total Completed Investment	政府投资[①] Government Investment	中央 Central	地方 Local	利用外资 Foreign Investment	企业和私人投资 Company and Private Investment	国内贷款 Domestic Loan	债券 Bonds	其他 Others
2005	7468483	5700108	2547065	3153043	192643	507175	941809		126747
2006	7938444	6316436	2987571	3328865	143434	338470	806606	333498	7938444
2007	9448538	7874125	3550444	4323681	94756	383498	833576	400	262183
2008	10882012	9157875	4169558	4988317	105085	358735	969469		290849
2009	18940321	16541747	8453697	8088050	75675	414027	1528610	63912	316349
2010	23199265	18792902	9604835	9188067	13058	480135	3374355	25299	513516
2011	30860284	26590732	14353990	12236742	44176	749193	2703080	38614	734489
2012	39642358	34977066	20332106	14644959	41295	1133757	2655028	51882	783330
2013	37576331	32718401	17298370	15420031	85724	1607082	1726871	17221	1421031
2014	40831354	35109993	16485110	18624883	43286	899416	2996401	17200	1765057
2015	54522165	47858836	22312410	25546426	75704	1879054	3386394	4461	1316967
2016	60995861	45774399	16792314	28982085	69814	4247073	8795486	38335	2070754
2017	71323681	53353077	17571183	35781893	80395	6007904	9257656	265419	2359231

① 政府投资指中央及地方各级政府完成的水利建设的各项财政资金（包括预算内非经营性基金、国债专项资金和水利建设基金等）和政府部门自筹投资等。

① Government investment refers to all sorts of financial funds from Central Government and local governments at all levels (including non-business funds from budget, special funds and bonds and water project construction funds) and self-raising funds of governmental departments.

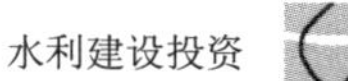

6-20 2017年分资金来源水利建设投资完成额（按地区分）
Completed Investment for Water Project Construction by Financial Sources in 2017 (by Region)

单位：万元 unit: 10^4 yuan

地区	Region	完成投资合计 Total Completed Investment	政府投资① Government Investment			国内贷款 Domestic Loan	企业和私人投资 Company and Private Investment	利用外资 Foreign Investment	债券 Bonds	其他 Others
				中央 Central	地方 Local					
合 计	**Total**	**71323681**	**53353077**	**17571183**	**35781893**	**80395**	**6007904**	**9257656**	**265419**	**2359231**
北 京	Beijing	1282866	1220706	107695	1113011		48786	8506		4868
天 津	Tianjin	340046	234747	32572	202175		101926			3373
河 北	Hebei	2490432	1970767	956507	1014260		358769	152822		8074
山 西	Shanxi	1169221	842290	326984	515306		33945	191799	5616	95571
内蒙古	Inner Mongolia	2155712	1419447	700450	718997		559990	66100		110175
辽 宁	Liaoning	765132	541561	283372	258189		51430	147751		24391
吉 林	Jilin	1103595	785353	403186	382166		51733	247160	1000	18349
黑龙江	Heilongjiang	996588	897760	544987	352773		17	65658	4191	28962
上 海	Shanghai	3435207	3431359	9783	3421575		3848			
江 苏	Jiangsu	4705098	4277472	493649	3783823		305927	113237		8462
浙 江	Zhejiang	5781096	3549019	179791	3369228		352855	1581066	2017	296138
安 徽	Anhui	4057197	3409208	1012930	2396278		82755	519928		45306
福 建	Fujian	4015709	2921463	490911	2430552		510969	351949	1318	230011
江 西	Jiangxi	1947758	1511576	563410	948166	5081	254386	124650	13300	38765
山 东	Shandong	1376932	1348227	559385	788842		14118	14005		582
河 南	Henan	2539337	1944700	823094	1121606		325278	20124		249236
湖 北	Hubei	2326601	1998598	935770	1062827		8416	117468	200931	1189
湖 南	Hunan	3016600	1946280	736276	1210005		118706	863486		88128
广 东	Guangdong	3083414	2579131	330292	2248839		159457	170777	4517	169531
广 西	Guangxi	1974172	1354024	707850	646174		68531	486342		65275
海 南	Hainan	464112	380641	194477	186164		70944	2460	10000	68
重 庆	Chongqing	2122561	1360251	548832	811418	15034	383290	229397		134589
四 川	Sichuan	1894127	1573667	781838	791829		81818	162885		75756
贵 州	Guizhou	3188838	2502712	709721	1792991		198477	423365		64284
云 南	Yunnan	4678557	2533594	937389	1596206	12706	1034171	1015140	3936	79010
西 藏	Tibet	477474	474991	458677	16314					2483
陕 西	Shaanxi	2481729	1281384	517756	763628		417666	779188		3491
甘 肃	Gansu	1502099	1027374	605191	422184	23479	7703	360111	15306	68125
青 海	Qinghai	671683	575351	330008	245343	3963	504	88014		3852
宁 夏	Ningxia	799983	646321	364589	281732		14271	137391		2000
新 疆	Xinjiang	4479804	2813103	1923810	889293	20132	387217	816877	3287	439187

① 政府投资指中央及地方各级政府完成的水利建设的各项财政资金（包括预算内非经营性基金、国债专项资金和水利建设基金等）和政府部门自筹投资等。

① Government investment refers to all sorts of financial funds from Central Government and local governments at all levels (including non-business funds from budget, special funds and bonds and water project construction funds) and self-raising funds of governmental departments.

6-21 历年分用途水利建设投资完成额
Completed Investment for Water Project Construction by Function and Year

单位：万元 unit: 10^4 yuan

年份 Year	完成投资 合计 Total Completed Investment	水库 Reservoir	防洪 Flood Control	灌溉 Irrigation	除涝 Drainage	供水 Water Supply	水电 Hydropower	水保及生态 Soil Conservation and Ecological Restoration	机构能力建设 Capacity Building	前期工作 Early-stage Work	其他 Others
1960	333941	171127	10196	117441	7804						27373
1961	96041	60217	2629	16339	3161						13696
1962	77990	40899	2966	9586	5773						18766
1963	86760	43349	9735	10915	15006						7755
1979	370400	99352	36856	96545	44911						92736
1980	270700	91673	29628	61211	27240						60948
1981	135700	52191	20783	23579	7469						31678
1982	174737	51607	8641	28606	8323						77560
1983	211296	56110	20271	36301	10250						88364
1984	206828	56174	23682	42147	13752						71073
1985	201580	53477	32567	43146	14887						57503
1986	228702	53937	43456	46689	12542	12272					59806
1987	271012	75211	58208	51691	17169	5222					63511
1988	306454	82400	71690	59632	17501	2533					72698
1989	355508	105133	72675	73017	20855	3674					80154
1990	487203	135140	102015	105913	21430	35619					87086
1991	648677	139023	138463	123888	28583	55188	98356				65176
1992	971670	198994	221794	161717	50616	95338	154145				89066
1993	1249260	308558	236551	176821	39098	119747	243324				125161
1994	1687353	436379	242735	162911	57023	237327	393176				157802
1995	2063156	589771	318514	182524	68919	139079	581660				182689
1996	2385240	919545	362152	231447	73659	143625	486151				168661
1997	3154061	1001367	510191	307183	65073	284668	791548				194031
1998	4676865	1131204	1570617	591833	91479	277736	704240				309756
1999	4991576	1122989	2266682	280571	109693	287314	473833	120034			330460
2000	6129331	960273	3049937	537250	110118	410900	563284	182927			314642
2001	5607065		3083006	703721	112183	806205	301137	176624	192108	88888	143538
2002	8192153		4407481	1000174	103544	1515592	466745	319977	169155	68250	141236
2003	7434176		3350814	1045892	88164	1206149	622774	519068	161628	93008	346678
2004	7835450		3579295	875545	90180	1307918	715307	587101	71699	103206	505200
2005	7468483		2781555	1065966	146744	1165206	654724	391856	224008	102562	935862
2006	7938444		2787116	1094704	94098	2082293	573234	422184	65560	136359	682897
2007	9448538		2985677	1039159	199132	3011747	664919	603164	88527	116046	740166
2008	10882012		3465187	1165918	235203	3512571	773709	768749	106007	160441	694229
2009	18940321		6287388	2482320	460735	6178105	720419	867355	106040	158802	1679157
2010	23199265		6635903	3342666	210569	7362713	1053896	858998	195615	248711	3290195
2011	30860284		9962265	4691165	220764	8150170	1090134	953860	402459	420380	4969087
2012	39642358		13942837	6344734	316750	12770928	1171955	1181181	595519	407417	2911038
2013	37576331		13044565	6717187	313072	10614102	1644196	1028920	525410	407346	3281531
2014	40831354		14674482	8230453	551045	10291072	2169022	1412978	409444	650643	2442215
2015	54522165		18791182	13917741	511348	13165716	1520851	1929413	292403	1019151	3374362
2016	60995861		19425029	13599045	1345090	12252598	1666460	4037228	569347	1740192	6360871
2017	71323681		22375176	13706228	2012660	13342899	1458477	6826407	314856	1812265	9474713

注 1998 年前未细分出水保及生态，均放于“其他”中；2001 年以后，水库投资已按用途分摊到有关工程类型中。

Note Soil and water conservation and ecological restoration projects are grouped into other projects before the year of 1998. After the year of 2001, the investment of reservoir has been grouped into other projects in accordance with its function.

6-22 2017年分用途水利建设投资完成额（按地区分）

Completed Investment for Water Project Construction by Function in 2017 (by Region)

单位：万元　　　　unit: 10^4 yuan

地区	Region	完成投资 合计 Total Completed Investment	防洪 Flood Control	灌溉 Irrigation	除涝 Drainage	供水 Water Supply	水电 Hydropower	水保及生态 Soil Conservation and Ecological Restoration	机构能力建设 Capacity Building	前期工作 Early-stage Work	其他 Others
合　计	**Total**	**71323681**	**22375176**	**13706228**	**2012660**	**13342899**	**1458477**	**6826407**	**314856**	**1812265**	**9474713**
北　京	Beijing	1282866	646517	21473		204848		330681	3906	45670	29770
天　津	Tianjin	340046	69458	13214	23617	143002		33772	1526	11519	43938
河　北	Hebei	2490432	415719	588077	50087	759873	7935	343798	27889	24355	272700
山　西	Shanxi	1169221	234868	221120		335331	5910	167388	13678	67066	123860
内蒙古	Inner Mongolia	2155712	913984	430235		147885	10316	457180	7943	47876	140293
辽　宁	Liaoning	765132	128441	113049	6318	434578	626	55517	5196	1303	20106
吉　林	Jilin	1103595	290309	229015	11733	389125	24431	34569	4935	57879	61600
黑龙江	Heilongjiang	996588	504483	89667	890	289389	2465	19468	3715	3208	83303
上　海	Shanghai	3435207	2019102	144147	139065			299572	10996	7720	814605
江　苏	Jiangsu	4705098	1587132	539060	235249	691667		1075077	12059	160079	404775
浙　江	Zhejiang	5781096	2540473	231848	248875	820642	49157	350090	17158	260662	1262191
安　徽	Anhui	4057197	1398277	731689	174032	167622	9351	53839	11105	285471	1225810
福　建	Fujian	4015709	1315066	312246	142828	656174	74969	531741	20534	159901	802250
江　西	Jiangxi	1947758	725406	241913	67931	278637	50940	67981	26878	34036	454037
山　东	Shandong	1376932	486527	442925	40567	171352	30	55343	10173	56555	113461
河　南	Henan	2539337	1016073	319233	19412	396164		593541	6299	27631	160985
湖　北	Hubei	2326601	870887	317350	251472	146154	22135	96790	10094	17020	594700
湖　南	Hunan	3016600	1169843	561170	19651	660479	87506	241228	33242	44856	198625
广　东	Guangdong	3083414	997791	204549	479191	680267	55466	81799	3925	63807	516620
广　西	Guangxi	1974172	839820	537043	3535	160158	221323	25770	2870	4782	178871
海　南	Hainan	464112	91019	203284	6321	126098	697	9887	2596	15813	8398
重　庆	Chongqing	2122561	334138	691745	9332	436335	179545	68679	13459	94445	294883
四　川	Sichuan	1894127	365937	857602	3119	197987	23127	128473	8018	58796	251069
贵　州	Guizhou	3188838	429025	785752	21538	930088	172197	400057	9882	59545	380755
云　南	Yunnan	4678557	626604	2030179	14355	1236085	5536	262960	5669	82817	414353
西　藏	Tibet	477474	158287	207945	2916	17808	34529	9904	1592	1108	43386
陕　西	Shaanxi	2481729	527744	232808	2712	754554	119135	563276	13666	35927	231908
甘　肃	Gansu	1502099	323419	333999	4315	625623	6899	119797	3580	8091	76377
青　海	Qinghai	671683	167500	293410	335	99857	33390	53846	3634	6699	13013
宁　夏	Ningxia	799983	298955	261284	7263	103362		116436	2410	2666	7607
新　疆	Xinjiang	4479804	882375	1519202	26002	1281756	260865	177948	16230	64961	250465

6-23 历年各水资源分区水利建设投资完成额

Completed Investment for Water Project Construction by Water Resources Sub-region and Year

单位：亿元 unit: 10^8 yuan

年份 Year	完成投资 合计 Total Completed Investment	松花江区 Songhua River	辽河区 Liaohe River	海河区 Haihe River	黄河区 Yellow River	淮河区 Huaihe River	长江区 Yangtze River	珠江区 Pearl River	东南诸河区 Rivers in Southeast	西南诸河区 Rivers in Southwest	西北诸河区 Rivers in Northwest
1980	27.07	1.15	0.53	2.73	4.47	2.79	7.12	1.41			
1985	20.16	0.73	0.41	2.55	4.20	1.81	5.25	1.52			
1990	48.72	2.25	3.01	4.06	8.86	3.92	14.75	4.66			
1991	64.87	2.39	3.00	3.88	11.08	5.99	18.84	9.51			
1992	97.17	4.71	3.62	6.40	16.35	9.37	32.11	12.26			
1993	124.93	3.77	6.20	11.62	24.26	7.74	39.27	13.49			
1994	168.74	6.13	5.21	12.38	33.36	12.08	51.47	21.04			
1995	206.32	5.38	6.96	14.00	52.51	16.15	59.88	17.38			
1996	238.52	4.08	3.63	20.34	68.03	17.17	58.17	21.95			
1997	315.41	5.01	2.81	20.91	92.58	18.25	72.32	38.39			
1998	467.56	13.47	3.54	31.28	116.17	29.78	125.73	50.36			
1999	499.16	6.29	26.4	21.44	104.67	33.85	157.97	43.47			
2000	612.93	9.42	24.23	47.21	95.84	38.25	218.37	62.45			
2001	560.71	16.49	7.47	33.54	100.03	32.83	186.58	50.86			
2002	819.22	38.95	12.43	62.20	108.50	46.20	283.38	77.17			
2003	743.42	41.54	10.19	61.83	86.86	51.32	210.65	66.39			
2004	783.55	32.63	11.54	55.43	108.92	84.52	207.31	69.22			
2005	746.85	30.89	21.77	51.60	95.04	80.70	210.76	81.38	91.17	16.83	66.69
2006	793.84	31.44	23.88	112.82	78.46	87.15	219.32	76.83	73.69	16.48	73.80
2007	944.85	33.13	28.55	101.84	111.53	130.89	290.87	75.21	75.59	21.85	75.40
2008	1088.20	38.20	40.88	81.91	123.09	118.48	375.07	100.30	88.54	25.79	95.95
2009	1894.03	73.67	81.11	160.97	281.24	206.18	614.21	195.60	117.72	38.41	124.91
2010	2319.93	74.47	53.95	247.07	341.84	171.35	808.78	262.40	169.50	64.49	126.09
2011	3086.03	124.36	75.43	220.53	528.32	225.73	1230.97	285.94	194.66	68.42	131.67
2012	3964.24	198.92	111.42	274.40	709.14	288.06	1487.49	294.51	293.46	118.04	188.79
2013	3757.63	106.49	125.95	330.83	386.57	366.86	1713.12	256.09	64.95	157.19	249.57
2014	4083.14	235.93	152.26	362.67	354.91	375.22	1712.14	312.55	239.56	163.86	174.04
2015	5452.22	428.96	178.11	533.72	512.35	506.46	1697.25	568.15	458.18	264.21	304.84
2016	6099.59	387.14		552.87	605.33	594.23	1954.70	667.17	765.04	255.44	317.65
2017	7132.37	269.98	83.18	491.54	720.64	568.36	2590.92	747.39	904.66	247.88	507.82

注 2005年以前，本表按照流域统计当年投资完成额，其中东南诸河区、西南诸河区、西北诸河区未作细分。2016年松花江区含辽河区数据。

Note Before the year of 2005, the completed investment of the year in this table is calculated based on river basins, and the data of rivers in southeast, rivers in southwest, rivers in northwest, are not given. The figures of Liaohe River is included in Songhua River of 2016.

6-24 2017 年各水资源分区水利建设投资完成额（按地区分）

Completed Investment for Water Project Construction by Water Resources Sub-region in 2017(by Region)

单位：万元 unit: 10^4 yuan

地区	Region	完成投资 合计 Total Completed Investment	松花江区 Songhua River	辽河区 Liaohe River	海河区 Haihe River	黄河区 Yellow River	淮河区 Huaihe River	长江区 Yangtze River	珠江区 Pearl River	东南诸河区 Rivers in Southeast	西南诸河区 Rivers in Southwest	西北诸河区 Rivers in Northwest
合　计	**Total**	**71323681**	**2699776**	**831751**	**4915421**	**7206375**	**5683571**	**25909193**	**7473923**	**9046614**	**2478839**	**5078218**
北　京	Beijing	1282866			1282866							
天　津	Tianjin	340046			340046							
河　北	Hebei	2490432			2490432							
山　西	Shanxi	1169221			368689	800532						
内蒙古	Inner Mongolia	2155712	667004		43479	1350206						95023
辽　宁	Liaoning	765132	5145	759195	792							
吉　林	Jilin	1103595	1031039	72556								
黑龙江	Heilongjiang	996588	996588									
上　海	Shanghai	3435207						3435207				
江　苏	Jiangsu	4705098					1984189	2720909				
浙　江	Zhejiang	5781096						750191		5030905		
安　徽	Anhui	4057197					1018534	3038663				
福　建	Fujian	4015709								4015709		
江　西	Jiangxi	1947758						1947758				
山　东	Shandong	1376932			189057	279046	908830					
河　南	Henan	2539337			200060	494777	1772018	72481				
湖　北	Hubei	2326601						2326601				
湖　南	Hunan	3016600						2943366	73234			
广　东	Guangdong	3083414							3083414			
广　西	Guangxi	1974172						38794	1935377			
海　南	Hainan	464112							464112			
重　庆	Chongqing	2122561						2122561				
四　川	Sichuan	1894127				7475		1886651				
贵　州	Guizhou	3188838						2290765	898073			
云　南	Yunnan	4678557						1666453	1019711		1992393	
西　藏	Tibet	477474									477474	
陕　西	Shaanxi	2481729				1939870		541860				
甘　肃	Gansu	1502099				1028548		117472				356079
青　海	Qinghai	671683				505937		9461			8972	147313
宁　夏	Ningxia	799983				799983						
新　疆	Xinjiang	4479804										4479804

6-25 历年分隶属关系水利建设投资完成额

Completed Investment for Water Project Construction by Ownership and Year

单位：万元 unit: 10^4 yuan

年份 Year	完成投资合计 Total Completed Investment	中央属 Central Government	省属 Provincial Governments	地市属 Prefectures and Cities	县属 Counties	其他 Others
2000	6129331	1385363	2465371	1187976	974035	116586
2001	5607065	1219487	2237784	1070939	976605	102250
2002	8192153	1250858	3454247	1818716	1668332	
2003	7434176	964952	3239531	1458719	1699661	71313
2004	7835450	1429738	2900010	1642748	1518628	343126
2005	7468483	1227628	2548527	1882009	1579786	230533
2006	7938444	1610784	2260775	2010232	1825458	231196
2007	9448538	1544575	2891368	2389052	2266202	357341
2008	10882012	1092053	3193009	2675569	3667281	254100
2009	18940321	2068697	4693782	4906296	7119662	151884
2010	23199265	4427984	5147607	4886393	8160858	576423
2011	30860284	5974864	5766091	5401723	13539071	178534
2012	39642358	6654250	7100709	6133605	19751460	2333
2013	37576331	4304507	7201760	5405134	20578714	86216
2014	40831354	1436675	8882262	5732513	24660484	119421
2015	54522165	1090890	12009713	8324721	32395780	701061
2016	60995861	887197	12969444	12188351	34425189	525681
2017	71323681	1126919	13904614	13437179	42827706	27262

6-26 2017 年分隶属关系水利建设投资完成额（按地区分）

Completed Investment for Water Project Construction by Ownership in 2017(by Region)

单位：万元　　　　unit: 10^4 yuan

地区	Region	完成投资					
		合计 Total Completed Investment	中央属 Central Government	省属 Provincial Governments	地市属 Prefectures and Cities	县属 Counties	其他 Others
合　计	**Total**	**71323681**	**1126919**	**13904614**	**13437179**	**42827706**	**27262**
北　京	Beijing	1282866	79950	290974	906486	5456	
天　津	Tianjin	340046	5128	167072	167847		
河　北	Hebei	2490432	83833	620527	441984	1344089	
山　西	Shanxi	1169221		472239	211301	485556	125
内蒙古	Inner Mongolia	2155712	8071	270102	702128	1168911	6500
辽　宁	Liaoning	765132		368062	107557	289513	
吉　林	Jilin	1103595	3062	350020	226126	524387	
黑龙江	Heilongjiang	996588	585	387389	36544	572070	
上　海	Shanghai	3435207	5658	3054401	35451	339697	
江　苏	Jiangsu	4705098	10049	600130	1147919	2947001	
浙　江	Zhejiang	5781096	32	296052	1231397	4253615	
安　徽	Anhui	4057197	7829	1305363	824701	1919304	
福　建	Fujian	4015709		24667	1101547	2889495	
江　西	Jiangxi	1947758		338223	319893	1289642	
山　东	Shandong	1376932	192303	73607	168237	942786	
河　南	Henan	2539337	174399	504961	509088	1345162	5727
湖　北	Hubei	2326601	13571	681143	659761	971604	522
湖　南	Hunan	3016600		168488	519252	2328860	
广　东	Guangdong	3083414	6017	107706	455940	2513751	
广　西	Guangxi	1974172	479518	38499	688666	767489	
海　南	Hainan	464112		262383	23273	178456	
重　庆	Chongqing	2122561		25741	140782	1956037	
四　川	Sichuan	1894127	1000	171648	507708	1213771	
贵　州	Guizhou	3188838	607	556111	147135	2484985	
云　南	Yunnan	4678557	899	302829	537959	3829287	7583
西　藏	Tibet	477474		95535	57319	324620	
陕　西	Shaanxi	2481729	7688	449776	533762	1490503	
甘　肃	Gansu	1502099	1300	220389	299288	981122	
青　海	Qinghai	671683	45421	191097	59278	375887	
宁　夏	Ningxia	799983		260651	85675	453658	
新　疆	Xinjiang	4479804		1248829	583178	2640992	6805

6-27 历年分建设性质水利建设投资完成额

Completed Investment of Water Projects by Construction Type and Year

单位：万元 unit: 10^4 yuan

年份 Year	完成投资合计 Total Completed Investment	新建 Newly-constructed	扩建 Expansion	改建 Rehabilitation	建造生活设施 Domestic Facilities	迁建 Relocation Construction	恢复 Restoration	单纯购置 Procurement Only	前期工作 Early-stage Work
2001	5607065	3142493	799554	1555439	1419	3808	98859	5453	
2002	8192153	4370052	985730	2583175	4554	16425	225996	6221	
2003	7434176	4612389	748559	1922749	855	16889	125502	7234	
2004	7835450	5232176	787089	1648118	1697	552	160443	5376	
2005	7468483	5169892	913465	1254193	5989	435	116656	7852	
2006	7938444	5836456	679318	1243188		13730	58633	5082	102036
2007	9448538	6622152	809702	1855168		1888	78782	10328	70518
2008	10882012	6937057	809372	2881669	12990	14725	148107	8967	69126
2009	18940321	11696786	1340990	5704611	1291	10202	54847	6191	125403
2010	23199265	16492525	1262254	5091019		12872	228757	15949	95888
2011	30860284	21901730	1789445	6385538	6766	26135	278805	63158	408708
2012	39642358	25536930	1299875	12321437		48364	241298	33045	161409
2013	37576331	25553378	1477689	9611358		15728	300676	94565	522008
2014	40831354	28633614	2327562	8894558		8277	371433	66884	529025
2015	54522165	40077117	2920473	10667646		14165	328103	144340	370321
2016	60995861	47757408	3841636	8432564	32325	48579	546026	101612	235712
2017	71323681	55075463	3898865	11097559	13128	31111	646282	235608	325666

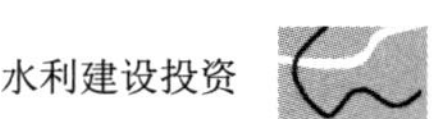

6-28　2017 年分建设性质水利建设投资完成额（按地区分）

Completed Investment of Water Projects by Construction Type in 2017 (by Region)

单位：万元　　　　unit: 10^4 yuan

地区	Region	完成投资 合计 Total Completed Investment	新建 Newly-constructed	扩建 Expansion	改建 Rehabilitation	建造生活设施 Domestic Facilities	迁建 Relocation Construction	恢复 Restoration	单纯购置 Procurement Only	前期工作 Early-stage Work
合　计	**Total**	**71323681**	**55075463**	**3898865**	**11097559**	**13128**	**31111**	**646282**	**235608**	**325666**
北　京	Beijing	1282866	686556		526181			27379		42749
天　津	Tianjin	340046	202018	36535	97568					3925
河　北	Hebei	2490432	2027243	25800	286333			150135	30	891
山　西	Shanxi	1169221	984812	71893	105775	175		5954	612	
内蒙古	Inner Mongolia	2155712	947033	612124	590109				5846	600
辽　宁	Liaoning	765132	719475	177	42419				3062	
吉　林	Jilin	1103595	1087063	3086	500			8894	1802	2250
黑龙江	Heilongjiang	996588	637481	291109	67601			397		
上　海	Shanghai	3435207	3328953	11872	94159					222
江　苏	Jiangsu	4705098	3144240	272950	1195937	3629	12301	57409	3873	14759
浙　江	Zhejiang	5781096	4694778	267801	815376		750	2299	60	32
安　徽	Anhui	4057197	3675452	66559	308174			1157		5855
福　建	Fujian	4015709	3363732	364748	168139	302	1500	69693	36834	10761
江　西	Jiangxi	1947758	922483	182648	840235			20	1055	1318
山　东	Shandong	1376932	937917	132630	304610				900	875
河　南	Henan	2539337	2037690	67843	417395	7249		2332	82	6746
湖　北	Hubei	2326601	1405966	141866	610919		39	61241	70899	35672
湖　南	Hunan	3016600	1752404	534657	514018			119686	50727	45109
广　东	Guangdong	3083414	2122192	296290	581414	1773	650	30093	8952	42051
广　西	Guangxi	1974172	1896151	25971	38258			10994	1408	1390
海　南	Hainan	464112	394666	1119	50497			2110		15721
重　庆	Chongqing	2122561	1656059	120952	265717		15641	1621	5050	57521
四　川	Sichuan	1894127	1642830	124686	78684		230	40122	7574	
贵　州	Guizhou	3188838	3085510	5039	79409			3921	3282	11678
云　南	Yunnan	4678557	4166246	68641	412395			25963	4772	540
西　藏	Tibet	477474	468856	330	8130			158		
陕　西	Shaanxi	2481729	829721	20285	1597821				13224	20678
甘　肃	Gansu	1502099	1336310	47175	110256				7457	900
青　海	Qinghai	671683	609426	2005	56284				3514	453
宁　夏	Ningxia	799983	672631	6404	120948					
新　疆	Xinjiang	4479804	3639569	95671	712297			24704	4593	2970

6-29 历年分建设阶段水利建设投资完成额

Completed Investment of Water Projects by Construction Stage and Year

单位：万元 unit: 10^4 yuan

年份 Year	完成投资 合计 Total Completed Investment	筹建 Preparation	当年正式施工 Start Construction at the Present Year	当年收尾 Completed at the Present Year	全部停缓建 Suspended or Cancelled	单纯购置 Procurement Only	前期工作 Early-stage Work
2000	6129331	3460	6066009	49828	303	9731	
2001	5607065	116523	5272460	208304	650	6080	
2002	8192153	164376	7780740	240816		6221	
2003	7434176	45986	7206884	170562	3510	7234	
2004	7835450	141607	7406704	273994	7763	5384	
2005	7468483		7394937	56826	8867	7852	
2006	7938444	40716	7651806	132829	14226	5082	93784
2007	9448538	61830	9017110	259879	11690	8836	89193
2008	10882012	82697	10607800	80926	11540	8967	90082
2009	18940321	352473	18322138	112391	23122	6191	124006
2010	23199265	211602	22783218	25864	8067	15949	154565
2011	30860284	556487	29784426	45422	2083	63158	408708
2012	39642358	687320	38714955	40132	5498	33045	161409
2013	37576331	696244	36176897	12888	8999	94565	584680
2014	40831354	1397937	38766904	22227	17572	66884	559830
2015	54522165	665889	53323533	8625	9457	144340	370321
2016	60995861	816181	59691186	57777	77366	117639	235712
2017	71323681	902775	69379202	476874	3517	235608	325706

6-30 2017 年分建设阶段水利建设投资完成额（按地区分）

Completed Investment of Water Projects by Construction Stage in 2017 (by Region)

单位：万元　　　　unit: 10^4 yuan

地区	Region	完成投资 合计 Total Completed Investment	筹建 Preparation	当年正式施工 Start Construction at the Present Year	当年收尾 Completed at the Present Year	全部停缓建 Suspended or Cancelled	单纯购置 Procurement Only	前期工作 Early-stage Work
合　计	**Total**	**71323681**	**902775**	**69379202**	**476874**	**3517**	**235608**	**325706**
北　京	Beijing	1282866	22849	1201598	15669			42749
天　津	Tianjin	340046	380	335741				3925
河　北	Hebei	2490432	30561	2385732	73219		30	891
山　西	Shanxi	1169221	6512	1153639	8459		612	
内蒙古	Inner Mongolia	2155712		2149266			5846	600
辽　宁	Liaoning	765132	240	761830			3062	
吉　林	Jilin	1103595	520	1099023			1802	2250
黑龙江	Heilongjiang	996588		996588				
上　海	Shanghai	3435207	3268	3431520	196			222
江　苏	Jiangsu	4705098	42793	4605074	38599		3873	14759
浙　江	Zhejiang	5781096	129525	5640475	11004		60	32
安　徽	Anhui	4057197	1250	3964051	86040			5855
福　建	Fujian	4015709	280915	3653633	33526		36834	10801
江　西	Jiangxi	1947758	200	1945186			1055	1318
山　东	Shandong	1376932	3185	1354972	17000		900	875
河　南	Henan	2539337	2300	2480209	50000		82	6746
湖　北	Hubei	2326601	4028	2215703	300		70899	35672
湖　南	Hunan	3016600	46736	2856408	17620		50727	45109
广　东	Guangdong	3083414	102571	2924500	1825	3517	8952	42051
广　西	Guangxi	1974172	6659	1964715			1408	1390
海　南	Hainan	464112	49	448342				15721
重　庆	Chongqing	2122561	37589	2022401			5050	57521
四　川	Sichuan	1894127	35733	1850819			7574	
贵　州	Guizhou	3188838	27083	3137165	9631		3282	11678
云　南	Yunnan	4678557	47496	4582382	43366		4772	540
西　藏	Tibet	477474		473500	3973			
陕　西	Shaanxi	2481729	58137	2379670	10020		13224	20678
甘　肃	Gansu	1502099		1493741			7457	900
青　海	Qinghai	671683	1365	666351			3514	453
宁　夏	Ningxia	799983		799983				
新　疆	Xinjiang	4479804	10830	4404983	56427		4593	2970

6-31 历年分规模水利建设投资完成额

Completed Investment of Water Projects by Size of Water Project and Year

单位：万元 unit: 10^4 yuan

年份 Year	完成投资 合计 Total Completed Investment	大中型 Large and Medium	小型 Small	其他 Others
2001	5607065	3384402	2207202	15461
2002	8192153	3035528	5088159	68465
2003	7434176	2343713	4815522	274940
2004	7835450	2259955	5365376	210120
2005	7468483	3263029	3766332	439121
2006	7938444	2961707	4451579	525158
2007	9448538	3183673	5485744	779121
2008	10882012	2539432	8179610	162970
2009	18940321	4502610	14205434	232277
2010	23199265	6878706	16093909	226650
2011	30860284	9452390	20863449	544445
2012	39642358	11694575	27575237	372546
2013	37576331	9059372	27632787	884172
2014	40831354	7085221	33088136	657997
2015	54522165	8599941	45402114	520110
2016	60995861	10800283	49719523	476055
2017	71323681	14304835	56350991	667854

6-32 2017 年分规模水利建设投资完成额（按地区分）

Completed Investment of Water Projects by Size of Project in 2017(by Region)

单位：万元 unit: 10^4 yuan

地区	Region	完成投资 合计 Total Completed Investment	大中型 Large and Medium	小型 Small	其他 Others
合 计	**Total**	**71323681**	**14304835**	**56350991**	**667854**
北 京	Beijing	1282866	173522	1064983	44361
天 津	Tianjin	340046		336121	3925
河 北	Hebei	2490432	280352	2208181	1900
山 西	Shanxi	1169221	166029	953982	49210
内蒙古	Inner Mongolia	2155712	85539	2067069	3104
辽 宁	Liaoning	765132	440951	324182	
吉 林	Jilin	1103595	505015	594591	3989
黑龙江	Heilongjiang	996588	545961	432774	17853
上 海	Shanghai	3435207		3429549	5658
江 苏	Jiangsu	4705098	540061	4153535	11502
浙 江	Zhejiang	5781096	823423	4957640	32
安 徽	Anhui	4057197	1566361	2487820	3015
福 建	Fujian	4015709	406440	3545413	63856
江 西	Jiangxi	1947758	144751	1802020	987
山 东	Shandong	1376932	307522	1068535	875
河 南	Henan	2539337	1760752	718012	60572
湖 北	Hubei	2326601	625100	1694927	6574
湖 南	Hunan	3016600	477412	2435088	104100
广 东	Guangdong	3083414	88894	2988504	6017
广 西	Guangxi	1974172	700822	1246302	27048
海 南	Hainan	464112	223497	199260	41356
重 庆	Chongqing	2122561	121190	1980180	21191
四 川	Sichuan	1894127	661834	1232114	179
贵 州	Guizhou	3188838	484110	2702985	1743
云 南	Yunnan	4678557	552988	3988710	136859
西 藏	Tibet	477474	124593	352880	
陕 西	Shaanxi	2481729	410141	2041903	29686
甘 肃	Gansu	1502099	304188	1189553	8357
青 海	Qinghai	671683	313845	356662	1176
宁 夏	Ningxia	799983	208663	591320	
新 疆	Xinjiang	4479804	1260879	3206194	12732

6-33 历年分构成水利建设投资完成额

Completed Investment of Water Projects by Construction Type and Year

单位：万元 unit: 10^4 yuan

年份 Year	完成投资 合计 Total Completed Investment	建筑工程 Construction Project	安装工程 Installation	设备工器具购置 Procurement of Machinery and Equipment	其他 Others
2001	5607065	4052065	197296	227128	1130576
2002	8192153	6064058	274537	416958	1436599
2003	7434176	5670323	289401	352728	1121724
2004	7835450	5526833	276530	436531	1595556
2005	7468483	5306556	269855	398472	1493600
2006	7938444	5837364	318550	384313	1398217
2007	9448538	6725242	465282	568467	1689547
2008	10882012	7815009	674188	599969	1792847
2009	18940321	12972462	1133765	1250000	3584094
2010	23199265	15248673	1096243	1245116	5609232
2011	30860284	21032078	1216941	1152076	7459189
2012	39642358	27364953	2377877	1781362	8118166
2013	37576331	27828417	1735750	1610647	6401516
2014	40831354	30863756	1850155	2061439	6056004
2015	54522165	41508222	2287941	1987101	8738901
2016	60995861	44220022	2544739	1728498	12502603
2017	71323681	50696887	2658070	2117097	15851627

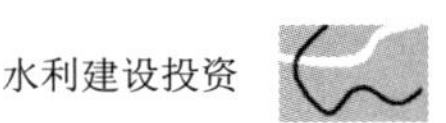

6-34　2017 年分构成水利建设投资完成额（按地区分）

Completed Investment of Water Projects by Construction Type in 2017 (by Region)

单位：万元　　unit: 10^4 yuan

地区	Region	完成投资 合计 Total Completed Investment	建筑工程 Construction Project	安装工程 Installation	设备工器具购置 Procurement of Machinery and Equipment	其他 Others
合　计	**Total**	**71323681**	**50696887**	**2658070**	**2117097**	**15851627**
北　京	Beijing	1282866	907073	4433	1048	370311
天　津	Tianjin	340046	195273	14404	14031	116338
河　北	Hebei	2490432	1546060	122676	143866	677830
山　西	Shanxi	1169221	811051	27894	55002	275274
内蒙古	Inner Mongolia	2155712	1182586	68233	155348	749545
辽　宁	Liaoning	765132	623665	11238	40479	89750
吉　林	Jilin	1103595	863661	21725	36129	182080
黑龙江	Heilongjiang	996588	705058	42071	23306	226154
上　海	Shanghai	3435207	2472436	1258	4626	956886
江　苏	Jiangsu	4705098	3443511	444398	147436	669752
浙　江	Zhejiang	5781096	3685534	71881	62968	1960712
安　徽	Anhui	4057197	2320649	50055	36465	1650028
福　建	Fujian	4015709	2693068	143912	65728	1113003
江　西	Jiangxi	1947758	1339554	57895	49381	500928
山　东	Shandong	1376932	890544	73851	69753	342785
河　南	Henan	2539337	1919891	36075	34339	549032
湖　北	Hubei	2326601	1951756	76616	54756	243473
湖　南	Hunan	3016600	2331348	187950	166266	331037
广　东	Guangdong	3083414	2353289	139053	82086	508987
广　西	Guangxi	1974172	1475550	38173	36287	424162
海　南	Hainan	464112	377676	4359	6540	75538
重　庆	Chongqing	2122561	1402907	123704	86703	509246
四　川	Sichuan	1894127	1405093	75090	64903	349041
贵　州	Guizhou	3188838	2135010	128583	149402	775843
云　南	Yunnan	4678557	3629915	187164	76316	785162
西　藏	Tibet	477474	374205	30237	17788	55243
陕　西	Shaanxi	2481729	2090906	41370	38101	311352
甘　肃	Gansu	1502099	1129165	136854	95711	140368
青　海	Qinghai	671683	526409	5628	8913	130734
宁　夏	Ningxia	799983	705248	9213	44875	40647
新　疆	Xinjiang	4479804	3208797	282074	248545	740388

6-35 历年水利建设当年完成工程量

Completed Working Load by Year

单位：万立方米 unit: $10^4 m^3$

年份 Year	土方 Earth	石方 Rock	混凝土 Concrete
1957	59618	1084	125
1960	177946	15165	475
1961	19735	1809	116
1962	25287	1711	77
1963	27438	1679	104
1964	37869	2270	145
1965	64193	2881	186
1971	51085	1478	143
1972	125853	11652	370
1973	111397	13464	469
1974	115695	10671	417
1975	125712	13821	502
1976	163160	26423	712
1977	139104	15147	638
1978	139800	19600	808
1979	206100	16300	746
1980	55000	5400	506
1981	20800	2500	231
1982	19500	2100	245
1983	24300	2000	283
1984	26500	2300	268
1985	25200	2000	244
1986	24100	2000	225
1987	31000	2600	276
1988	29300	2300	298
1989	31650	2886	328
1990	33209	2712	437
1991	40143	3124	512
1992	54862	5054	583
1993	46099	5710	630
1994	41177	5127	707
1995	34955	6126	824
1996	34883	7865	807
1997	42755	5630	988
1998	101393	15023	1322
1999	104684	14022	1613
2000	129432	14456	2084
2001	92777	14716	1855
2002	139036	18178	2581
2003	94079	14677	2710
2004	132007	24057	2514
2005	138665	20718	2168
2006	201603	39847	1971
2007	140567	25099	2050
2008	170705	26686	2651
2009	198846	25333	4641
2010	226128	30505	4660
2011	282247	26001	6228
2012	343715	47404	7447
2013	359956	53854	7030
2014	308992	59370	6932
2015	376411	59603	8181
2016	398386	70072	8671
2017	351660	55394	9454

6-36 2017年水利建设当年完成工程量（按地区分）

Completed Working Load in 2017 (by Region)

单位：万立方米 unit: $10^4 m^3$

地区	Region	当年计划 Planned of the Present Year			当年完成 Completed of the Present Year		
		土方 Earth	石方 Rock	混凝土 Concrete	土方 Earth	石方 Rock	混凝土 Concrete
合 计	**Total**	**358816**	**58330**	**9914**	**351660**	**55394**	**9454**
北 京	Beijing	1179	130	17	1976	172	26
天 津	Tianjin	1330	44	48	2064	74	50
河 北	Hebei	23244	911	400	18434	759	141
山 西	Shanxi	8796	917	236	8512	771	252
内蒙古	Inner Mongolia	18257	1211	247	17836	1206	249
辽 宁	Liaoning	8930	1317	180	8908	1308	164
吉 林	Jilin	6732	730	71	7781	735	65
黑龙江	Heilongjiang	7562	4614	70	7477	4597	62
上 海	Shanghai	4351	301	185	4071	327	154
江 苏	Jiangsu	24896	2172	575	25591	2074	580
浙 江	Zhejiang	10935	3396	505	12651	3511	539
安 徽	Anhui	30978	1678	382	32088	1755	398
福 建	Fujian	20551	2175	497	20700	2125	503
江 西	Jiangxi	8779	4044	386	8981	3990	363
山 东	Shandong	18776	537	175	19071	446	178
河 南	Henan	15881	1024	258	15707	1065	228
湖 北	Hubei	14784	4349	418	11406	2124	318
湖 南	Hunan	8067	1741	400	7927	1716	369
广 东	Guangdong	5385	847	310	5100	781	271
广 西	Guangxi	4255	812	471	3684	613	389
海 南	Hainan	4563	60	241	2165	57	225
重 庆	Chongqing	4436	2526	508	4645	2547	506
四 川	Sichuan	4517	2432	423	4280	2251	467
贵 州	Guizhou	3187	2055	503	3210	2242	486
云 南	Yunnan	12627	3660	623	13211	3702	636
西 藏	Tibet	1208	416	88	1201	411	91
陕 西	Shaanxi	18010	2509	252	16848	2348	246
甘 肃	Gansu	18890	1874	431	18246	1780	413
青 海	Qinghai	5779	4579	120	5516	4464	112
宁 夏	Ningxia	11200	732	129	10961	849	213
新 疆	Xinjiang	30732	4534	766	31411	4594	760

6-37 历年水利建设累计完成工程量

Accumulated Completed Working Load of Water Projects by Year

单位：万立方米 unit: 10^4m^3

年份 Year	全部计划 Total Planned			累计完成 Total Completed		
	土方 Earth	石方 Rock	混凝土 Concrete	土方 Earth	石方 Rock	混凝土 Concrete
2001	711388	119858	13089	427458	61541	6685
2002	651588	86461	12960	485593	57858	7886
2003	664041	87724	12965	462941	59674	8617
2004	6422138	1320016	108489	3837466	603405	68102
2005	3211069	660008	54245	1918733	301703	34051
2006	1077148	198978	17349	672085	110836	11386
2007	1083946	222242	17523	601617	91505	10944
2008	1049975	238789	19372	645032	99363	11721
2009	1060725	117890	21656	633610	77809	13828
2010	1188888	118309	24666	647565	80824	14956
2011	980995	120239	27143	690220	77171	16845
2012	1066149	164057	29103	766303	94707	19097
2013	1018601	191797	27116	724815	108723	18140
2014	942890	159184	25891	681691	115661	16265
2015	1088102	195655	30249	847858	153399	18791
2016	955464	157574	33579	802483	144606	20314
2017	1132587	167244	33685	766988	107786	20101

6-38 2017 年水利建设累计完成工程量（按地区分）

Accumulated Completed Working Load of Water Projects in 2017 (by Region)

单位：万立方米 unit: 10^4m^3

地区	Region	全部计划 Total Planned			累计完成 Total Completed		
		土方 Earth	石方 Rock	混凝土 Concrete	土方 Earth	石方 Rock	混凝土 Concrete
合 计	**Total**	**1132587**	**167244**	**33685**	**766988**	**107786**	**20101**
北 京	Beijing	10788	595	179	7877	635	104
天 津	Tianjin	4212	115	90	3737	84	57
河 北	Hebei	176845	17457	1142	29333	1133	571
山 西	Shanxi	23331	3437	967	18477	2928	727
内蒙古	Inner Mongolia	51240	4768	894	41967	2860	705
辽 宁	Liaoning	71855	4880	1113	69861	4408	694
吉 林	Jilin	20074	1690	118	18369	1453	87
黑龙江	Heilongjiang	34653	6812	462	31469	6580	438
上 海	Shanghai	7936	1099	313	6655	1086	273
江 苏	Jiangsu	57978	3530	1101	49625	2872	851
浙 江	Zhejiang	40030	10920	1832	30465	9381	1184
安 徽	Anhui	105937	7129	1783	53040	2410	648
福 建	Fujian	79761	5423	929	58238	2621	687
江 西	Jiangxi	14245	5061	747	12826	8596	561
山 东	Shandong	70227	2188	1067	56860	1983	958
河 南	Henan	52876	4165	1274	46591	3365	1096
湖 北	Hubei	21212	6932	685	15195	2929	451
湖 南	Hunan	12079	2098	588	8598	1889	431
广 东	Guangdong	28384	4342	1832	20124	3155	1183
广 西	Guangxi	7835	1320	943	5716	873	527
海 南	Hainan	7683	243	388	2412	75	235
重 庆	Chongqing	8690	5683	1225	7207	4277	905
四 川	Sichuan	9517	8111	1501	7791	5032	924
贵 州	Guizhou	6799	7084	1644	4992	4027	769
云 南	Yunnan	37209	18156	3459	24373	8749	1156
西 藏	Tibet	7501	1244	254	7005	1096	198
陕 西	Shaanxi	33521	5733	1056	25383	3588	609
甘 肃	Gansu	34680	6308	1262	26270	3981	913
青 海	Qinghai	10380	6314	526	7378	5149	242
宁 夏	Ningxia	18014	1369	611	15455	1188	580
新 疆	Xinjiang	67094	13039	3701	53699	9384	1336

6-39 历年水利

Completed Works of

年份 Year	水库总库容 /亿立方米 Total Storage Capacity of Reservoirs /10^8m^3	耕地灌溉面积 /千公顷 Irrigated Area of Cultivated Land /10^3ha	除涝面积 /千公顷 Drained Area /10^3ha	发电装机容量 /千千瓦 Installed Capacity for Power Generation /10^3kW	排灌装机容量 /千千瓦 Installed Capacity of Irrigation and Drainage Works /10^3kW	供水能力 /万吨每日 Capacity of Water Supply /(10^4t/d)
1990	129.09	1109.13	862.62	1170.40	329.30	
1991	125.04	1041.40	645.19	1922.60	244.90	
1992	120.41	1215.23	836.43	2443.30	200.90	
1993	152.69	1105.52	772.57	3038.20	151.20	
1994	312.91	1171.57	963.29	5294.70	231.60	
1995	342.12	1334.10	853.54	6661.80	286.00	
1996	321.66	1182.93	805.55	6523.40	250.00	860.36
1997	348.99	1056.73	1066.81	7117.20	235.30	1811.81
1998	348.65	1364.77	1095.81	5200.60	471.10	2283.35
1999	310.27	1014.89	133.59	4620.50	215.10	965.60
2000	359.15	798.07	89.79	4090.10	271.60	3961.42
2001	113.48	572.73	173.03	2080.80	114.90	5891.73
2002	250.95	485.93	183.69	1672.30	240.10	2044.47
2003	386.26	820.14	105.09	2708.90	575.50	2478.45
2004	263.05	603.68	165.83	2388.20	64.60	2345.35
2005	317.93	543.64	157.93	2292.60	63.90	1246.36
2006	411.13	556.21	143.41	2133.15	54.87	1851.47
2007	209.42	1261.63	322.64	1532.84	79.45	1734.38
2008	162.59	1189.33	577.59	1846.30	119.66	1283.14
2009	269.80	1929.17	546.46	4267.36	305.15	2311.20
2010	196.28	1115.39	472.66	3791.69	283.66	1585.08
2011	178.80	1010.88	316.17	2068.93	2002.47	6432.39
2012	154.72	890.25	121.66	2574.70	307.71	2657.55
2013	91.23	872.13	221.86	4817.88	423.92	2071.43
2014	118.83	1044.64	315.43	3348.41	306.77	2473.63
2015	108.14	1160.50	276.06	4377.84	207.64	2283.06
2016	165.43	1282.11	392.93	4443.26	606.11	4461.47
2017	104.41	953.17	370.80	5383.35	715.90	2986.09

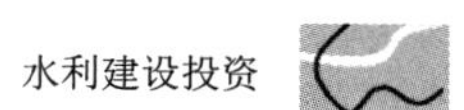

建设施工规模

Water Projects by Year

改善灌溉面积 /千公顷 Improved Irrigated Area /10^3ha	改善除涝面积 /千公顷 Drained Area /10^3ha	新建及加固堤防 /千米 Newly-Built & Strengthened Embankment /km	水保治理面积 /千公顷 Recovered Area from Soil Erosion /10^3ha	解决饮水困难人口 /万人 Population Access to Drinking Water /10^4persons	饮水安全达标人口 /万人 Population with Safe Drinking Water /10^4persons	节水灌溉面积 /千公顷 Water-Saving Irrigated Area /10^3ha
681.85	413.85					
566.79	672.69					
678.60	680.71					
425.63	594.44					
517.28	313.48					
699.65	699.18					
1575.13	757.59					
1142.98	762.37					
1720.41	578.18					
2077.57	781.91	8478.08	1925.58	648.90		108.18
2565.22	1381.42	8437.96	1675.12	2139.88		195.79
1437.79	583.71	4695.94	1301.93	2406.42		351.48
1715.7	745.15	5667.73	2579.56	1226.59		262.53
1249.72	463.22	3653.70	1762.34	933.37		250.84
2244.32	678.08	5111.99	854.20		1562.82	488.97
1927.16	599.29	4895.22	783.51		2758.50	368.72
1849.77	1334.84	4273.42	1613.73		4088.10	254.76
2749.38	726.03	5002.74	2553.15		6715.80	343.85
3791.69	678.75	6362.94	1333.20		6574.41	411.17
4220.96	1597.80	10466.16	2641.66		5579.42	541.07
4871.41	817.81	11605.51	2041.65		7198.11	694.89
4466.52	656.19	11330.60	1616.08		6491.21	1268.60
4412.30	1212.26	12369.60	1844.20		6059.06	910.07
4339.14	742.17	10061.26	2188.80		7278.42	1156.48
5664.52	1285.66	17710.06	2758.03			1644.75
6058.58	1812.49	19108.54	2229.91			1878.35

6-40 2017年水利建设
Completed Works of Water Projects

地区	Region	水库总库容/亿立方米 Total Storage Capacity of Reservoirs /10^8m^3	耕地灌溉面积/千公顷 Irrigated Area of Cultivated Land /10^3ha	除涝面积/千公顷 Drained Area /10^3ha	发电装机容量/千千瓦 Installed Capacity for Power Generation /10^3kW	排灌装机容量/千千瓦 Installed Capacity of Irrigation and Drainage Works /10^3kW	供水能力/万吨每日 Capacity of Water Supply /($10^4t/d$)
合　计	**Total**	**104.41**	**953.17**	**370.80**	**5383.35**	**715.90**	**2986.09**
北　京	Beijing						
天　津	Tianjin	0.20				0.84	100.52
河　北	Hebei	0.08	25.59	6.09	0.10		29.21
山　西	Shanxi	0.08	10.07	0.05	29.44	0.07	23.96
内蒙古	Inner Mongolia	11.84	27.12		20.80	0.78	175.49
辽　宁	Liaoning	0.02	18.08	4.54	10.45	4.68	0.80
吉　林	Jilin	4.38	23.58	3.83	16.40	0.91	18.69
黑龙江	Heilongjiang	0.01	15.80		10.18	2.96	10.05
上　海	Shanghai					0.52	
江　苏	Jiangsu	0.70	42.35	54.48	8.44	148.33	310.50
浙　江	Zhejiang	6.00	34.08	11.59	112.94	29.39	153.20
安　徽	Anhui	1.61	33.35	36.94	7.18	63.59	75.71
福　建	Fujian	2.40	18.48	42.40	192.64	63.14	214.72
江　西	Jiangxi	0.50	41.11	24.36	342.29	31.32	86.60
山　东	Shandong	2.14	45.75	25.01	0.81	5.93	110.24
河　南	Henan	0.66	47.60	27.89		0.17	21.60
湖　北	Hubei	0.66	24.36	95.88	105.64	108.49	18.14
湖　南	Hunan	2.32	44.09	5.08	395.03	116.36	80.50
广　东	Guangdong	0.11	0.60	10.81	570.78	16.24	84.44
广　西	Guangxi	0.06	31.34	3.51	4.59	0.03	41.79
海　南	Hainan		97.99	0.83			66.58
重　庆	Chongqing	2.39	18.78	0.38	325.88	1.86	123.48
四　川	Sichuan	1.65	45.94	5.52	96.45	0.28	52.61
贵　州	Guizhou	6.01	49.11	1.57	85.78	2.11	91.62
云　南	Yunnan	7.73	110.99	5.44	0.51		198.17
西　藏	Tibet	0.64	53.47	1.09	21.02	3.20	8.61
陕　西	Shaanxi	4.22	23.00	0.34	253.55	1.79	185.04
甘　肃	Gansu	0.16	6.93		62.01		146.21
青　海	Qinghai	0.56	0.80		3.28		6.72
宁　夏	Ningxia	0.31	0.42			112.96	5.30
新　疆	Xinjiang	46.97	62.37	3.15	2707.17		545.62

施工规模（按地区分）

in 2017 (by Region)

改善灌溉面积 /千公顷 Improved Irrigated Area /10^3ha	改善除涝面积 /千公顷 Drained Area /10^3ha	新建及加固堤防 /千米 Newly-built & Strengthened Embankment /km	水保治理面积 /千公顷 Recovered Area from Soil Erosion /10^3ha	节水灌溉面积 /千公顷 Water-saving Irrigated Area /10^3ha
6058.58	**1812.49**	**19108.54**	**2229.91**	**1878.35**
0.69		7.27	24.89	3.49
7.43	78.42	36.87	0.27	4.28
253.91	6.09	1111.04	53.02	197.88
37.19	0.13	229.38	76.19	22.76
216.40		1275.40	327.05	129.71
163.73	52.22	865.63	94.96	44.17
46.84	54.25	663.36	25.83	26.57
21.70	31.53	2060.49	5.57	21.48
8.63	25.49	146.82		
501.61	525.73	1153.02	72.00	128.42
43.73	16.54	725.81	125.42	22.67
367.30	325.55	1428.43	58.41	44.73
89.58	35.53	873.39	82.60	231.98
141.26	127.49	1290.74	19.40	26.10
293.57	40.74	335.05	42.40	91.98
192.67	81.21	743.76	27.55	29.04
306.25	299.11	577.04	70.07	241.50
252.20	20.25	800.47	69.75	31.05
41.86	27.20	379.90	15.06	11.39
86.34	8.17	203.29	46.98	39.51
13.74	0.29	45.85	13.69	3.31
146.48	5.70	196.70	60.57	8.30
148.16	4.12	264.25	58.51	40.90
22.44	7.66	268.79	83.72	5.96
230.79	22.99	433.10	151.31	77.13
36.77	0.35	321.94	44.38	1.80
171.76	5.56	631.71	272.61	41.21
116.45		1021.63	97.47	96.49
23.95		249.65	27.84	12.66
78.28		29.01	88.08	8.38
1996.93	10.18	738.76	94.29	233.40

6-41 历年水利建

Newly-increased Benefits of Water

年份 Year	水库总库容 /亿立方米 Total Storage Capacity of Reservoirs /10^8m^3	耕地灌溉面积 /千公顷 Irrigated Area of Cultivated Land /10^3ha	除涝面积 /千公顷 Drained Area /10^3ha	发电装机容量 /千千瓦 Installed Capacity for Power Generation /10^3kW	排灌装机容量 /千千瓦 Installed Capacity of Irrigation and Drainage Works /10^3kW	供水能力 /万吨每日 Capacity of Water Supply /($10^4t/d$)
1990	29.64	121.17	62.21	164.30	99.50	
1991	23.34	101.25	43.77	311.10	84.10	
1992	19.13	90.53	116.67	391.00	67.40	
1993	11.48	78.48	133.89	182.50	42.90	
1994	7.61	94.09	77.23	392.90	23.80	
1995	42.23	174.89	28.30	388.20	66.80	
1996	14.95	158.03	29.43	355.30	90.60	450.44
1997	11.86	94.61	89.65	719.80	28.10	145.12
1998	28.15	187.01	57.67	749.00	102.3	456.57
1999	46.61	198.23	42.83	885.60	19.40	82.84
2000	183.62	126.86	49.69	2139.10	21.90	529.80
2001	31.96	191.41	28.51	1317.40	34.80	2939.65
2002	29.19	156.47	171.29	543.10	89.20	281.64
2003	5.83	146.99	11.67	368.60	544.00	871.31
2004	12.86	252.11	71.99	725.80	20.80	530.81
2005	112.64	98.65	74.62	794.40	47.30	398.36
2006	267.39	139.45	55.46	1146.16	28.46	349.78
2007	55.71	314.09	206.89	754.18	59.78	488.23
2008	44.37	275.44	223.66	701.04	79.39	333.69
2009	50.96	550.52	286.11	912.68	89.77	740.58
2010	32.88	355.59	441.76	905.81	102.38	509.43
2011	48.54	470.26	284.13	566.30	1034.99	876.18
2012	26.81	466.63	96.97	988.60	168.06	985.68
2013	19.08	382.06	189.45	1903.28	128.31	819.56
2014	30.38	300.27	255.01	1846.76	261.45	934.66
2015	26.26	702.44	244.13	1534.06	133.94	778.88
2016	84.79	754.54	306.09	1558.56	228.75	3190.13
2017	29.44	544.17	230.37	2295.73	416.21	1999.21

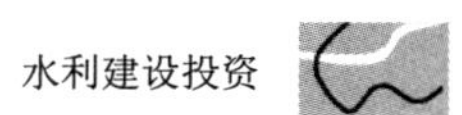

设新增效益

Projects Construction by Year

改善灌溉面积 /千公顷 Improved Irrigated Area /10^3ha	改善除涝面积 /千公顷 Drained Area /10^3ha	新建及加固堤防 /千米 Newly-built & Strengthened Embankment /km	水保治理面积 /千公顷 Recovered Area from Soil Erosion /10^3ha	解决饮水困难人口 /万人 Population Access to Drinking Water /10^4persons	饮水安全达标人口 /万人 Population with Safe Drinking Water /10^4persons	节水灌溉面积 /千公顷 Water-saving Irrigated Area /10^3ha
204.49	208.73					
141.90	526.79					
341.81	226.40					
219.92	419.77					
187.43	86.12					
251.04	309.10					
330.28	161.89					
283.51	140.24					
839.09	1279.70					
956.97	163.28	4545.91	1699.45	470.38		76.49
1484.52	529.17	5772.04	1118.41	1950.07		132.73
927.62	463.75	2693.61	1011.98	1245.44		245.81
1232.00	494.73	2918.24	1681.30	985.68		155.79
467.11	129.29	2246.61	1717.64	700.92		178.87
889.95	284.08	2726.91	635.29		1321.43	287.75
1121.20	383.39	2370.23	517.35		2478.28	310.37
1055.83	1015.16	1968.95	1261.41		2967.62	175.60
1845.54	449.49	2385.49	2090.95		5896.54	298.76
2230.19	477.20	3651.83	1041.65		6314.49	343.42
2061.10	1339.87	6900.63	2353.30		5151.23	424.31
3062.53	531.06	8265.39	1911.46		6761.47	615.19
2731.24	363.50	7441.02	1268.57		5696.34	1151.93
7371.00	2452.01	13678.22	2714.90		5580.84	728.61
3240.24	594.20	5824.10	2011.16		6708.63	1025.23
4505.97	996.96	8907.63	2346.34			1433.10
4914.00	1634.68	13678.22	1809.94			1504.56

6-42 2017年水利建设
Newly-increased Benefits of Water

地区	Region	水库总库容 /亿立方米 Total Storage Capacity of Reservoirs /10^8m^3	耕地灌溉面积 /千公顷 Irrigated Area of Cultivated Land /10^3ha	除涝面积 /千公顷 Drained Area /10^3ha	发电装机容量 /千千瓦 Installed Capacity for Power Generation /10^3kW	排灌装机容量 /千千瓦 Installed Capacity of Irrigation and Drainage Works /10^3kW	供水能力 /万吨每日 Capacity of Water Supply /(10^4t/d)
合　计	**Total**	**29.44**	**544.17**	**230.37**	**2295.73**	**416.21**	**1999.21**
北　京	Beijing						
天　津	Tianjin					0.84	100.52
河　北	Hebei	0.08	24.41	3.09			28.77
山　西	Shanxi	0.06	7.09	0.01	3.45	0.05	18.64
内蒙古	Inner Mongolia	0.98	1.14		1.60		15.06
辽　宁	Liaoning	0.01	12.29	4.52	10.43	2.61	0.80
吉　林	Jilin	4.38	18.96	2.50	5.40		13.07
黑龙江	Heilongjiang		12.77		10.18		6.85
上　海	Shanghai					0.52	
江　苏	Jiangsu	0.70	39.52	53.88	8.44	57.81	299.92
浙　江	Zhejiang	1.61	16.12	7.76	96.10	15.54	116.34
安　徽	Anhui	0.16	23.53	29.32	7.18	37.24	75.62
福　建	Fujian	2.15	5.97	41.74	170.65	60.00	160.28
江　西	Jiangxi	0.49	29.90	17.16	298.55	26.30	71.66
山　东	Shandong	2.01	42.10	15.50	0.81	5.93	97.89
河　南	Henan	0.66	43.59	25.22		0.17	21.45
湖　北	Hubei	0.33	16.21	11.30	98.72	64.11	15.67
湖　南	Hunan	0.97	30.64	4.087	386.64	107.33	78.19
广　东	Guangdong				124.43	4.25	51.85
广　西	Guangxi		23.16	0.12	4.59		38.25
海　南	Hainan		2.85	0.83			3.49
重　庆	Chongqing	0.92	6.85	0.37	237.33		84.82
四　川	Sichuan	1.00	33.16	5.52	93.55	0.28	52.03
贵　州	Guizhou	5.15	44.57	1.57	84.58	2.11	88.00
云　南	Yunnan	2.50	53.46	2.28	0.51		147.14
西　藏	Tibet		23.61	0.09	9.82	3.20	2.04
陕　西	Shaanxi	3.27	22.95	0.34	213.50	1.79	183.98
甘　肃	Gansu	0.05	6.64		56.49		59.94
青　海	Qinghai		0.80		1.50		6.56
宁　夏	Ningxia	0.26	0.42			26.16	5.30
新　疆	Xinjiang	1.73	1.52	3.15	371.29		155.1

新增效益（按地区分）

Projects Construction in 2017 (by Region)

改善灌溉面积 /千公顷 Improved Irrigated Area /10³ha	改善除涝面积 /千公顷 Drained Area /10³ha	新建及加固堤防 /千米 Newly-built & Strengthened Embankment /km	水保治理面积 /千公顷 Recovered Area from Soil Erosion /10³ha	节水灌溉面积 /千公顷 Water-saving Irrigated Area /10³ha
4914.00	**1634.68**	**13678.22**	**1809.94**	**1504.56**
0.69		7.27	24.30	2.92
7.43	74.49	29.87	0.27	4.289
220.76	6.09	1099.05	53.02	165.90
23.89	0.13	167.99	64.83	21.39
122.42		521.78	212.85	99.07
126.32	48.35	630.76	94.06	41.45
37.27	50.19	361.86	25.00	25.91
8.75		354.77	5.57	17.59
7.64	24.71	116.05		
481.38	501.22	923.78	42.58	127.50
29.81	11.19	540.39	17.79	15.15
329.78	312.28	1039.69	55.99	36.62
77.48	35.13	670.07	81.06	221.19
127.10	122.15	1075.52	19.40	21.62
280.90	39.74	215.96	42.39	81.17
174.42	64.40	621.32	27.25	28.90
213.28	267.51	504.83	61.90	45.74
229.93	16.53	703.23	67.75	29.17
29.56	6.42	203.52	3.55	10.60
77.58	8.00	183.18	31.78	36.73
4.59	0.29	10.54	13.70	3.31
144.40	2.36	111.52	50.69	7.30
105.76	3.01	245.00	57.19	38.59
21.50	7.66	264.53	79.16	5.96
195.93	18.31	304.49	137.12	72.32
15.47	0.35	258.99	14.46	1.01
162.75	5.56	627.09	266.98	39.82
99.48		950.48	89.73	88.34
21.69		238.92	27.84	12.03
78.28		29.01	82.50	8.34
1457.73	8.57	666.78	59.24	194.64

主要统计指标解释

水利建设投资 指水利系统固定资产投资。主要包括水利系统基本建设投资、部分更新改造投资等，防洪岁修、小农水等财政投资未包括在内。

建设项目 指按照以总体设计进行施工，由一个或若干个具有内在联系的工程组成的总体。基本建设项目指经批准在一个总体设计或初步设计范围内进行建设，经济上实行统一核算，行政上有独立的组织形式，实行统一管理的基本建设单位。

基本建设项目按规模分为大中型项目和小型项目，水利上基本建设项目大中型项目划分标准是：①水库，库容1亿立方米以上（包括1亿立方米，下同）；②灌溉面积，灌溉面积50万亩以上；③水电工程，发电装机5万千瓦以上；④其他水利工程，除国家指定外均不作为大中型项目。

建设阶段 指建设项目报告期所处的建设阶段，可分为以下几个阶段。

（1）筹建项目：指正在进行前期工作尚未正式施工的项目。

（2）施工项目：指报告期内进行过建筑或安装施工活动的项目。

（3）本年正式施工项目：指本年正式进行过建筑或安装活动的建设项目。

（4）本年新开工项目：指报告期内新开工的建设项目。

（5）本年续建项目：指本年以前已经正式开工，跨入本年继续进行建筑安装和购置活动的建设项目。

（6）建成投产项目：指报告期内按设计文件规定建成主体工程和相应配套的辅助设施，形成生产能力或工程效益，经过验收合格，并且已正式投入生产或交付使用的建设项目。

（7）本年收尾项目：指以前年度已经全部建成投入生产或交付使用，但尚有少量不影响正常生产和使用的辅助工程或生产性工程在报告期继续施工的项目。

（8）停缓建项目：指根据国民经济宏观调控及其他原因，经有关部门批准停止建设或近期内不再建设的项目。停缓建项目分为全部停缓建项目和部分停缓建项目。

1）全部停缓建项目是指经有关部门批准不再建设或短期内整个项目停止建设的项目。

2）部分停缓建项目是指建设项目仍在施工，但其中的部分单项工程经有关部门批准停止或近期内不再建设并已停止施工的项目。报告期部分停缓建项目仍应作为施工项目统计。

（9）全部竣工项目：指整个建设项目按设计文件规定的主体工程和辅助、附属工程全部建成，并已正式验收移交生产或使用部门的项目。

建设性质 基本建设项目的建设性质根据整个建设项目的情况确定，分为以下几种。

（1）新建：一般是指从无到有、“平地起家”开始建设的企业、事业和行政单位或独立的工程。现有企业、事业、行政单位一般不属于新建。但如有的单位原有基础很小，经过建设后新增的资产价值超过该企业、事业、行政单位原有固定资产价值（原值）3倍以上的也应作为新建。

（2）扩建：指在厂内或其他地点，为扩大原有产品的生产能力（或效益）或增加新的产品生产能力，而增建主要的生产车间（或主要工程）、分厂、独立的生产线的企业、事业单位。行政、事业单位在原单位增建业务用房（如学校增建教学用房、医院增建门诊部、病房等）也作为扩建。

现有企业、事业单位为扩大原有主要产品生产能力或增加新的产品生产能力，增建一个或几个主要生产车间（或主要工程）、分厂，同时进行一些更新改造工程的，也应作为扩建。

（3）改建：指对原有设施进行技术改造或更新（包括相应配套的辅助性生产、生活福利设施），没有增建主要生产车间、分厂等的企业、事业单位。

（4）单纯建造生活设施：指在不扩建、改建生产性工程和业务用房的情况下，单纯建造职工住宅、托儿所、子弟学校、医务室、浴室、食堂等生活福利设施的企业、事业及行政单位。

（5）迁建：指为改变生产力布局或由于城市环境保护和安全生产的需要等原因而搬迁到另地建设的企业、事业单位。

（6）恢复：指因自然灾害、战争等原因，使原有的固定资产全部或部分报废，以后又投资恢复建设的单位。

（7）单纯购置：指现有企业、事业、行政单位单纯购置不需要安装的设备、工具、器具，而不进行工程建设的单位。

隶属关系 基本建设项目按建设单位直属或主管上级机关确定。

隶属关系分为中央、省（自治区、直辖市）、地区（州、盟、省辖市）、县（旗、县级市、市辖区）和其他五大类。

（1）中央：指中共中央、人大常委会和国务院各部、委、局、总公司以及直属机构直接领导和管理的基本建

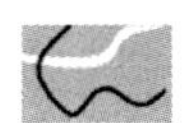

设项目和企业、事业、行政单位。这些单位的固定资产投资计划由国务院各部门直接编制和下达，建设中所需要的统配物资和主要设备以及建设中的问题都由中央有关部门安排和解决。

（2）省（自治区、直辖市）：由省（自治区、直辖市）政府及业务主管部门直接领导和管理的基本建设项目和企业、事业、行政单位。

（3）地区（州、盟、省辖市）：由地区、自治州、盟、省辖市直接领导和管理的基本建设项目和企业、事业、行政单位。

（4）县（旗、县级市、市辖区）：由县、自治旗、县级市、市辖区直接领导和管理的基本建设项目和企业、事业、行政单位。

（5）其他：不隶属以上各级政府及主管部门的建设项目和企业、事业单位，如外商投资企业和无主管部门的企业等。

Explanatory Notes of Main Statistical Indicators

Investment for water project construction Investment of fixed assets in the water sector, which mainly refers to the investment of basic water infrastructures and some rehabilitation projects, but excluding annual maintenance of flood control works and financial allocation to small irrigation, drainage and rural water supply schemes.

Construction project A project, enclosing one or more interdependent components, is implemented in accordance with overall design. Capital construction project refers to the approved scheme constructed according to overall design or within the scope of preliminary design, which is under one accounting system and unified management, and has an independent organization.

Capital construction project can be divided into large or medium project and small project according to its scale. The criteria of identifying large and medium water projects are: ① reservoir, installed capacity is over 100 million m^3 (including 100 million m^3, hereinafter the same); ② irrigated area, irrigated area is over 500 thousand mu; ③ hydropower project, installed capacity is over 50,000 kW; ④ other water projects, specially designated by the state.

Construction phrase It refers to stages of project construction during the period of report. The projects are divided as following in accordance with construction phases:

(1) Preparation: the project that is conducting preparatory work and has not formally been constructed.

(2) Construction project: the project that is under construction or installation during the report period.

(3) Construction project of the year: the project that has formally started construction or installation in the statistical year.

(4) Newly started project of the year: the construction project that is newly initiated in the statistical year.

(5) Continued project of the year: the project that has formally started and continued construction, installation and purchase activities in the statistical year.

(6) Completed investment project: key parts of the project and supporting facilities have passed check and acceptance and been formally put into operation or use in the statistical period.

(7) Nearly-completed project of the year: the project has completed construction and placed into operation, but several supporting facilities that do not affect the normal production and utilization continue to be constructed in the statistical period.

(8) Stopped or postponed project: the project is being asked to stop or postpone due to national macroeconomic regulation and control or other reasons with the approval of relevant department. The stopped or postponed projects can be divided into completely stopped or postponed project and partially stopped or postponed project.

1) Complete stopped or postponed project refers to the project that no longer constructed or will not be constructed in a short period of time, according to the approved of the relevant department.

2) Partial stopped or postponed project refers to the project that still under construction, but part of the project is no longer constructed or will not be constructed in a short period of time, according to the approval of the relevant department. Stopped or postponed project should be included in the statistical data as construction project.

(9) Fully-completed project: the project that has completed the key parts and supporting facilities of the project according to the design, and has passed check and acceptance and transferred to production or user for operation.

Construction type The types of infrastructures are identified and divided based on features of the constructed project:

(1) Newly-constructed project: It refers to the project being constructed by a newly-established enterprise, non-governmental agency, governmental agency or independent organ. The project managed by the currently existed enterprise, non-governmental agency or governmental agency does not belong to newly-constructed. However, if the original scope of unit is rather small and the newly-added assets exceeds three times of the original assets of the enterprise, non-governmental agency and governmental agency after construction, it is also regarded as new-constructed project.

(2) Expanded construction: It refers to the project of enterprise or non-governmental agency that has newly-established workshop (or key project), branch or independent production line within the plant or other places, in order to expand the existing production capacity (or benefit) or production capacity of new product. The construction of office building of non-governmental agency or governmental agency (for example newly-constructed teaching building of college, university or school, newly-built clinics and wards of hospitals) is also regarded as expanded construction.

The project of an enterprise or non-governmental agency with one or more newly-constructed key workshops (or key project) or branches, in order to increase the original production capacity or add production capacity of new product, together with rehabilitation project are also listed as expanded construction.

(3) Rehabilitation project: It refers to the project of an enterprise or non-governmental agency conducting technical rehabilitation or re-modernization (including production support facilities or living and welfare facilities), but without expansion of main workshop or branch.

(4) Construction of living facilities: It refers to the project of an enterprise, non-governmental agency or governmental agency, including living and welfare facilities only, such as apartment building of employee, kindergarten, school for children of employee, clinic,

bathroom, and canteen without expansion or rehabilitation of existed production or office buildings.

(5) Relocated construction: It refers to the relocation of enterprise or non-governmental agency to other places due to the change of production pattern, requirement of urban environment protection or safe production.

(6) Recovery construction: It refers to the project of an organzation to make investment on recovery construction because of natural disaster or war that completely or partially destroys its fixed assets.

(7) Procurement only: It refers to the project of an enterprise, non-governmental agency or governmental agency to purchases equipment, tool or instrument only, without installation or construction.

Administrative subordination of project Capital construction project is divided into groups according to the administrative region of the organization in charge of the project.

Five categories are formed on the basis of administrative regions of the project: Central Government, province (autonomous region, municipality directly under the central government), prefecture (autonomous district, municipality directly under the provincial government), county (autonomous county, county-level municipality) and others.

(1) Central Government project: It refers to capital construction project, enterprise, non-governmental agency or governmental agency directly under administration or management of the Central Committee of Chinese Communist Party, Standing Committee of Chinese People's Congress, or ministries, commissions, bureaus under the State Council and parent companies. The investment plan of fixed assets of these entities are directly worked out and transmitted by the relevant departments under the State Council; allocated materials or equipment for construction are arranged by the relevant Central Government departments.

(2) Province (autonomous region, municipality directly under the central government) project: It refers to capital construction project, enterprise, non-governmental agency or governmental agency directly under administration and management of provincial governments (autonomous region, municipality directly under the central government) or competent department directly in charge.

(3) Prefecture (autonomous district, municipality directly under the provincial government) project: It refers to capital construction project, enterprise, non-governmental agency or governmental agency directly under administration and management of government of prefecture, autonomous district or municipality directly under the provincial government.

(4) County (autonomous county, county-level municipality) project: It refers to capital construction project, enterprise, non-governmental agency or governmental angecy directly under administration and management of government of county, autonomous county or county-level city.

(5) Others: It refers to capital construction project, enterprise, non-governmental agency or governmental agency outside the scope of administration and management of government agencies mentioned above, such as foreign investment enterprise or enterprise without supervised agency.

7 农村水电

Rural Hydropower Development

简 要 说 明

农村水电统计资料主要包括小水电站和设备建设情况、水力发电设备容量和发电容量、输变配电设备情况等。主要按地区分组汇总。

自2008年起农村水电电站由以往水利系统水电变更为装机5万千瓦及5万千瓦以下水电。

2008年以前水利系统水电统计包括水利系统综合利用枢纽电站数据等。

2016年始，由于报表制度调整，农村水电电网供电和农村水电的县通电情况等不纳入统计。

Brief Introduction

Statistical data of rural hydropower development mainly includes construction of small hydropower stations and utilities, installed capacity and output of hydropower generating units, electricity transmission and distribution facilities, etc. The data is divided into groups according to the region.

The data of rural hydropower development is collected on the basis of installed capacity of hydropower at 50,000 kW and below 50,000 kW since 2008.

The data collected before 2008 includes multi-purpose dam projects.

Electricity supply of rural powernetwork and counties with electricity generated by hydropower were not statisted since 2016.

7-1 历年农村水电装机容量及年发电量

Installed Capacity and Power Generation of Rural Hydropower by Year

年份 Year	农村水电装机容量 /千瓦 Installed Capacity of Rural Hydropower /kW	农村水电年发电量 /万千瓦时 Annual Electricity Generation of Rural Hydropower /10^4 kWh	农村水电新增装机容量 /千瓦 Newly-increased Installed Capacity /kW
2002	28489286	9472446	1883648
2003	30832992	9791633	2618834
2004	34661348	9779541	3591322
2005	38534445	12090340	4127272
2006	43183551	13612942	5459520
2007	47388997	14370080	4593193
2008	51274371	16275901	4194106
2009	55121211	15672470	3807072
2010	59240191	20444258	3793551
2011	62123430	17566867	3277465
2012	65686071	21729246	3399616
2013	71186268	22327711	2460601
2014	73221047	22814929	2553873
2015	75829591	23512813	2412664
2016	77910629	26821937	2032270
2017	79269995	24772495	1353020

注 2013 年农村水电统计数据与全国第一次水利普查数据进行了校核。

Note Statistical data of rural hydropower is checked in accordance with the First National Census on Water.

7-2 2017年农村水电装机容量及年发电量（按地区分）

Installed Capacity and Power Generation of Rural Hydropower in 2017 (by Region)

地区	Region	农村水电年末装机容量 /千瓦 Installed Capacity of Rural Hydropower /kW	农村水电年发电量 /万千瓦时 Annual Electricity Generation of Rural Hydropower /10^4 kWh	农村水电新增装机容量 /千瓦 Newly-increased Installed Capacity /kW
合计	**Total**	**79269995**	**24772495**	**1353020**
北京	Beijing	42920	2430	
天津	Tianjin	5800	333	
河北	Hebei	396073	61054	140
山西	Shanxi	198871	39129	3075
内蒙古	Inner Mongolia	95245	19632	
辽宁	Liaoning	443529	69017	
吉林	Jilin	588740	160373	2375
黑龙江	Heilongjiang	373280	88602	15000
江苏	Jiangsu	39871	9619	200
浙江	Zhejiang	4054524	850917	58416
安徽	Anhui	1113915	255110	8525
福建	Fujian	7417445	2330107	25295
江西	Jiangxi	3402721	966182	36820
山东	Shandong	89499	6096	120
河南	Henan	504342	107048	11600
湖北	Hubei	3806649	1191820	88290
湖南	Hunan	6358228	1945672	77330
广东	Guangdong	7596750	2061747	54440
广西	Guangxi	4593586	1427558	84820
海南	Hainan	457140	141428	11955
重庆	Chongqing	2672353	792445	108139
四川	Sichuan	11791723	4260817	164210
贵州	Guizhou	3476426	1022253	105615
云南	Yunnan	11984990	4296614	234300
西藏	Tibet	369289	85774	4220
陕西	Shaanxi	1495619	396179	48950
甘肃	Gansu	2626581	975145	36450
青海	Qinghai	1096695	480702	11780
宁夏	Ningxia	6240	710	
新疆	Xinjiang	1641376	554185	156985
新疆生产建设兵团	Xinjiang Production and Construction Corps	407875	134896	3170
部直属	Organization Directly under the Ministry	121700	38901	800

7-3 历年年末输变配电设备

Installed Power Transmission and Distribution Equipment at the End of the Year by Year

年份 Year	变电所总容量 /千伏安 Total Storage Capacity of Switchyard /kVA	变压器总容量 /千伏安 Total Storage Capacity of Transformer /kVA	高压线路 /千米 High-pressure Transmission Line /km	低压线路 /千米 Low-pressure Transmission Line /km
2002	50779480	58628453	1020018	2158102
2003	54580398	61844457	1082549	2334065
2004	63583050	67770640	1110746	2470468
2005	70161609	71325744	1119668	2490911
2006	30403474	29645661	476642	965547
2007	41942477	39162242	609663	1321037
2008	42121613	37266114	563907	1260067
2009	42465559	34629678	515040	1116782
2010	48378124	37083012	540715	1152621
2011	52798271	37431610	534737	1108602
2012	49104574	36155250	510633	1155394
2013	54242934	40383122	531871	1202218
2014	49372795	41496064	491765	1124543
2015	49818716	43016152	485786	1110845
2016	60857078	49709565	404455	725762
2017	63434297	51274852	415655	776391

7-4　2017年年末输变配电设备（按地区分）

Installed Power Transmission and Distribution Equipment at the End of 2017 (by Region)

地区	Region	变电所总容量/千伏安 Total Storage Capacity of Switchyard /kVA	变压器总容量/千伏安 Total Storage Capacity of Transformer /kVA	高压线路/千米 High-pressure Transmission Line /km	低压线路/千米 Low-pressure Transmission Line /km
合　计	**Total**	**63434297**	**51274852**	**415655**	**776391**
北　京	Beijing		19175		
天　津	Tianjin				
河　北	Hebei				
山　西	Shanxi	190280	153855	2328	2317
内蒙古	Inner Mongolia				
辽　宁	Liaoning				
吉　林	Jilin	1041680	1197628	6367	4563
黑龙江	Heilongjiang				
江　苏	Jiangsu				
浙　江	Zhejiang	400000	1284115	808	1235
安　徽	Anhui	399185	404342	6012	14462
福　建	Fujian				
江　西	Jiangxi	618840	60940	2469	2766
山　东	Shandong		860	2	
河　南	Henan	117850	191175	6114	11660
湖　北	Hubei				
湖　南	Hunan	2366480	1879665	15174	40938
广　东	Guangdong	1104890	154393	3582	12333
广　西	Guangxi	13291695	15598610	117063	152810
海　南	Hainan	137100	70410	975	103
重　庆	Chongqing				
四　川	Sichuan	28448596	19664476	129711	411318
贵　州	Guizhou	617650	448363	6492	15539
云　南	Yunnan	3704200	1964455	14263	22935
西　藏	Tibet	181095	288667	20305	8114
陕　西	Shaanxi	1218982	667495	10036	15689
甘　肃	Gansu	3965199	3452233	47783	46811
青　海	Qinghai				
宁　夏	Ningxia				
新　疆	Xinjiang				
新疆生产建设兵团	Xinjiang Production and Construction Corps	5561275	3693622	26169	12798
部直属	Organization Directly under the Ministry	69300	80373		

7-5 历年新增输变配电设备

Newly-increased Power Transmission and Distribution Equipment by Year

年份 Year	变电所总容量 /千伏安 Total Storage Capacity of Switchyard /kVA	变压器总容量 /千伏安 Total Storage Capacity of Transformer /kVA	高压线路 /千米 High-pressure Transmission Line /km	低压线路 /千米 Low-pressure Transmission Line /km
2002	5642849	5362828	75801	260248
2003	6623092	5821911	80241	178433
2004	9819672	7682270	57380	312806
2005	8327685	6294266	43492	58650
2006	3875365	4193753	19872	77041
2007	5227365	3199561	23204	69539
2008	6051940	2195958	21749	116773
2009	5842525	2717898	26318	44557
2010	5913300	2984107	34020	81892
2011	7798387	3492278	33210	28179
2012	4034821	2572882	15556	34248
2013	6010195	4426062	24902	42523
2014	4460596	5379577	27707	37693
2015	4717816	4549311	16604	30058
2016	4968430	5953203	17115	31991
2017	4135749	3185347	24399	71846

7-6 2017年新增输变配电设备（按地区分）

Newly-increased Power Transmission and Distribution Equipment in 2017 (by Region)

地区	Region	变电所总容量 /千伏安 Total Storage Capacity of Switchyard /kVA	变压器总容量 /千伏安 Total Storage Capacity of Transformer /kVA	高压线路 /千米 High-pressure Transmission Line /km	低压线路 /千米 Low-pressure Transmission Line /km
合　计	**Total**	**4135749**	**3185347**	**24399**	**71846**
北　京	Beijing				
天　津	Tianjin				
河　北	Hebei				
山　西	Shanxi		5530	1	12
内蒙古	Inner Mongolia				
辽　宁	Liaoning				
吉　林	Jilin	62370	69053		
黑龙江	Heilongjiang				
江　苏	Jiangsu				
浙　江	Zhejiang		82245	112	
安　徽	Anhui	14850	21555	52	22
福　建	Fujian				
江　西	Jiangxi	618829	34992	271	
山　东	Shandong				
河　南	Henan				
湖　北	Hubei				
湖　南	Hunan	100000	495655	2018	4120
广　东	Guangdong	100000	5380	9	
广　西	Guangxi	1709290	1403421	1883	5389
海　南	Hainan				
重　庆	Chongqing				
四　川	Sichuan	728860	945091	17211	58506
贵　州	Guizhou	58000	30525	185	266
云　南	Yunnan	540000	4800	196	658
西　藏	Tibet	72400	8260	362	70
陕　西	Shaanxi	7150	620	1408	2600
甘　肃	Gansu	4300	21897	86	106
青　海	Qinghai				
宁　夏	Ningxia				
新　疆	Xinjiang				
新疆生产建设兵团	Xinjiang Production and Construction Corps	119700	54768	604	96
部直属	Organization Directly		1555		

7-7 历年农村水电电网供电情况

Electricity Supply of Rural Power Network by Year

年份 Year	网内发电设备容量 /千瓦 Storage Capacity of Generation Equipment /kW	网内发电量 /万千瓦时 Power Generation /10^4kWh	厂用电量 /万千瓦时 Electricity Used by Power Plant /10^4kWh	售电量 /万千瓦时 Electricity Sale /10^4kWh	购入网外电量 /万千瓦时 Off-grid Procurement of Electricity /10^4kWh	输出网外电量 /万千瓦时 Sale of Electricity to other Grids /10^4kWh
2003	19665229	7018970	170814	10725979	5150140	1980698
2004	21427078	7318308	197545	12011519	6011657	2023133
2005	19179004	6988869	151286	10662175	4865026	2024130
2006	14510485	5235694	104777	8152497	3776703	1707433
2007	16851722	5917131	105143	9334458	4323730	2122614
2008	9482546	5898658	109533	9437153	3735951	1321324
2009	8038590	3905598	99262	7392290	3941988	898184
2010	8324694	4873957	73797	8795146	179935	998791
2011	15947576	5164218	80822	9351381	5012174	1223749
2012	10372392	6184473	108900	11186815	5840687	1705095
2013	18582052	6332882	102442	12097288	6716591	2173555
2014	9988310	5348414	57717	10562712	5272015	2536073
2015	9408566	5585158	56156	9844554	4934788	1441345

7-8 历年有农村水电的县通电情况

Counties with Electricity Generated by Hydropower by Year

年份 Year	乡（镇）Township (Town)		居民 Residents		
	行政区划数 /个 Administrative Regions /unit	农村水电网联网乡（镇）/个 Townships Connected with Rural Electrification Network/unit	总户数 /户 Total Household /household	户通电率 /% Percentage of Household Access to Electricity /%	无电人口 /人 Population without Electricity /person
2003	26704	10141	182856700	98.44	8171995
2004	25886	10269	187390297	98.85	6572018
2005	25201	8488	188151249	99.14	5356596
2006	24343		194455879	99.30	
2007	23936		198154188	99.48	
2008	24269	5793	207980548	99.60	3080048
2009	24071	5048	211655947	99.69	2280140
2010	24039	4625	213874537	99.75	1947594
2011	24290	4962	214692370	99.74	2114089
2012	24259	5238	216934295	99.83	1555275
2013	24297	5245	222024353	99.89	1089860
2014	24304	4912	222818690	99.90	961006
2015	24192	4788	229489919	100.00	

7-9 历年农村水电完成投资情况

Completed Investment for Electricity Supply by Rural Power Network and by Year

单位：万元 unit: 10^4yuan

年份 Year	本年完成投资 Completed Investment	按投资项目分 Investment Project	
		水电站完成投资 Completed Investment of Hydropower Stations	电网完成投资 Completed Investment of Powernetwork
2002	2474779	1247579	1227200
2003	3099505	1748072	814055
2004	3770733	2395294	748682
2005	4542611	2886399	825960
2006	5527074	3285663	549537
2007	5227667	3150741	445008
2008	4568885	3100831	433642
2009	4563241	2552378	462314
2010	4398453	2297360	603041
2011	4243988	2350049	590677
2012	3671548	2384853	501288
2013	3457047	1981562	649457
2014	3171306	2542329	628977
2015	3082736	2442739	639997
2016	2493935	1647883	846052
2017	1999937	1447422	552516

注　由于统计制度变化，自 2014 年起"完成投资"统计项只包括装机 5 万千瓦及 5 万千瓦以下的水电站及其配套电网的投资资金。

Note　Due to changes in the statistical system, the data of "Completed Investment" only includes investment funds for hydropower stations with installed capacity at 50,000 kW and below 50,000 kW and their supporting powernetwork since 2014.

7-10　2017 年各地区农村水电完成投资情况(按地区分)

Completed Investment for Electricity Supply by Rural Power Network in 2017 (by Region)

单位：万元　　　　unit: 10^4yuan

地区	Region	本年完成投资 Completed Investment	按投资项目分 Investment Project	
			水电站完成投资 Completed Investment of Hydropower Stations	电网完成投资 Completed Investment of Powernetwork
合　计	**Total**	**1999937**	**1447422**	**552516**
北　京	Beijing			
天　津	Tianjin			
河　北	Hebei	4080	4080	
山　西	Shanxi	3765	3570	195
内蒙古	Inner Mongolia	500	500	
辽　宁	Liaoning	6123	6123	
吉　林	Jilin	41673	24185	17488
黑龙江	Heilongjiang	9524	9524	
江　苏	Jiangsu	552	552	
浙　江	Zhejiang	36235	34687	1548
安　徽	Anhui	20598	17147	3451
福　建	Fujian	44724	44724	
江　西	Jiangxi	30071	30071	
山　东	Shandong			
河　南	Henan	7323	7323	
湖　北	Hubei	108359	108359	
湖　南	Hunan	137785	115095	22690
广　东	Guangdong	71299	71299	
广　西	Guangxi	222336	44005	178332
海　南	Hainan			
重　庆	Chongqing	97129	97129	
四　川	Sichuan	476292	251077	225215
贵　州	Guizhou	180494	168468	12025
云　南	Yunnan	263793	212030	51763
西　藏	Tibet	40647	17335	23312
陕　西	Shaanxi	114534	114534	
甘　肃	Gansu	26036	25662	374
青　海	Qinghai	11107	11107	
宁　夏	Ningxia			
新　疆	Xinjiang	25063	25063	
新疆生产建设兵团	Xinjiang Production and Construction Corps	19892	3770	16122
部直属	Organization Directly under the Ministry			

主要统计指标解释

农村水电 以小水电站为主体，直接为农村经济社会发展服务的水电站及供电网络。

发电量 电厂（发电机组）在报告期内生产的电能量。

售电量 电力企业出售给用户或其他电力企业的用于消费或生产的电量。

Explanatory Notes of Main Statistical Indicators

Rural hydropower It refers to hydropower stations and power supply networks that directly serve for social and economic development in rural areas, and most of which are small hydropower stations.

Power generation Electricity produced by power plants (electricity generating units) in the report period.

Electricity sale The quantity of electricity sold by electricity enterprises to the users or other electricity enterprises for consumption.

8 水文站网

Hydrological Network

简要说明

水文站网主要按水文测站类别、工作模式、观测项目类别分类分别统计水文站、水位站、雨量站、水质站、地下水站等水文测站的情况，以及从业人员和经费等。

本部分资料按流域所属机构和地区分组。历史资料汇总 1949 年至今数据。

1. “水文测站类别” 包括水文站、水位站、雨量站、水质站、蒸发站、地下水站、墒情站、实验站，以及报汛站、发布预报测站、发布预警测站、辅助站、固定洪调点等。

2. “工作模式” 包括驻测、巡测、间测、人工观测、自动监测、委托观测、站队结合等。

3. “观测项目类别” 包括流量、水位、水质、泥沙、水温、冰情、比降、地下水、墒情、蒸发、降水、水文调查、辅助气象等。

Brief Introduction

Hydrological network is classified according to the types of hydrological measurement stations, working modes and observation items, and is used to collect data of hydrological stations, gauging stations, precipitation stations, water quality stations, and groundwater monitoring stations, as well as working staff and expenses.

The data is divided into several groups based on organization and region where river basin is located. Historical data is collected from 1949 to present.

1. The types of hydrological measurement stations includes hydrological station, gauging station, precipitation station, water quality station, evaporation station, groundwater monitoring station, moisture station, experiment station, as well as flood forecasting station, forecast release station, early-warning release station, secondary station and fixed flood regulation point, etc.

2. Measuring methods include perennial stationary gauging, tour gauging, interval gauging, man-made gauging, automatic gauging, contract gauging and mobile teams gauging.

3. Observation items include flow, water level, water quality, sediment, water temperature, ice condition, gradient, groundwater, moisture, evaporation, precipitation, hydrologic investigation, auxiliary meteorology and so on.

8-1　历年水文站网、职工人数和经费

Hydrological Network, Employees and Expenses by Year

年份 Year	水文站网/处 Hydrological Network/unit								报汛站/处 Hydrometric Station /unit	职工人数/人 Number of Employee /person	经费/万元 Expenses/10^4 yuan	
	水文站 Hydrological Station	水位站 Gauging Station	雨量站 Precipitation Station	蒸发站 Evaporation Station	墒情站 Soil Moisture Station	地下水监测站 Ground-water Monitoring Station	水质站 Water Quality Station	实验站 Experiment Station			事业费 Operating Expenses	基建费 Cost of Construction
1949	148	203	2							756	1.9	
1950	419	425	234					1	386	1892	68.9	
1951	796	701	1145					8	685	4208	388.7	
1952	933	831	1554					3	875	5811	550.7	
1953	1059	1006	1754					8	1173	7292	813.8	
1954	1229	1132	1973					9	1652	8589	1134.5	
1955	1396	1205	2337					11	1962	10312	1581.1	
1956	1769	1449	3371					24	2251	13952	2156.8	
1957	2023	1500	3695					41	2778	14167	2304.8	
1958	2766	1308	5494					132	3548	13806	2174.6	
1959	2995	1338	5487					282	4922	16861	2322.5	
1960	3611	1404	5684					318	6013	16867	2470.3	
1961	3402	1252	5587					149	5102	17266	1740.1	
1962	2842	1199	5980					104	5049	15524	1909.4	
1963	2664	1096	6178					96	5051	16862	1881.0	
1964	2692	1116	7252					90	5058	19424	2064.7	
1965	2751	1129	7909					88		19520	2022.0	
1966	2883	1155	10280					49	4838	18369	3174.8	470.4
1967	2681	1127	9477					82	6133	18272	2881.5	269.0
1968	2559	1048	9500					67	5403	18405	2638.3	221.7
1969	2579	1101	10173					32	5390	17661	2846.8	194.9
1970	2663	1144	10154					37	5501	16866	2874.0	229.7
1971	2727	1191	10486					38	6294	17038	2837.7	343.8
1972	2674	1071	10356					62	5576	17516	3200.0	443.1
1973	2690	1329	10447			1322	134	52	6629	17902	2824.2	671.5
1974	2778	1349	11416			3702	80	31	6110	18170	2886.0	812.3
1975	2840	1196	10738			7681	520	24	6949	19180	3193.9	869.3
1976	2882	1336	11855			6858	663	29	8563	19981	3432.3	1215.0

注　1. 表中 1949—1965 年经费统计为事业费和基建费之和。

2. 1958—1964 年实验站数的统计中均包括了部分径流站。

3. 1960 年水文站数为年报统计数，偏大。经查核，水文年鉴刊布有流量资料的为 3365 站，年报数仅供参考。

4. 1957—1965 年测站数中包括水利（电）勘测部门的站。

5. 1959—1965 年水文职工数中包括水利（电）勘测部门的水文工作人员。

6. 水文站数据含外部门管理的处数。

Note　1. No separate statistical data of operating expenses and cost of construction are given for the data during 1949-1965.

2. The statistics of experiment stations during 1958-1964 includes only some runoff stations.

3. The number of hydrological stations in 1960 is estimated based on the Annual Report. After recheck, the stations with runoff data in the Hydrology Year-book are 3,365, and the data of Annual Report is for reference only.

4. Observation stations during 1957-1965 include stations under water (power) reconnaissance and design institutions.

5. Employees of hydrological stations during 1959-1965 include hydrological engineers and workers in water (power) reconnaissance and design institutions.

6. Hydrological stations include those under the management of others despite of water department.

8-1 续表 continued

年份 Year	水文站网/处 Hydrological Network/unit								报汛站 /处	职工人数 /人	经费/万元 Expenses/10^4 yuan	
	水文站 Hydrological Station	水位站 Gauging Station	雨量站 Precipitation Station	蒸发站 Evaporation Station	墒情站 Soil Moisture Station	地下水监测站 Ground-water Monitoring Station	水质站 Water Quality Station	实验站 Experiment Station	Hydrometric Station /unit	Number of Employee /person	事业费 Operating Expenses	基建费 Cost of Construction
1977	2917	1326	12817				609	26	8369	20886	3661.5	1118.5
1978	2922	1320	13309			11326	758	33	9010	21571	4293.7	1413.4
1979	3034	1202	14424			12992	681	45	8265	22856	7432.3	1889.1
1980	3294	1320	15732			16112	747	53	8731	24374	7562.1	1701.7
1981	3341	1317	15969			13343	848	57	8646	26240	7805.1	1085.2
1982	3401	1373	16437				1209	60	8369	27076	8182.9	1374.2
1983	3418	1413	16545			12487	1024	60	8401	27744	8621.0	1677.7
1984	3396	1425	16734			12134	977	63	8418	28316	9942.0	1669.0
1985	3384	1420	16406			12188	1011	63	8381	28426	10910.9	1959.9
1986	3400	1380	16697			11893	1648	58	8583	28549	12581.9	2405.7
1987	3397	1316	16448			11880	1946	56	8539	28793	12863.8	2447.5
1988	3450	1263	16273			13948	1846	64	8843	28516	14201.0	2715.3
1989	3269	1258	15605					58	8617	28257	15583.4	2645.6
1990	3265	1178	15602				2052	61	8604	28065	17233.2	4189.7
1991	3238	1201	15356			13523	2113	60	8482	28211	21285.0	5378.4
1992	3172	1149	15368			11400	2327	56	8525	28202	22725.8	6476.0
1993	3099	1156	15505					48	7485	27439	23981.0	6469.3
1994	3090	1148	14202			11807	1944	66	7423	27278	34160.9	7729.7
1995	3039	1158	14613			11518	1839	69	7165	26404	35347.0	11312.0
1996	3006	1107	14158			11179	2401	61	6987	26555	36321.0	12744.7
1997	3040	1093	14191			10874	2572	128	7296	26118	40386.3	14049.7
1998	3683	1084	13910			11509	2694	129	7484	25929	64311.5	15372.1
1999	3657	1079	13855			11528	2753	125	7584	25238	63628.5	15115.7
2000	3124	1093	14242			11768	2861	81	7559	25146	78514.3	24346.4
2001	3146	1084	14337			11786	3025	75	7716	25180	90125.6	30209.0
2002	3130	1073	14454			11620	3228	74	7893	25436	114414.0	31307.0
2003	3158	1135	14196			12116	3695	80	7648	25640	139392.0	26230.0
2004	3182	1134	14108			11757	3946	70	7595	25906	133830.0	31515.0
2005	3191	1160	14373			12313	4557	69	7815	26133	152446.0	22673.0
2006	3183	1180	13866	13		12598	5140	78	8220	26654	170812.0	45421.0
2007	3162	1221	14211	17		12551	5468	90	8561	26237	199286.0	43031.0
2008	3171	1244	14602	17		12683	5668	51	9678	26480	237430.0	56371.0
2009	3183	1407	15750	11	780	12522	6097	49	10294	26438	283268.0	59182.0
2010	3193	1467	17245	12	1182	12991	6535	57	12786	26366	295179.0	75445.0
2011	3219	1523	19082	19	1648	13489	7750	53	12444	26270	366162.0	338178.0
2012	3592	5317	35637	11	1808	13726	10030	58	16469	26211	394928.0	381950.0
2013	4011	9330	43028	14	1912	16407	11795	57	24518	26236	455736.0	404537.0
2014	4882	9890	46980	21	1927	16990	12869	58	43539	25856	534921.0	243395.0
2015	5706	11180	49403	14	1856	16800	14560	56	45863	25827	564076.0	257923.0
2016	6766	12591	51084	14	1989	16967	14499	52	51596	25570	607308.0	145483.0
2017	7102	13579	54477	19	2751	19147	16123	47	59104	25647	701768.0	88868.0

8-2 2017年水文站网（按地区分）

Hydrological Network in 2017(by Region)

单位：处 unit: unit

地区	Region	国家基本水文站 National Basic Hydrological Station													其他部门管理的国家基本水文站 International Basic Hydrological Station Managed by Other Departments
		合计 Total	水文部门管理国家基本水文站 Basic Hydrological Station Managed by Hydrological Department												
			合计 Total	布设位置 Installed Position					工作模式 Working Model			其中：委托观测站 Among Which: Contracted Observation Station	其中：自动监测站 Among Which: Automatic Monitoring Station	其中：站队结合 Among Which: Station Combined with Measuring Teams	
				河道 River Course	水库 Reservoir	湖泊 Lake	潮流量 Lake Flow	渠道 Canal	驻测站 Staff Gauge Station	巡测站 Mobile Gauging Station without Permanent Staff	间测站 Gauging Station for Interval Measurement				
合　计	**Total**	**3148**	**3076**	**2788**	**208**	**28**	**46**	**6**	**2424**	**596**	**86**	**190**	**217**	**888**	**72**
北　京	Beijing	61	61	43	18				43	18		43	61		
天　津	Tianjin	29	23	23					18	5					6
河　北	Hebei	136	135	113	20	2			133	2				48	1
山　西	Shanxi	67	67	58	9				67						
内蒙古	Inner Mongolia	143	143	141	2				143						
辽　宁	Liaoning	121	100	99	1				98	2		1		33	21
吉　林	Jilin	107	107	99	8				87	20				107	
黑龙江	Heilongjiang	120	120	110	10				95	21	4	33		105	
上　海	Shanghai	8	8				8		2	6			8		
江　苏	Jiangsu	150	150	144	6				135	15	21		2	129	
浙　江	Zhejiang	94	82	79			3		76			24	19	2	12
安　徽	Anhui	111	104	88	10	1	3	2	98	6				60	7
福　建	Fujian	57	55	54	1				54		1		54	1	2
江　西	Jiangxi	107	107	107					60	45	2			69	
山　东	Shandong	150	150	112	37	1			101	45	12	4		76	
河　南	Henan	128	126	102	24				88	38				38	2
湖　北	Hubei	93	93	83	10				61	22	3	7			
湖　南	Hunan	113	113	112	1				102	11					
广　东	Guangdong	81	77	71	3		3		49	27	1	16	5	28	4
广　西	Guangxi	114	114	111	2		1		45	58	13		37		
海　南	Hainan	13	13	11	2				13						
重　庆	Chongqing	31	31	31					22	9					
四　川	Sichuan	139	139	139					119	17	17	2		3	
贵　州	Guizhou	86	86	86					25	61					
云　南	Yunnan	156	156	147	3	6			132	22	2	21	2	47	
西　藏	Tibet	48	48	48					25	23		24		24	
陕　西	Shaanxi	81	78	78					78						3
甘　肃	Gansu	95	95	83	12				85	8		3			
青　海	Qinghai	33	33	32		1			32	1					
宁　夏	Ningxia	39	29	26				3	13	16				10	10
新　疆	Xinjiang	129	129	128	1				110	18	1	1	1		
新疆生产建设兵团	Xinjiang Production and Construction Corps	20	18	12	6				18			3	15		2
长江委	Yangtze River Water Resources Commission	120	120	74	19	17	9	1	62	49	9	8		94	
黄　委	Yellow River Water Resources Commission	117	117	117					112	5					
淮　委	Huaihe River Water Resources Commission	1	1	1					1						
海　委	Haihe River Water Resources Commission	15	15	12	3				13	2					
珠　委	Pearl River Water Resources Commission	17	17				17		1	16			5		
松辽委	Songliao River Water Resources Commission	10	8	8						8				8	2
太湖局	Taihu Basin Authority	8	8	6			2		8				8	6	

8-2 续表 continued

地区	Region	基本水位站 Basic Hydrological Station								基本雨量站 Basic Rain Gauging Station					
		合计 Total	布设位置 Installed Position				工作模式 Working Model		其中：委托观测站 Among Which: Contracted Observation Station	合计 Total	其中 Among		工作模式 Working Model		其中：委托观测站 Among Which: Contracted Observation Station
			河道 River Course	水库 Reservoir	湖泊 Lake	潮水 Tide	人工观测 Manual Observation	自动监测 Automatic Observation			常年 Perennial	汛期 Flood Season	人工观测 Manual Observation	自动监测 Automatic Observation	
合　计	**Total**	**1285**	**857**	**136**	**99**	**193**	**140**	**1145**	**545**	**15130**	**13550**	**1580**	**907**	**14223**	**10068**
北　京	Beijing									123	123			123	114
天　津	Tianjin	2	2					2	2	28	11	17		28	28
河　北	Hebei	15	4	4	7		15		15	935	702	233	44	891	935
山　西	Shanxi									735	659	76		735	735
内蒙古	Inner Mongolia	10	4	3	3		10			628	527	101	485	143	485
辽　宁	Liaoning	9	6			3	3	6	6	435	300	135		435	435
吉　林	Jilin	13	13				9	4		280	192	88		280	280
黑龙江	Heilongjiang	45	41	2	2		5	40	33	540	499	41	35	505	526
上　海	Shanghai	47				47		47		10	10			10	
江　苏	Jiangsu	137	98	6	17	16	18	119	103	237	229	8	10	227	194
浙　江	Zhejiang	132	98			34		132	79	483	483			483	383
安　徽	Anhui	87	47	22	16	2		87	72	674	640	34		674	
福　建	Fujian	43	32			11		43		401	401		33	368	401
江　西	Jiangxi	56	48		8			56		641	641			641	
山　东	Shandong	17	9		5	3	17		17	663	346	317		663	663
河　南	Henan	32	29	3				32	13	751	483	268		751	751
湖　北	Hubei	42	13	18	11			42		543	543			543	
湖　南	Hunan	12	12				1	11		451	451			451	
广　东	Guangdong	92	37	1		54		92	30	751	751		1	750	735
广　西	Guangxi	23	19			4		23		525	525			525	525
海　南	Hainan	8	5			3		8	1	182	182			182	182
重　庆	Chongqing	119	119					119	119	833	833			833	833
四　川	Sichuan	29	28		1		4	25	6	565	561	4		565	
贵　州	Guizhou	3	3					3		557	557			557	
云　南	Yunnan	13	3	1	9			13	1	874	874			874	142
西　藏	Tibet	5	4		1		5		1	39	39		39		
陕　西	Shaanxi	5	5					5		552	552			552	552
甘　肃	Gansu									330	330		242	88	242
青　海	Qinghai	2	1		1		1	1		86	80	6		86	86
宁　夏	Ningxia	11	11					11	2	357	155	202		357	155
新　疆	Xinjiang	1			1		1			4	4		4		4
新疆生产建设兵团	Xinjiang Production and Construction Corps	122	89	33			14	108		123	86	37	14	109	
长江委	Yangtze River Water Resources Commission	96	34	40	14	8		96	36	29	29			29	29
黄　委	Yellow River Water Resources Commission	45	40	3	2		34	11	9	765	752	13		765	653
淮　委	Huaihe River Water Resources Commission														
海　委	Haihe River Water Resources Commission	3	3				3								
珠　委	Pearl River Water Resources Commission	8				8		8							
松辽委	Songliao River Water Resources Commission														
太湖局	Taihu Basin Authority	1			1			1							

8-2 续表 continued

地区	Region	水质站 Water Quality Station			蒸发站 Evaporation Station			地下水站 Groundwater Station						
		合计 Total	工作模式 Working Model		合计 Total	工作模式 Working Model		合计 Total	设站目的 Station Required Purpose			其中：监测水质的站点 Among: Site for Monitoring Water Quality	工作模式 Working Model	
			人工取样 Artificial Sampling	自动监测 Automatic Observation		人工观测 Manual Observation	自动监测 Automatic Observation		基本站 Basic Station	统测站 Measuring Station	试验站 Test Station		人工观测 Manual Observation	自动监测 Automatic Observation
合　计	**Total**	**16123**	**15754**	**369**	**19**	**8**	**11**	**19147**	**15715**	**3393**	**39**	**3865**	**15242**	**3905**
北　京	Beijing	600	574	26				885	885				729	156
天　津	Tianjin	182	179	3				1450	672	778		90	1085	365
河　北	Hebei	303	297	6				890	890				890	
山　西	Shanxi	95	93	2				2566	803	1726	37	190	2406	160
内蒙古	Inner Mongolia	511	511					740	740			140	667	73
辽　宁	Liaoning	1339	1325	14				701	683	18		198	375	326
吉　林	Jilin	271	271					1285	1285			386	1285	
黑龙江	Heilongjiang	105	105					1308	1308			330	1308	
上　海	Shanghai	384	332	52				3	1	2			3	
江　苏	Jiangsu	2230	2191	39				1138	284	854		313	1130	8
浙　江	Zhejiang	964	962	2				155	155			137		155
安　徽	Anhui	437	427	10	1	1		193	192		1	173	179	14
福　建	Fujian	731	711	20	1	1		25	25				25	
江　西	Jiangxi	756	730	26				128	128			128		128
山　东	Shandong	451	451					1977	1977			115	1942	35
河　南	Henan	261	261					1923	1923			227	1773	150
湖　北	Hubei	435	427	8				215	215			11		215
湖　南	Hunan	468	456	12										
广　东	Guangdong	728	672	56	5	1	4	106	106			52		106
广　西	Guangxi	358	357	1				124	124			113		124
海　南	Hainan	96	93	3										
重　庆	Chongqing	254	254					80	80			27		80
四　川	Sichuan	650	650					176	176			14	46	130
贵　州	Guizhou	461	458	3										
云　南	Yunnan	836	827	9				181	173	7	1			181
西　藏	Tibet	77	77					74	74				14	60
陕　西	Shaanxi	295	291	4				1076[①]	1076[①]			244[①]	446[①]	630[①]
甘　肃	Gansu	186	185	1				537	537			237	207	330
青　海	Qinghai	274	273	1				140	140			42		140
宁　夏	Ningxia	85	85					206	206			40	67	139
新　疆	Xinjiang	236	236					217	217			21	31	186
新疆生产建设兵团	Xinjiang Production and Construction Corps	16	16		9	2	7	15	7	8		4	1	14
长江委	Yangtze River Water Resources Commission	273	270	3	2	2		35	35			35	35	
黄　委	Yellow River Water Resources Commission	74	65	9	1	1								
淮　委	Huaihe River Water Resources Commission	107	77	30										
海　委	Haihe River Water Resources Commission	205	197	8				598	598			598	598	
珠　委	Pearl River Water Resources Commission	156	151	5										
松辽委	Songliao River Water Resources Commission	94	84	10										
太湖局	Taihu Basin Authority	139	133	6										

① 为陕西省地下水管理监测局监测站点。

① Monitoring Station of Shaanxi Provincial Bureau of groundwater management and monitoring.

8-2 续表 continued

地区	Region	墒情站 Soil Moisture Station			实验站 Experiment Station							
			工作模式 Working Model			实验项目 Experiment Project						
		合计 Total	人工观测 Manual Observation	自动监测 Automatic Observation	合计 Total	径流 Runoff	蒸发 Evaporation	测验方法 Test Method	水库 Reservoir	地下水 Groundwater	其他 Others	其中：兼水文站 Among Which: Dual-purpose Hydrological Station
合　计	**Total**	**2751**	**1331**	**1420**	**47**	**20**	**14**	**2**	**2**	**5**	**4**	**14**
北　京	Beijing	80		80								
天　津	Tianjin											
河　北	Hebei	188	188		2	1	1					1
山　西	Shanxi				2					2		
内蒙古	Inner Mongolia	100	100									
辽　宁	Liaoning	96	41	55	3	1	1				1	1
吉　林	Jilin	150	43	107	6	2	4					
黑龙江	Heilongjiang				4	3	1					3
上　海	Shanghai											
江　苏	Jiangsu	27	27		1	1						
浙　江	Zhejiang	15		15	1	1						1
安　徽	Anhui	216	87	129	5	4	1					4
福　建	Fujian	16		16	2		1	1				1
江　西	Jiangxi	503	397	106	1						1	
山　东	Shandong	155	155									
河　南	Henan	228	122	106								
湖　北	Hubei	61	26	35								
湖　南	Hunan	105	2	103								
广　东	Guangdong	29		29	1		1					
广　西	Guangxi	28	16	12								
海　南	Hainan											
重　庆	Chongqing	265		265								
四　川	Sichuan	109	11	98	1						1	
贵　州	Guizhou	56	17	39	1	1						1
云　南	Yunnan	61	8	53								
西　藏	Tibet	6		6	3	1	2					
陕　西	Shaanxi	17	17									
甘　肃	Gansu	20	20		1					1		
青　海	Qinghai											
宁　夏	Ningxia	58	18	40								
新　疆	Xinjiang	140	35	105	1	1						1
新疆生产建设兵团	Xinjiang Production and Construction Corps	21		21								
长江委	Yangtze River Water Resources Commission	1	1		5	1	2			2		1
黄　委	Yellow River Water Resources Commission				5	2			2		1	
淮　委	Huaihe River Water Resources Commission											
海　委	Haihe River Water Resources Commission											
珠　委	Pearl River Water Resources Commission											
松辽委	Songliao River Water Resources Commission											
太湖局	Taihu Basin Authority				2	1		1				

8-2 续表 continued

地区	Region	专用站 Special Station											
		专用水文站 Special Purpose Hydrological Station				专用水位站 Special Stage Gauging Station				专用雨量站 Special Purpose Precipitation Station			
		合计 Total	流域机构或水文部门建设 Built by River Basin Authority or Hydrological Department	中小河流建设 Built on Medium or Small River	非水文部门建设 Built by Nonhydrological Department	合计 Total	流域机构或水文部门建设 Built by River Basin Authority or Hydrological Department	中小河流建设 Built on Medium or Small River	非水文部门建设 Built by Nonhydrological Department	合计 Total	流域机构或水文部门建设 Built by River Basin Authority or Hydrological Department	中小河流建设 Built on Medium or Small River	非水文部门建设 Built by Nonhydrological Department
合　计	**Total**	**3954**	**330**	**3414**	**210**	**12294**	**866**	**3382**	**8046**	**39347**	**2997**	**25515**	**10835**
北　京	Beijing	41		41						122	68	54	
天　津	Tianjin	45	9	36									
河　北	Hebei	91	3	88		546		145	401	1857		344	1513
山　西	Shanxi	44		41	3	47		47		987		987	
内蒙古	Inner Mongolia	110		110		16		16		687		687	
辽　宁	Liaoning	97		97		52		49	3	1176	348	828	
吉　林	Jilin	80		80		87		87		1649		1649	
黑龙江	Heilongjiang	147	1	146		110	21	89		1438	123	1315	
上　海	Shanghai	17	15	2		113	105	8		142	65	77	
江　苏	Jiangsu	138	64	74		137		137		60		60	
浙　江	Zhejiang	160	21	56	83	2551	6	18	2527	1529		158	1371
安　徽	Anhui	122	15	86	21	197	77	120		1272	420	852	
福　建	Fujian	83		83		1982		123	1859	1503			1503
江　西	Jiangxi	146	22	124		1204	3	162	1039	2488		628	1860
山　东	Shandong	350	15	335		193		193		1224		1224	
河　南	Henan	241		241		136		136		2158		2158	
湖　北	Hubei	200	8	189	3	281	7	241	33	763	74	689	
湖　南	Hunan	136	3	128	5	1389	19	110	1260	2398	493	377	1528
广　东	Guangdong	236	66	163	7	393	218	107	68	1040	347	323	370
广　西	Guangxi	241	6	235		271	43	228		3002	426	1805	771
海　南	Hainan	32		32		21		21		9		9	
重　庆	Chongqing	179		179		785	108	266	411	3683		3305	378
四　川	Sichuan	222	2	208	12	244		244		2586		2586	
贵　州	Guizhou	232	10	183	39	478		179	299	2407	388	582	1437
云　南	Yunnan	184	21	136	27	114	2	111	1	1708	3	1655	50
西　藏	Tibet	57	2	55		56		56		603		603	
陕　西	Shaanxi	79	5	74		110	20	90		1342	203	1139	
甘　肃	Gansu	40		40		168		168		147		147	
青　海	Qinghai	20	7	13		28	1	27		335		335	
宁　夏	Ningxia	29		29		116	32	84		746	32	714	
新　疆	Xinjiang	62	4	52	6	52	2	46	4	59		59	
新疆生产建设兵团	Xinjiang Production and Construction Corps	66	4	58	4	215		74	141	159		105	54
长江委	Yangtze River Water Resources Commission					163	163						
黄　委	Yellow River Water Resources Commission	1	1			31	31			67	6	61	
淮　委	Huaihe River Water Resources Commission												
海　委	Haihe River Water Resources Commission	12	12			5	5						
珠　委	Pearl River Water Resources Commission												
松辽委	Songliao River Water Resources Commission												
太湖局	Taihu Basin Authority	14	14			3	3			1	1		

8-2 续表 continued

地区	Region	合计 Total	报汛站 Flood Warning Station 测站种类 Types of Station 水文站 Hydrological Station	水位站 Gauging Station	雨量站 Precipitation Station	墒情站 Soil Moisture Station	地下水站 Groundwater Station	发布预报测站 Forecast Station	发布预警测站 Warning Station	辅助站 Supplement Station	固定洪调点 Fixed-flood Station
合　计	**Total**	**59104**	**6083**	**7451**	**42272**	**1609**	**1689**	**1565**	**1322**	**792**	**352**
北　京	Beijing	314	79	2	74	38	121	21	17		
天　津	Tianjin	239	104	2	28	3	102				
河　北	Hebei	3892	490	670	2544	188		135		110	
山　西	Shanxi	2347	114	47	2118	68					
内蒙古	Inner Mongolia	221	135	2	84			7			
辽　宁	Liaoning	1944	103	9	1828	4		58	9		2
吉　林	Jilin	2086	187	100	1649	150		78	7		
黑龙江	Heilongjiang	2496	264	155	1932		145	105	23		
上　海	Shanghai	330	24	154	152			4	1		
江　苏	Jiangsu	996	330	250	320	47	49	18	5		
浙　江	Zhejiang	1103	136	156	641	15	155			1	
安　徽	Anhui	2280	209	860	1089	84	38	69	13	87	
福　建	Fujian	663	44	177	401	16	25	47	33		
江　西	Jiangxi	1521	82	67	1138	106	128	149	149	8	
山　东	Shandong	824	125	11	533	155		25		181	
河　南	Henan	4056	368	114	3245	106	223	90	25	130	50
湖　北	Hubei	2198	293	323	1306	61	215	20	7		7
湖　南	Hunan	5750	945	1549	3150	105	1	105	122		
广　东	Guangdong	436	54	101	275	6		123		39	
广　西	Guangxi	3371	330	278	2751	9	3	151	568	11	
海　南	Hainan	203	13	8	182			6	9		
重　庆	Chongqing	5348	20	760	4496	72		11	18		
四　川	Sichuan	4061	352	273	3151	109	176	34	91		
贵　州	Guizhou	3263	232	579	2396	56		65		2	
云　南	Yunnan	2818	280	109	2421	8		89		40	5
西　藏	Tibet	737	71	57	603	6		1	1		
陕　西	Shaanxi	2202	103	117	1723	41	218①	34	100		
甘　肃	Gansu	81	81								203
青　海	Qinghai	35	32	1	2			14		13	31
宁　夏	Ningxia	1414	15	178	1132	56	33	2		32	44
新　疆	Xinjiang	276	106	17	22	79	52	57	99		10
新疆生产建设兵团	Xinjiang Production and Construction Corps	412	141	122	123	21	5				
长江委	Yangtze River Water Resources Commission	266	79	159	28			29	11		
黄　委	Yellow River Water Resources Commission	883	113	35	735			15	13	17	
淮　委	Huaihe River Water Resources Commission	1	1								
海　委	Haihe River Water Resources Commission	23	15	8				2			
珠　委	Pearl River Water Resources Commission	3	3							29	
松辽委	Songliao River Water Resources Commission	8	8								
太湖局	Taihu Basin Authority	3	2	1				1	1	92	

① 陕西省地下水管理监测局监测站点。

① Monitoring Station of Shaanxi Provincial Bureau of groundwater management and monitoring.

8-2 续表 continued

地区	Region	观测项目类别（站数） Types of Observation Projects (Number of Stations)												
		流量 Runoff	水位 Water Level	水质 Water Quality	泥沙 Sediment				水温 Water Temperature	冰情 Ice Condition	比降 Gradient	地下水 Groundwater		
					悬移质 Suspended Load	推移质 Traction Load	河床质 Bed Load	颗粒分析 Particle Size Analysis				地下水水位 Groundwater Level	地下水水质 Groundwater Quality	地下水水量 Groundwater Quantity
合　计	**Total**	**7280**	**15932**	**16123**	**1561**	**24**	**42**	**353**	**1262**	**1216**	**1123**	**17836**	**3865**	**286**
北　京	Beijing	102	102	600	17			11	26	33	14	885		
天　津	Tianjin	82	125	182	20			8	10	50		1450	90	105
河　北	Hebei	316	891	303	139			54	76	123	57	791		99
山　西	Shanxi	70	117	95	63			33	61	64	63	2549	190	32
内蒙古	Inner Mongolia	253	276	511	86			4	76	105	100	740	140	6
辽　宁	Liaoning	197	255	1339	75			30	45	66	76	701	198	
吉　林	Jilin	187	207	271	45				73	80	62	1285	386	
黑龙江	Heilongjiang	267	422	105	25			8	127	151	39	1308	330	
上　海	Shanghai	39	205	384					9			3		
江　苏	Jiangsu	356	510	2230	21				7		1	1138	313	
浙　江	Zhejiang	254	519	964	14				29		7	155	137	
安　徽	Anhui	242	612	437	35			2	35		30	193	173	
福　建	Fujian	138	304	731	28				21		41	25		
江　西	Jiangxi	253	1513	756	32			13	27		58	128	128	
山　东	Shandong	651	893	451	45			3	7	99	19	1660	115	3
河　南	Henan	163	546	261	42				35	107	45	1923	227	17
湖　北	Hubei	334	680	435	15			4	20		21	215	11	
湖　南	Hunan	237	1650	468	32				26		54			
广　东	Guangdong	340	694	728	24			5			37	106	52	
广　西	Guangxi	355	649	358	39				44		67	124	113	20
海　南	Hainan	21	25	96	5				5		9			
重　庆	Chongqing	210	1114	254	132							80	27	
四　川	Sichuan	350	623	650	56			14	18	8	16	176	14	
贵　州	Guizhou	238	446	461	27				33					
云　南	Yunnan	340	467	836	70				59		42	181		
西　藏	Tibet	105	61	77	9				41	28	7	74		
陕　西	Shaanxi	160	275	295	63			27	20	1		1076①	244①	
甘　肃	Gansu	154	305	186	66				41	41	43	300	237	
青　海	Qinghai	67	87	274	30			1	16	35	23	140	42	
宁　夏	Ningxia	74	176	85	29				7	34	22	206	40	
新　疆	Xinjiang	182	195	236	67				92	70	54	217	21	
新疆生产建设兵团	Xinjiang Production and Construction Corps	90	319	16	14	10	6	6	12	7		7	4	4
长江委	Yangtze River Water Resources Commission	120	317	273	68	14	24	57	36	4	1		35	
黄　委	Yellow River Water Resources Commission	135	211	74	98		12	71	95	95	107			
淮　委	Huaihe River Water Resources Commission	1	1	107										
海　委	Haihe River Water Resources Commission	31	54	205	9				11	7	4		598	
珠　委	Pearl River Water Resources Commission	46	54	156	13									
松辽委	Songliao River Water Resources Commission	8	8	94	8			2	8	8	4			
太湖局	Taihu Basin Authority	112	24	139					14					

① 陕西省地下水管理监测局监测站点。

① Monitoring Station of Shaanxi Provincial Bureau of groundwater management and monitoring.

8-2 续表 continued

地区	Region	观测项目类别（站数）Types of Observation Projects (Number of Stations)				
		墒情 Soil Moisture Condition	蒸发 Evaporation	降水 Precipitation	水文调查 Hydrological Survey	辅助气象 Auxiliary Meteorology
合　计	**Total**	**2824**	**1708**	**57008**	**1443**	**436**
北　京	Beijing	80	27	245	20	15
天　津	Tianjin		7	51	17	11
河　北	Hebei	188	45	3445		11
山　西	Shanxi	68	50	2187	70	70
内蒙古	Inner Mongolia	100	103	628	20	
辽　宁	Liaoning	96	40	1863	92	1
吉　林	Jilin	150	27	2185	24	10
黑龙江	Heilongjiang		71	2126	234	79
上　海	Shanghai		12	321	14	25
江　苏	Jiangsu	27	35	438		
浙　江	Zhejiang	15	98	838		
安　徽	Anhui	216	48	1539		6
福　建	Fujian	16	27	497		1
江　西	Jiangxi	503	72	4545		19
山　东	Shandong	155	49	2607	135	
河　南	Henan	228	51	4093	130	9
湖　北	Hubei	61	42	1922	449	
湖　南	Hunan	105	47	3286		2
广　东	Guangdong	52	50	2578	16	22
广　西	Guangxi	28	85	4175		37
海　南	Hainan		6	203	8	2
重　庆	Chongqing	265	46	5630		
四　川	Sichuan	109	78	732		
贵　州	Guizhou	56	73	1615		
云　南	Yunnan	61	122	3038		
西　藏	Tibet	6	30	607	11	12
陕　西	Shaanxi	41	52	2169		
甘　肃	Gansu	20	74	477		22
青　海	Qinghai		37	461	31	1
宁　夏	Ningxia	58	17	1132	70	
新　疆	Xinjiang	87	72	147	20	29
新疆生产建设兵团	Xinjiang Production and Construction Corps	32	47	188	3	2
长江委	Yangtze River Water Resources Commission	1	17	173		
黄　委	Yellow River Water Resources Commission		37	832	79	34
淮　委	Huaihe River Water Resources Commission		1	1		
海　委	Haihe River Water Resources Commission		6	20		6
珠　委	Pearl River Water Resources Commission			1		
松辽委	Songliao River Water Resources Commission		6	6		6
太湖局	Taihu Basin Authority		1	7		4

主要统计指标解释

水文测站 为经常收集水文数据而在河、渠、湖、库上或流域内设立的各种水文观测场所的总称。

国家基本水文测站 为公用目的，经统一规划设立，能获取基本水文要素值多年变化资料的水文测站。它应进行较长期的连续观测，资料长期存储。

水文站 设在河、渠、湖、库上以测定水位、流量为主的水文测站，根据需要还可监测降水、水面蒸发、泥沙、墒情、地下水、水质、气象要素等有关项目。

水位站 以观测水位为主，可兼测降水量等项目的水文测站。

雨量站（降水量站） 以观测降水量为主的水文测站。

蒸发站 观测水面蒸发量及相关项目的水文测站。

地下水站（井） 为观测地下水的量、质动态变化，在水文地质单元或地下水开采区等设置的水文测站或地下水监测井（孔）。

水质站（水质监测站） 为掌握水资源质量变化动态，收集和积累水体的物理、化学和生物等监测信息而进行采样和现场测定位置的总称。

墒情站 观测土壤含水量变化的水文测站。

水文实验站 在天然和人为特定实验条件下，由一个或一组水文观测试验项目站点组成的专门场所。

巡测站 水文专业人员以巡回流动的方式定期或不定期地对一个地区或流域内各观测站（点）的水文要素进行测验的水文测站。

Explanatory Notes of Main Statistical Indicators

Hydrological station General term for hydrological observation locations built on rivers, canals, lakes, reservoirs or inside river basins for gathering hydrological data.

Basic station Hydrological measurement stations that are built for public purpose and designed according to unified planning to gather multi-year variables of basic hydrological element value. This kind of station carries out long-term and continuous observation and stores data for future usage.

Hydrological station Hydrological measurement stations that are built on rivers, canals, lakes or reservoirs and mainly for observation of water level and flow. When necessary, it can also be used to observe precipitation, water surface evaporation, sediment, moisture, groundwater, water quality, meteorological and other related data.

Stage gauging station Hydrological measurement stations that are mainly used to observe water level, and can also be used to observe precipitation and other related data at the same time.

Rainfall station (Precipitation station) Hydrological measurement stations that are used to observe precipitation.

Evaporation station Hydrological measurement stations that are used to observe water surface evaporation and other relevant data.

Groundwater monitoring station (Well) Hydrological measurement stations or groundwater monitoring well (hole) that are located in hydrogeological units or groundwater abstraction zone and used to observe the dynamic changes of water quantity and quality.

Water quality station (Water quality monitoring station) General term for sampling and on-site measurement locations which are used to observe dynamic changes of water quality and gather and accumulate monitoring data related to physical, chemical and biological conditions of water bodies.

Moisture gauging station Hydrological measurement stations that are used to observe the variation of soil moisture content.

Tour hydrological station Hydrological measurement stations that are used for hydrological professionals to conduct regular or irregular tests on hydrological elements of measurement stations (points) in a region or within a river basin.

9 从业人员情况

Employees

简要说明

从业人员情况统计资料主要包括水利部机关、直属单位、各省（自治区、直辖市）和计划单列市水利（水务）厅（局）的从业人员和技术工人情况等。

本部分资料分水利部机关和流域委员会、水利部在京直属单位、其他京外直属单位和地方水利部门。

Brief Introduction

Statistical data of employment provides you with information on employees working for the water sector, including staff and workers employed by the Ministry of Water Resources and organizations under the ministry, water resources departments of provinces (autonomous regions or municipalities) as well as cities with separate plans.

The data of Ministry of Water Resources and river basin commissions under the Ministry, affiliate organizations of the Ministry in Beijing and affiliate organizations of the Ministry out of Beijing and local water resources departments is shown separately by group.

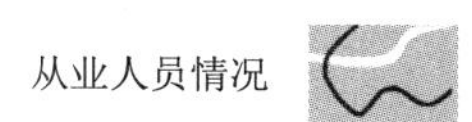

9-1 2017 年水利部从业人员

Employees of the Ministry of Water Resources in 2017

单 位	Institution	单位个数/个 Number of Organizations /unit	年末人数 Total staff at the End of the Year			
			单位从业人员/人 Employees /person	在岗职工 Full-time Staff	劳务派遣人员 Contracted Service Staff	其他从业人员 Other Employees
水利部	**Ministry of Water Resources (MWR)**	**795**	**69539**	**63765**	**4092**	**1682**
水利部机关和流域机构	MWR and River Basin Commissions	672	51305	48109	2155	1041
水利部在京直属单位	Affiliate Organizations of MWR in Beijing	101	14761	13001	1229	531
其他京外直属单位	Affiliate Organizations of MWR outside Beijing	22	3473	2655	708	110

9-1 续表 continued

单 位	Institution	平均人数 Average Number			
		单位从业人员 /人 Employees /person	在岗职工 Full-time Staff	劳务派遣人员 Contracted Service Staff	其他从业人员 Other Employees
水利部	**Ministry of Water Resources (MWR)**	**69813**	**64232**	**3949**	**1632**
水利部机关和流域机构	Ministry and River Basin Commissions	51685	48530	2108	1047
水利部在京直属单位	Affiliate Organizations of MWR in Beijing	14670	13049	1146	475
其他京外直属单位	Affiliate Organizations of MWR outside Beijing	3458	2653	695	110

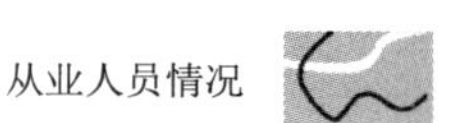

9-2　2017 年地方水利部门从业人员
Employees of Local Water Resources Departments in 2017

单　位	Institution	单位个数/个 Number of Organizations /unit	单位从业人员年末人数/人 Employees at the end of the Year /person	#女性 Female	在岗职工 Fully Employed Staff	劳务派遣人员 Service Dispatching Employees	其他从业人员 Other Employees
地方水利部门	**Local Water Resources Departments**	**42703**	**863282**	**242633**	**840059**	**8965**	**14258**
北京市水务局	Beijing Water Authority	306	9371	3465	9300	36	35
天津市水务局	Tianjin Water Authority	261	15028	4750	13842	1033	153
河北省水利厅	Hebei Provincial Water Resources Department	1688	47325	15459	47305	20	
山西省水利厅	Shanxi Provincial Water Resources Department	2067	39132	12508	38448	83	601
内蒙古自治区水利厅	Water Resources Department of Inner Mongolia Autonomous Region	1018	25788	7988	25633		155
辽宁省水利厅	Liaoning Provincial Water Resources Department	1678	26118	7560	25871	233	14
吉林省水利厅	Jilin Provincial Water Resources Department	1315	25764	7423	25742	17	5
黑龙江省水利厅	Heilongjiang Provincial Water Resources Department	1372	26212	6558	26076	123	13
上海市水务局	Shanghai Water Authority	156	5324	1571	4235	996	93
江苏省水利厅	Jiangsu Provincial Water Resources Department	2281	33224	8020	33108	72	44
浙江省水利厅	Zhejiang Provincial Water Resources Department	3309	70847	16553	61976	4153	4718
安徽省水利厅	Anhui Provincial Water Resources Department	1647	27705	6217	27692	5	8
福建省水利厅	Fujian Provincial Water Resources Department	870	12865	3021	12567	195	103
江西省水利厅	Jiangxi Provincial Water Resources Department	1660	20967	4949	20943	14	10
山东省水利厅	Shandong Provincial Water Resources Department	2453	43347	12905	43277	70	
河南省水利厅	Henan Provincial Water Resources Department	1878	61078	15438	61078		
湖北省水利厅	Hubei Provincial Water Resources Department	2300	41978	12217	40992	397	589
湖南省水利厅	Hunan Provincial Water Resources Department	2113	54016	13392	50517	241	3258
广东省水利厅	Guangdong Provincial Water Resources Department	1785	41238	10732	40523	107	608
广西壮族自治区水利厅	Water Resources Department of Guangxi Zhuang Autonomous Region	1772	24263	6857	22877	271	1115
海南省水务厅	Hainan Water Authority	210	7805	2000	7578	2	225
重庆市水利局	Chongqing Water Resources Bureau	571	9264	3209	8992	231	41
四川省水利厅	Sichuan Provincial Water Resources Department	2058	34094	10562	33300	202	592
贵州省水利厅	Guizhou Provincial Water Resources Department	1708	17851	5252	17851		
云南省水利厅	Yunnan Provincial Water Resources Department	1794	20542	5808	20347	120	75
西藏自治区水利厅	Water Resources Department of Tibet Autonomous Region	115	2407	743	2087		320
陕西省水利厅	Shaanxi Provincial Water Resources Department	1370	41382	14494	41367		15
甘肃省水利厅	Gansu Provincial Water Resources Department	1144	31344	9355	30889	219	236
青海省水利厅	Qinghai Provincial Water Resources Department	353	6695	2150	6639	45	11
宁夏回族自治区水利厅	Water Resources Department of Ningxia Hui Autonomous Region	255	7356	2056	7356		
新疆维吾尔自治区水利厅	Water Resources Department of Xinjiang Uygur Autonomous Region	778	24361	7184	23140		1221
大连市水务局	Dalian Water Authority	60	2084	613	2084		
宁波市水利局	Ningbo Water Resources Bureau	150	2111	425	2035	76	
厦门市水利局	Xiamen Water Resources Bureau	26	358	62	358		
青岛市水利局	Qingdao Water Resources Bureau	163	2605	731	2605		
深圳市水务局	Shenzhen Water Authority	19	1433	406	1429	4	

9-2 续表 continued

单 位	Institution	平均人数 Average Number 单位从业人员 /人 Employees /person	在岗职工 Full-time Staff	劳务派遣人员 Contracted Service Staff	其他从业人员 Other Employees
地方水利部门	**Local Water Resources Departments**	**832764**	**820600**	**10013**	**14311**
北京市水务局	Beijing Water Authority	8938	9247	31	34
天津市水务局	Tianjin Water Authority	14822	12126	1180	252
河北省水利厅	Hebei Provincial Water Resources Department	47630	48101	20	
山西省水利厅	Shanxi Provincial Water Resources Department	38269	38124	114	606
内蒙古自治区水利厅	Water Resources Department of Inner Mongolia Autonomous Region	24574	24618	15	169
辽宁省水利厅	Liaoning Provincial Water Resources Department	25861	25667	234	75
吉林省水利厅	Jilin Provincial Water Resources Department	25571	25517	17	5
黑龙江省水利厅	Heilongjiang Provincial Water Resources Department	25701	26475	123	14
上海市水务局	Shanghai Water Authority	5226	4218	981	89
江苏省水利厅	Jiangsu Provincial Water Resources Department	33198	32655	124	72
浙江省水利厅	Zhejiang Provincial Water Resources Department	65361	62131	4153	4718
安徽省水利厅	Anhui Provincial Water Resources Department	27788	27601	5	8
福建省水利厅	Fujian Provincial Water Resources Department	12614	12513	184	102
江西省水利厅	Jiangxi Provincial Water Resources Department	20691	20784	14	240
山东省水利厅	Shandong Provincial Water Resources Department	42321	42302	453	
河南省水利厅	Henan Provincial Water Resources Department	47601	49203	257	286
湖北省水利厅	Hubei Provincial Water Resources Department	42778	40748	395	709
湖南省水利厅	Hunan Provincial Water Resources Department	52388	49972	314	2430
广东省水利厅	Guangdong Provincial Water Resources Department	40572	40003	113	613
广西壮族自治区水利厅	Water Resources Department of Guangxi Zhuang Autonomous Region	24164	22879	279	1087
海南省水务厅	Hainan Water Authority	7710	7371	117	226
重庆市水利局	Chongqing Water Resources Bureau	8809	8891	236	41
四川省水利厅	Sichuan Provincial Water Resources Department	33055	32597	183	654
贵州省水利厅	Guizhou Provincial Water Resources Department	17851	17851		
云南省水利厅	Yunnan Provincial Water Resources Department	19877	20166	125	79
西藏自治区水利厅	Water Resources Department of Tibet Autonomous Region	2342	2058	14	309
陕西省水利厅	Shaanxi Provincial Water Resources Department	40534	40797		26
甘肃省水利厅	Gansu Provincial Water Resources Department	30129	30525	219	236
青海省水利厅	Qinghai Provincial Water Resources Department	6553	6562	23	19
宁夏回族自治区水利厅	Water Resources Department of Ningxia Hui Autonomous Region	7381	7356		
新疆维吾尔自治区水利厅	Water Resources Department of Xinjiang Uygur Autonomous Region	23882	23036		1212
大连市水务局	Dalian Water Authority	2088	2088		
宁波市水利局	Ningbo Water Resources Bureau	2098	2047	76	
厦门市水利局	Xiamen Water Resources Bureau	359	357		
青岛市水利局	Qingdao Water Resources Bureau	2602	2602		
深圳市水务局	Shenzhen Water Authority	1429	1415	15	

9-3　2017 年水利部职工职称情况

Employees with Technical Titles of the Ministry of Water Resources in 2017

单　位	Institution	合计/人 Total /person	高级 Senior	中级 Intermediate	初级 Elementary
水利部	**Ministry of Water Resources (MWR)**	**38942**	**13981**	**12983**	**11978**
水利部机关和流域机构	The Ministry and River Basin Commissions	30315	10091	10409	9815
水利部在京直属单位	Affiliate Organizations of the Ministry in Beijing	6355	2857	1870	1628
其他京外直属单位	Affiliate Organizations of the Ministry out of Beijing	2272	1033	704	535

9-4 2017年地方水利部门职工职称情况

Employees with Technical Titles in Local Water Resources Departments in 2017

单　位	Institution	合计/人 Total /person	高级 Senior	中级 Intermediate	初级 Elementary
地方水利部门	**Local Water Resources Departments**	**305374**	**48200**	**123901**	**133273**
北京市水务局	Beijing Water Authority	3783	545	1253	1985
天津市水务局	Tianjin Water Authority	6596	1840	2403	2353
河北省水利厅	Hebei Provincial Water Resources Department	15452	2936	5247	7269
山西省水利厅	Shanxi Provincial Water Resources Department	12376	1317	4971	6088
内蒙古自治区水利厅	Water Resources Department of Inner Mongolia Autonomous Region	7888	1820	3261	2807
辽宁省水利厅	Liaoning Provincial Water Resources Department	8604	969	4084	3551
吉林省水利厅	Jilin Provincial Water Resources Department	10112	1912	3747	4453
黑龙江省水利厅	Heilongjiang Provincial Water Resources Department	11260	3059	4513	3688
上海市水务局	Shanghai Water Authority	1831	214	673	944
江苏省水利厅	Jiangsu Provincial Water Resources Department	14543	2111	5800	6632
浙江省水利厅	Zhejiang Provincial Water Resources Department	28381	5163	14374	8844
安徽省水利厅	Anhui Provincial Water Resources Department	9522	1413	3849	4260
福建省水利厅	Fujian Provincial Water Resources Department	5625	1099	2314	2212
江西省水利厅	Jiangxi Provincial Water Resources Department	5964	787	2314	2863
山东省水利厅	Shandong Provincial Water Resources Department	21781	2898	8827	10056
河南省水利厅	Henan Provincial Water Resources Department	1088	127	410	551
湖北省水利厅	Hubei Provincial Water Resources Department	15022	1090	6323	7609
湖南省水利厅	Hunan Provincial Water Resources Department	13453	1184	6144	6125
广东省水利厅	Guangdong Provincial Water Resources Department	14531	1319	6177	7035
广西壮族自治区水利厅	Water Resources Department of Guangxi Zhuang Autonomous Region	9931	1805	3295	4831
海南省水务厅	Hainan Water Authority	8531	989	3440	4102
重庆市水利局	Chongqing Water Resources Bureau	991	106	241	644
四川省水利厅	Sichuan Provincial Water Resources Department	3355	652	1355	1348
贵州省水利厅	Guizhou Provincial Water Resources Department	12886	2026	5140	5720
云南省水利厅	Yunnan Provincial Water Resources Department	7618	1104	2766	3748
西藏自治区水利厅	Water Resources Department of Tibet Autonomous Region	10843	2416	4329	4098
陕西省水利厅	Shaanxi Provincial Water Resources Department	775	87	238	450
甘肃省水利厅	Gansu Provincial Water Resources Department	12390	1673	4981	5736
青海省水利厅	Qinghai Provincial Water Resources Department	10537	1652	4110	4775
宁夏回族自治区水利厅	Water Resources Department of Ningxia Hui Autonomous Region	3270	580	1326	1364
新疆维吾尔自治区水利厅	Water Resources Department of Xinjiang Uygur Autonomous Region	3719	635	1512	1572
大连市水务局	Dalian Water Authority	9258	1971	3079	4208
宁波市水利局	Ningbo Water Resources Bureau	583	105	241	237
厦门市水利局	Xiamen Water Resources Bureau	1059	194	478	387
青岛市水利局	Qingdao Water Resources Bureau	94	24	50	20
深圳市水务局	Shenzhen Water Authority	1088	127	410	551

9-5 2017 年水利部技术工人结构

Statistics of Skilled Workers of the Ministry of Water Resources in 2017

单 位	Institution	合计 /人 Total /person	无等级 /人 Non-graded Workers /person	初级工 /人 Elementary Workers /person	#获证人数 With Certificate	#当年获证 Getting Certificate in the Year
水利部	**Ministry of Water Resources (MWR)**	**23770**	**4712**	**2932**	**2456**	**46**
水利部机关和流域机构	The Ministry and River Basin Commissions	17551	2140	1771	1768	45
水利部在京直属单位	Affiliate Organizations of the Ministry in Beijing	5847	2446	1115	643	1
其他京外直属单位	Affiliate Organizations of the Ministry out of Beijing	372	126	46	45	

9-5 续表 continued

单 位	Institution	中级工/人 Intermediate Workers /person	#获证人数 With Certificate	#当年获证 Getting Certificate of the Year	高级工/人 Senior Workers /person	#获证人数 With Certificate	#当年获证 Getting Certificate of the Year
水利部	**Ministry of Water Resources (MWR)**	**3069**	**2890**	**77**	**8011**	**7820**	**79**
水利部机关和流域机构	The Ministry and River Basin Commissions	2422	2421	76	6631	6630	65
水利部在京直属单位	Affiliate Organizations of the Ministry in Beijing	600	423	1	1276	1090	11
其他京外直属单位	Affiliate Organizations of the Ministry out of Beijing	47	46		104	100	3

9-5　续表 continued

单　位	Institution	技师/人 Technician /person	#获证人数 With Certificate	#当年获证 Getting Certificate of the Year	高级技师/人 Senior Technician /person	#获证人数 With Certificate	#当年获证 Getting Certificate of the Year
水利部	**Ministry of Water Resources (MWR)**	**4300**	**4287**	**78**	**746**	**742**	**9**
水利部机关和流域机构	The Ministry and River Basin Commissions	3961	3960	37	626	626	8
水利部在京直属单位	Affiliate Organizations of the Ministry in Beijing	305	293	40	105	101	1
其他京外直属单位	Affiliate Organizations of the Ministry out of Beijing	34	34	1	15	15	

9-6 2017年地方水利部门技术工人结构

Statistics of Skilled Workers of Local Water Departments in 2017

单 位	Institution	合计/人 Total /person	无等级/人 Non-graded Workers /person	初级工/人 Elementary Workers /person		
					#获证人数 With Certificate	
						#当年获证 Getting Certificate of the Year
地方水利部门	**Local Water Resources Departments**	**360815**	**72358**	**52933**	**44365**	**1771**
北京市水务局	Beijing Water Authority	1945	446	248	205	9
天津市水务局	Tianjin Water Authority	5600	876	613	496	40
河北省水利厅	Hebei Provincial Water Resources Department	24866	4656	4600	4414	65
山西省水利厅	Shanxi Provincial Water Resources Department	18441	3880	4363	2951	25
内蒙古自治区水利厅	Water Resources Department of Inner Mongolia Autonomous Region	13540	4255	1188	600	17
辽宁省水利厅	Liaoning Provincial Water Resources Department	11699	3413	1449	1407	115
吉林省水利厅	Jilin Provincial Water Resources Department	10533	4157	2201	1863	68
黑龙江省水利厅	Heilongjiang Provincial Water Resources Department	12838	4162	1490	1149	46
上海市水务局	Shanghai Water Authority	822	77	111	91	1
江苏省水利厅	Jiangsu Provincial Water Resources Department	12372	470	1455	1401	63
浙江省水利厅	Zhejiang Provincial Water Resources Department	5372	583	672	671	272
安徽省水利厅	Anhui Provincial Water Resources Department	14087	1713	1596	1459	42
福建省水利厅	Fujian Provincial Water Resources Department	4489	865	798	768	3
江西省水利厅	Jiangxi Provincial Water Resources Department	9471	1462	1220	965	17
山东省水利厅	Shandong Provincial Water Resources Department	13918	5125	1833	1629	9
河南省水利厅	Henan Provincial Water Resources Department	37768	1733	5738	3778	235
湖北省水利厅	Hubei Provincial Water Resources Department	19798	2308	3120	2636	22
湖南省水利厅	Hunan Provincial Water Resources Department	28535	3156	5106	4986	102
广东省水利厅	Guangdong Provincial Water Resources Department	22635	11318	3227	2871	33
广西壮族自治区水利厅	Water Resources Department of Guangxi Zhuang Autonomous Region	10287	1694	935	924	17
海南省水务厅	Hainan Water Authority	5328	4070	482	336	
重庆市水利局	Chongqing Water Resources Bureau	2879	1093	340	296	4
四川省水利厅	Sichuan Provincial Water Resources Department	11998	2048	1682	1381	46
贵州省水利厅	Guizhou Provincial Water Resources Department	2694	816	269	212	23
云南省水利厅	Yunnan Provincial Water Resources Department	5901	440	390	345	13
西藏自治区水利厅	Water Resources Department of Tibet Autonomous Region	363	74	32	23	1
陕西省水利厅	Shaanxi Provincial Water Resources Department	21523	1740	2679	2217	239
甘肃省水利厅	Gansu Provincial Water Resources Department	14292	3002	2089	1837	213
青海省水利厅	Qinghai Provincial Water Resources Department	1804	605	255	240	
宁夏回族自治区水利厅	Water Resources Department of Ningxia Hui Autonomous Region	2636	57	173	148	11
新疆维吾尔自治区水利厅	Water Resources Department of Xinjiang Uygur Autonomous Region	9705	1050	2215	1926	15
大连市水务局	Dalian Water Authority	1014	457	213	23	2
宁波市水利局	Ningbo Water Resources Bureau	544	293	15	15	
厦门市水利局	Xiamen Water Resources Bureau	109		6	6	
青岛市水利局	Qingdao Water Resources Bureau	827	250	104	81	3
深圳市水务局	Shenzhen Water Authority	182	14	26	15	

9-6 续表 continued

单位	Institution	中级工 /人 Intermediate Workers /person	#获证人数 With Certificate	#当年获证 Getting Certificate of the Year	高级工 /人 Senior Workers /person	#获证人数 With Certificate	#当年获证 Getting Certificate of the Year
地方水利部门	**Local Water Resources Departments**	**77817**	**72751**	**3465**	**118944**	**108701**	**5524**
北京市水务局	Beijing Water Authority	664	627	33	560	537	30
天津市水务局	Tianjin Water Authority	1043	1024	41	2801	2769	18
河北省水利厅	Hebei Provincial Water Resources Department	5226	5226	68	7232	7229	91
山西省水利厅	Shanxi Provincial Water Resources Department	3823	3272	93	3214	2786	222
内蒙古自治区水利厅	Water Resources Department of Inner Mongolia Autonomous Region	1169	900	92	3434	2764	424
辽宁省水利厅	Liaoning Provincial Water Resources Department	2450	2384	141	4035	3788	232
吉林省水利厅	Jilin Provincial Water Resources Department	1754	1674	74	1725	1642	115
黑龙江省水利厅	Heilongjiang Provincial Water Resources Department	1754	1598	86	2153	2043	228
上海市水务局	Shanghai Water Authority	431	409	3	188	172	2
江苏省水利厅	Jiangsu Provincial Water Resources Department	2480	2290	88	7070	6580	167
浙江省水利厅	Zhejiang Provincial Water Resources Department	1317	1317	359	1652	1652	38
安徽省水利厅	Anhui Provincial Water Resources Department	3915	3759	281	6470	6059	199
福建省水利厅	Fujian Provincial Water Resources Department	851	832	2	1656	1536	2
江西省水利厅	Jiangxi Provincial Water Resources Department	2436	2263	83	3472	3273	91
山东省水利厅	Shandong Provincial Water Resources Department	2590	2513	43	4140	3929	43
河南省水利厅	Henan Provincial Water Resources Department	7021	6039	300	18050	12830	717
湖北省水利厅	Hubei Provincial Water Resources Department	3538	3199	108	5769	5408	144
湖南省水利厅	Hunan Provincial Water Resources Department	8503	8233	477	10113	9782	961
广东省水利厅	Guangdong Provincial Water Resources Department	3932	3472	37	4054	3674	59
广西壮族自治区水利厅	Water Resources Department of Guangxi Zhuang Autonomous Region	3267	3266	35	4142	4141	126
海南省水务厅	Hainan Water Authority	544	524	2	198	183	2
重庆市水利局	Chongqing Water Resources Bureau	599	585	7	447	438	5
四川省水利厅	Sichuan Provincial Water Resources Department	3077	2787	49	4000	3804	148
贵州省水利厅	Guizhou Provincial Water Resources Department	680	565	35	870	789	22
云南省水利厅	Yunnan Provincial Water Resources Department	960	924	36	3693	3572	136
西藏自治区水利厅	Water Resources Department of Tibet Autonomous Region	94	89	2	140	124	11
陕西省水利厅	Shaanxi Provincial Water Resources Department	5931	5758	588	8727	8677	770
甘肃省水利厅	Gansu Provincial Water Resources Department	3899	3656	229	3666	3471	353
青海省水利厅	Qinghai Provincial Water Resources Department	270	265		465	450	3
宁夏回族自治区水利厅	Water Resources Department of Ningxia Hui Autonomous Region	730	592	13	1020	963	62
新疆维吾尔自治区水利厅	Water Resources Department of Xinjiang Uygur Autonomous Region	2545	2434	55	3039	2970	69
大连市水务局	Dalian Water Authority	43	43		209	193	15
宁波市水利局	Ningbo Water Resources Bureau	22	22		110	110	
厦门市水利局	Xiamen Water Resources Bureau	16	16		75	75	
青岛市水利局	Qingdao Water Resources Bureau	211	174	5	260	210	19
深圳市水务局	Shenzhen Water Authority	32	20		95	78	

9-6 续表 continued

单　位	Institution	技师/人 Technician /person	#获证人数 With Certificate	#当年获证 Getting Certificate of the Year	高级技师/人 Senior Technician /person	#获证人数 With Certificate	#当年获证 Getting Certificate of the Year
地方水利部门	**Local Water Resources Departments**	**35846**	**33926**	**3308**	**2917**	**2562**	**190**
北京市水务局	Beijing Water Authority	27	26	13			
天津市水务局	Tianjin Water Authority	197	191		70	68	
河北省水利厅	Hebei Provincial Water Resources Department	3125	3125	18	27	27	
山西省水利厅	Shanxi Provincial Water Resources Department	3159	3005	174	2	2	
内蒙古自治区水利厅	Water Resources Department of Inner Mongolia Autonomous Region	1815	1638	99	1679	1442	103
辽宁省水利厅	Liaoning Provincial Water Resources Department	338	322	28	14	14	
吉林省水利厅	Jilin Provincial Water Resources Department	648	627	51	48	47	6
黑龙江省水利厅	Heilongjiang Provincial Water Resources Department	3244	2898	245	35	35	11
上海市水务局	Shanghai Water Authority	15	15	1			
江苏省水利厅	Jiangsu Provincial Water Resources Department	832	817	51	65	62	6
浙江省水利厅	Zhejiang Provincial Water Resources Department	1099	1099		49	49	
安徽省水利厅	Anhui Provincial Water Resources Department	374	329	14	19	16	
福建省水利厅	Fujian Provincial Water Resources Department	310	299	5	9	9	
江西省水利厅	Jiangxi Provincial Water Resources Department	876	651	17	5	5	
山东省水利厅	Shandong Provincial Water Resources Department	178	177	3	52	52	
河南省水利厅	Henan Provincial Water Resources Department	5215	5134	731	11	11	4
湖北省水利厅	Hubei Provincial Water Resources Department	4505	3999	216	558	476	40
湖南省水利厅	Hunan Provincial Water Resources Department	1590	1529	579	67	59	5
广东省水利厅	Guangdong Provincial Water Resources Department	98	74	8	6	2	
广西壮族自治区水利厅	Water Resources Department of Guangxi Zhuang Autonomous Region	247	247	47	2	2	1
海南省水务厅	Hainan Water Authority	34	21	2			
重庆市水利局	Chongqing Water Resources Bureau	398	395	1	2	2	
四川省水利厅	Sichuan Provincial Water Resources Department	1131	1074	69	60	49	6
贵州省水利厅	Guizhou Provincial Water Resources Department	58	58	2	1	1	
云南省水利厅	Yunnan Provincial Water Resources Department	413	389	112	5	4	
西藏自治区水利厅	Water Resources Department of Tibet Autonomous Region	21	20	2	2	2	
陕西省水利厅	Shaanxi Provincial Water Resources Department	2437	2448	451	9	8	
甘肃省水利厅	Gansu Provincial Water Resources Department	1636	1600	287			
青海省水利厅	Qinghai Provincial Water Resources Department	208	204	10	1	1	
宁夏回族自治区水利厅	Water Resources Department of Ningxia Hui Autonomous Region	641	613	42	15	15	
新疆维吾尔自治区水利厅	Water Resources Department of Xinjiang Uygur Autonomous Region	759	694	19	97	95	8
大连市水务局	Dalian Water Authority	90	86	9	2	2	
宁波市水利局	Ningbo Water Resources Bureau	99	99		5	5	
厦门市水利局	Xiamen Water Resources Bureau	12	12				
青岛市水利局	Qingdao Water Resources Bureau	2	2	2			
深圳市水务局	Shenzhen Water Authority	15	9				

主要统计指标解释

从业人员 指在各级国家机关、政党、社会团体及企业、事业单位中工作，取得工资或其他形式的劳动报酬的全部人员，包括在岗职工、再就业的离退休人员、民办教师以及在各单位中工作的外方人员和港澳台方人员、兼职人员、借用的外单位人员和第二职业者。不包括离开本单位仍保留劳动关系的职工。

Explanatory Notes of Main Statistical Indicators

Employees It refers to staff worked for governmental agencies, party and its administrative organizations, social groups, enterprises and non-governmental organizations at all levels, who have obtained paid salaries or other types of labor remuneration, including full-time employment, re-employed retirees, rural school teachers, hired staff and workers from other countries, HongKong, Macao and Taiwan, part-time staff and workers, borrowed staff and second-job staff and workers, but the staff and workers who has left the organization without ending their contracts are excluded.